Heinz Beck
Meisterschule für Verkäufer

Heinz Beck

Meisterschule für Verkäufer

Profi-Tips aus der Praxis

verlag
moderne industrie

Die Deutsche Bibliothek – CIP-Einheitsaufnahme

Beck, Heinz:
Meisterschule für Verkäufer: Profi-Tips aus der Praxis/Heinz Beck. – Landsberg/Lech: Verl. Moderne Industrie, 1993
ISBN 3-478-23610-X

Umschlaggestaltung: Hubert Patscheider, 8900 Augsburg
Satz: Fotosatz Reinhard Amann, 7974 Aichstetten
Druck und Bindearbeiten: Friedrich Pustet, 8400 Regensburg
Printed in Germany 230610/0293502
ISBN 3-478-23610-X

Inhaltsverzeichnis

Allen Damen und Herren im Außendienst gewidmet,
die auf der Verkaufserfolgsleiter „höher hinauf“ wollen –
oder schon ein paar Sprossen hochgeklettert sind ...

Porta Westfalica, im Februar 1993 Heinz Beck

I. Gedanken zum Spitzenverkäufer 2000 (SPV) und seinem Markt

Wer als Verkäufer „höher hinauf" will, muß über sich selbst hinauswachsen können!

Alles Gescheite ist schon gesagt worden, man muß nur versuchen, es noch einmal zu denken.

Goethe

1. Zur Einstimmung

Es gibt in der Bundesrepublik ungefähr 1,7 Millionen Außendienstler! (Die Damen mögen es dem Autor verzeihen, wenn auf eine „Geschlechterunterscheidung" verzichtet wird. Das ist nicht „macholike", sondern schlicht einfacher. *Danke* für Ihr Verständnis.)

Sie arbeiten teilweise in großen Unternehmungen, aber sie sind vor allem auch in der – die freie Marktwirtschaft entscheidend mittragenden – mittelständischen Industrie in den Bereichen Investitions- und Konsumgüterindustrie und im Dienstleistungsgewerbe als festangestellte Verkäufer oder als freie Handelsvertreter zu Hause. (Mit einem Augenzwinkern meint der Autor: Dieses Buch kaufen und lesen und davon profitieren können alle drei Sparten!)

Das Buch richtet sich zu 99,99 % natürlich an die Ehrgeizigen, Erfolgssüchtigen, die abschlußhungrigen Klasseverkäufer, die viel mehr sind als „Auftragsabfrager" und „Was liegt an?-Vertreter", die positiv denken, selbstbewußt handeln, souverän und überzeugend Kundenprobleme (vom Produktwunsch bis praktisch zur Vermarktung!) lösen –

sachkundig, zielgerichtet, zäh – aber nicht verbissen, locker – aber nicht lässig!

Es ist ein Buch für Gewinnertypen, die auf höchster Ebene verhandeln und beim Kunden als selbstsichere, aber nicht selbstgefällige Profis mit 100% Kompetenz und Entscheidungsbefugnis arbeiten, um die hochgesteckten gemeinsamen (Kunde/Verkauf) *Ziele* zu erreichen. Völlig gleichgültig, wie dabei der Verkaufsstil des einzelnen ist, eines verbindet sie alle: der 100prozentige *Wille* zum (Verkaufs-)Erfolg.

Marginal soll das Buch aber auch junge Leute in Ost (dort besonders) und West, die in den Außendienst wollen, noch *neugieriger* und *begieriger* auf einen der faszinierendsten und *lukrativsten* Berufe machen, die unsere Wirtschaft zu bieten hat: den/die Außendienstkaufmann/-frau.

2. Außendienstkaufmann / -frau

Kfm. und betriebswirtschaftlicher Bereich	Produktbereich	Kommunikationsbereich
kfm. Grundlagen und Grundlagen der Betriebswirtschaft Kosten, Kalkulationsrechnung Preispolitik, Preissysteme Statistik, Kenntnis der Datenverarbeitung und Textverarbeitung Vertragsrecht Markt und Konjunkturlehre Verwaltungskenntnisse Marketing (Werbung, Verkaufsförderung, Briefwerbung, Marktforschung, Telefonmarketing) Logistik, Kreditwürdigkeitsprüfung	Produktkenntnis Fachwissen dazu Anwendungstechnik Einsatzmöglichkeiten Wettbewerbswissen	Gesprächsführung Rhetorik Didaktik der Beratung Kommunikation Arbeitszeit-Manager ... dazu gehört natürlich alles, von der Planung, Gesprächsvorbereitung, Zielsetzung, Fragetechnik bis zur Motivation, Argumentation, Einwandsbehandlung, Abschlußtechnik

Abb. 1: Der / die Außendienstkaufmann / -frau (AD-K)

Diese Fachbezeichnung wurde von Wirtschaftsfachleuten festgelegt (Anforderungsprofil s. S. 13). Eine gezielte Ausbildung, eine IHK-Prüfung, das alles wartet noch auf die Absegnung der vielen offiziellen Stellen, die da mitmischen. St. Bürokratius läßt grüßen!

Natürlich soll das Buch den AD-K, der praktisch die Basis (Vorstufe) zum SPV ist, „heiß" machen, das Ziel, „Spitzenverkäufer" zu werden, intensiv anzusteuern!

Fraglich ist, ob die Bezeichnung AD-K so manche Firma von dem Syndrom heilen wird, Verkäufern phantasie- und klangvolle Titel zu verpassen. Hier klafft oft zwischen Anspruch (Titel) und Wirklichkeit (Leistung) die berühmte Lücke, wie Einkäuferinterviews zum Thema „Verkäuferleistung" immer wieder bestätigen. Ich halte auch die hochtrabenden Namen, die so mancher Autorenkollege seinem „Super-Top-Magic-Verkaufstitelhelden" verpaßt, für überzogen. Es gibt keine „Über-Verkäufer"!

Spitzenverkäufer in den mächtigen Großkonzernen werden heute meistens zu „Key-Account-Managern". Ihre Verantwortung ist groß. Sie operieren „unternehmensberatend", sind echte Kundenproblemlöser, erarbeiten, wenn irgend möglich, langfristige Kundenkooperationsverträge und treffen Entscheidungen auf höchster Ebene. Sie nehmen Einfluß auf alles, was sich um das Marketing für den Kunden (oft ist es tatsächlich nur ein Großkonzern) dreht. Es geht hier in der Regel um Millionenumsätze! Aufgaben von diesem Schwierigkeitsgrad erfordern zweifellos Spitzenverkäufer, die heute, wenn auch noch zu selten, akademisch (BWL, Marketing o. ä.) vorgebildet sind! Natürlich gibt es Zyniker, die giften: Lieber ein gestandenes Verkaufs-As mit Charisma als ein Verkaufs-Greenhorn mit dem Doktorhut!

Fest steht allerdings: Die „alten Verkaufshaudegen mit Schirm, Charme und Homburger" sterben aus! Zu Recht wird hinein ins neue Jahrtausend, zumindest in den großen Unternehmungen, der studierte Betriebswirtschaftler (Marketingspezialist, Informatiker, Psychologe) mit „viel Verkaufserfahrung“ gesucht, gefordert! Das ist keine einfache Kombination, aber es ist die Riesenchance für lernwillige, engagierte AD-Kaufleute, zum Spitzenverkäufer zu avancieren! Auch in der mittelständischen Industrie als dem Hauptträger unserer Wirtschaft wird das Abitur (Vorbedingung zum Studium) unerläßlich werden. Ganz zu schweigen von einer breiter angelegten, soliden kaufmännisch-betriebswirtschaftlichen Ausbildung, die auch Marketingkenntnisse nicht vernachlässigt! Das alles gehört zum Rüstzeug der Verkäufer, die auf der Erfolgsleiter „höher hinauf“ wollen! Was die Titel angeht, so gibt man sich in der mittelständischen Industrie noch „bodenständiger“ und weniger „amerikanisch“. Das heißt aber nicht, daß die Qualität der Spitzenverkäufer dort geringer ist, auch wenn es nicht immer nur um Millionenumsätze bei einem Kunden geht.

Ich denke, im Grunde ist der Titel egal! Wer souverän, kundenorientiert beraten und überrragend verkaufen kann, dem geben die Kunden, die Kollegen und der VL den Titel, den er verdient: Er/sie ist ein Klassemann/eine Klasseverkaufsfrau! Spitze! Der/die Größte! Und das Buch zeigt Wege dahin.

Noch eine Überlegung: Prof. Rosenstiel (Uni München) hat vor knapp drei Jahren eine sehr interessante Untersuchung im Verkauf durchgeführt. 58 % aller Verkäufer sind demnach „karriereorientiert“. Die berufliche Herausforderung, die Identifikation mit Wachstum und Gewinn und „die Kohle“ sind die Zielsetzungen dieser Gruppe. Spielt man weiter mit den eingangs erwähnten Zahlen (der Einwand, das ist „so“ nicht zulässig, ist dabei uninteressant), dann heißt das: Von 1,7 Millionen Verkäufern draußen möchte fast eine Million *mehr als nur ein Durchschnitts- oder Mittelmaßverkäufer sein*! (Bitte, das ist keine Abwertung, sondern nur feststellend gemeint.)

Analog zur *Pareto-Regel (20%/80%)* sind demnach ein Drittel der „Karriereorientierten" schon *Spitzenverkäufer.* Und die deutsche Wirtschaft braucht mehr! ...

3. Was ist eigentlich ein Spitzenverkäufer (SPV)?

An was mißt man ihn? An seiner Ausbildung? Exklusiv am Umsatz/DB? Oder ...

> Meine SPV-Definition:
> Ein SPV ist ein gewinnbringender, sehr hoher Umsatzträger, der weit über dem verkäuferischen Firmen-, ja Branchendurchschnitt steht. Alle wichtigen A- und B-Kunden in seinem Gebiet (oder auch nur der eine, alles entscheidende Topkunde!) sind „seine" Kunden. Er arbeitet praktisch wie ein Unternehmensberater – zu 100 % kundenproblemorientiert. Er ist ein echter „Problemlöser" für die vielfältigsten Ziele, Bedürfnisse, Wünsche und Probleme, die ein bedeutender Kunde hat. Der Zufriedenheitsgrad der Kunden mit seiner Arbeit ist hoch. Er wird als kompetenter Fachmann und sympathischer „Partner" geschätzt! Er ist ein fleißiger, eloquenter und loyaler Mitarbeiter und vertritt gleichzeitig – mit Nachdruck und Engagement – die Interessen seiner Kunden! Er genießt im eigenen Haus Vorbildfunktion!

Obwohl Individualist und Nonkonformist, ist er genauso gut auch ein „Teamworker" und steht voll hinter dem „Wir"-Gedanken im Unternehmen (wenn es ihn gibt). Er hat alle Kompetenz und Entscheidungsbefugnis! Ein SPV ist ein verkäuferischer „Dauerbrenner", dessen Begeisterung und positive Haltung ansteckend wirken. Er hat einen Riecher für Geschäfte, besitzt Kreativität und Einfallsreichtum und auch ein Gespür für (mögliche) Märkte von morgen. Und –

ein Spitzenverkäufer ist ein ewig Suchender, Neugieriger, Lernender! Kein Wunder, daß es Spitzenverkäufer nicht wie Sand am Meer gibt! Im Gegenteil! *Spitzenverkäufer sind Mangelware!*

Hinein ins Jahr 2000 gibt es sicher noch große Marktumschichtungen und Firmenkonzentrationen (die Handelsketten sind heute schon kaum zu „bändigende" Machtfaktoren, die den Verkauf dominieren wollen). Es werden sicher so manche alte Produkte verschwinden und neue, besonders im Dienstleistungsgewerbe (obwohl – *wer* hat eigentlich heute *keine* dienende Funktion im Verkauf?), in der Informationstechnik und vor allem im Umweltbereich ganz verstärkt (endlich!, hoffentlich!) kommen ... müssen! Diese Prozesse führen zwangsläufig zu Veränderungen im Verkauf allgemein und im besonderen auch zu einem größeren Ausleseprozeß im Außendienst!

Klasse, verkäuferisches Spitzenkönnen, umfassendes Fachwissen, hohe Kommunikationsfähigkeit, Empathie und Durchsetzungsvermögen werden mehr denn je gefragt sein! Auch wenn die „Verkaufsexperten aller Couleur" gerade diese Feststellungen in den letzten 40 Jahren schon „überstrapazierten" (jedes Jahrzehnt wurde so „dramatisch" eingeläutet), hinein ins 21. Jahrhundert stimmen sie nun wirklich!

Wir sagten: Rund 660000 Verkäufer, Außendienstkaufleute wollen „höher hinauf"! Und *Sie*? Hoffentlich *schaffen* Sie's! (Dabei ist es egal, ob diese Zahl so stimmt oder nicht.) Sicher ist auch:

Die Herausforderungen an die Wirtschaft, an unsere Unternehmungen (groß/mittelständisch/klein) werden zukünftig noch größer, und mehr denn je wird der Verkäufer des Jahres 2000 zur Schlüsselfigur, zum Zünglein an der Waage im Kräftespiel der Zukunftsmärkte. Dabei wird der Verdrängungswettbewerb noch härtere Formen als bisher annehmen (besonders, wenn die weltweite Konjunkturflaute länger anhält). Die enge Vergleichbarkeit der Produkte und Waren in Preis und Leistung (und die mächtigen Abnehmergruppen auf der anderen Seite!), das (Über-)Angebot an Waren generell, die „Sattheit" der Kunden, ihr äußerst kritisches Käuferverhalten und „neues Wert-Preis-Denken", die große und notwendige Bewußtseinserweiterung gegenüber den umweltfreundlichen/-feindlichen Produkten und den sich noch weiter anbahnenden Veränderungen in dieser Richtung, die EG 93, die Entwicklung in den Ostländern in Richtung freie Marktwirtschaft, die Entwicklung der Industriegiganten Amerika und Japan, die Dritte-Welt-Problematik, die gewaltigen ökologischen und ökonomischen Fragen der Zukunft, **all das zusammen wird das wirtschaftliche Denken im 21. Jahrhundert gewaltig beeinflussen und direkt oder indirekt auch Maßstäbe für den Verkauf setzen, der unverändert, nach meiner festen Überzeugung, einer der zukunftsträchtigsten Berufe weiterhin sein wird!**

Irgendwo habe ich den klugen Satz gelesen: *Die produktiven Menschen bleiben ihr Leben lang Studenten!* Wie wahr! Und Spitzenverkäufer wissen gerade deswegen: Auch im Verkauf hat man nie ausgelernt! Natürlich winken jetzt viele Verkäufer ab! Noch mehr werden zwar die Aussage bestätigen, jedoch dabei sofort auf den Kollegen zeigen. Und die dritte Kategorie nickt wohl mit dem Kopf, aber erinnert sofort an die eigenen Erfolge und Erfahrungen und meint: Man bleibt im Verkauf nicht ewig „Geselle". Allen drei Verkäufertypen ist eines gemeinsam: Sie handeln *nicht konsequent* nach dem fundamentalen Grundsatz vom „Verkaufsstudenten, der nie auslernt!" *Sie tun nur so!* Das Holz aber, aus dem Spitzenverkäufer geschnitzt sind, ist anders!

Beispiel 1

„18 Jahre arbeite ich schon draußen, und mit den Erfahrungen weiß ich doch genau, wo es langgeht! Da kennt man doch seine Pappenheimer 100prozentig!" bemerkte ein (nach seiner eigenen Beurteilung „Topmann") Tür-zu-Tür-Verkäufer der seriösen Sorte zu meiner Frau bei einem seiner Routinebesuche, die er stets mit der stereotypen Frage eröffnete: „Liegt was an?" Er operierte ansonsten mit schnodderigen Sprüchen und „Holzhammer-Abschlußmethoden". Und wenn es zu keinem Abschluß kam, reagierte er leicht beleidigt. Auch die Nachbarn klagten darüber, daß er seine Fehler bei jedem Besuch zäh wiederhole! Wie sagt O. Wilde: „Erfahrung ist der Name, mit dem jeder seine Dummheit bezeichnet!" Oder weniger boshaft: „Erfahrungen vermehren zwar unsere Weisheit, aber verringern nicht unsere Torheiten." Ich sage es einmal bissig, überspitzt und sehr drastisch: Es ist die Arroganz der Selbstgefälligen und Satten, die meinen, die Verkaufsweisheiten mit Löffeln gefressen zu haben! Es ist schon ein Hohn, wenn viel zu selbstgefällige Verkäufer (so habe ich das als Externer in einer Firma vor kurzem erlebt) einen Verkaufswettbewerb (Gewinn: 4 Wochen Superweltreise für 2 Personen und DM 10000,– Taschengeld) nur müde kommentieren: „Was soll ich mich wegen der Weltreise verrückt machen. Ja, wenn's mal auf den Mond ginge, dann ...!" Die Herren hielten sich natürlich alle für zukunftsorientierte, unerhört tüchtige „Spitzenverkäufer". (Der Zusatz „in wirtschaftlichen Boomzeiten" fehlte!)

Der Spitzenverkäufer ist ein anderer Typ! Er will – wie selbstverständlich – die Weltreise gewinnen (und schenkt sie dann seiner Frau!) – den „Mondflug" sowieso! Auftragssattheit kennt er nicht. Er will der Beste sein! Immer!

In den vielen Jahren „draußen", in meinen Seminaren als Trainer, in unendlich vielen Gesprächen mit Verkäufern und

Verkaufsleitern, in Verkaufsleiterclubs, auf Veranstaltungen und Messen sind mir immer wieder Außendienstler begegnet, die (leider) Arroganz für gesundes Selbstbewußtsein hielten und selbstkritisches Verhalten schier für eine „Sünde“. Selbstgefällig und selbstherrlich zu sein, das sind verkäuferische Topsünden. Solche Herren brüsten sich beim Bier damit, viele Kunden schon „aufs Kreuz“ gelegt zu haben. Und sie begründen das mit dem vielfach schlitzohrigen, gerissenen Kundenverhalten! Solange es dort Raubritter, Cleverle, Bauernschlaue und Besserwisser gibt, so meinen sie, solange muß auch ein Verkäufer nicht vor Edelmut triefen und einen Heiligenschein tragen! Muß er nicht! Aber ein Spitzenverkäufer hat nicht nur eine vertrauenerweckende Ausstrahlung, nein! Er verkörpert sie auch mit Haut und Haaren! Er verbreitet ein Flair (Haltung, Auftreten, Einstellung), das ihn aus der Masse der Verkäufer heraushebt. Damit meine ich nicht nur den „Strahlemann“, dessen Charme und Esprit alle Kunden begeistert und entzückt, sondern auch – um das andere Extrem zu beschreiben – den coolen, analytisch denkenden und handelnden, sachlich nüchternen Typ, der aber genauso das „gewisse Etwas“ an sich hat wie der Strahlemann. Von beiden sagen die Kunden: Donnerwetter! Was für eine Persönlichkeit! Und Verkäuferpersönlichkeiten haben es nicht nötig, Kunden „aufs Kreuz zu legen“! („Flexibel“ mit ihnen umgehen – das sage ich mit Augenzwinkern –, das dürfen sie schon.)

4. Das Spitzenverkäuferinterview

Ein großes Wirtschaftsmagazin befragte neulich Spitzenverkäufer mit spektakulären Verkaufserfolgen nach ihren **„Verkaufsgeheimnissen"**. Nur einmal wurde das immer wieder strapazierte Klischee – „zum Verkäufer muß man geboren sein" – bemüht. Wäre das so, um Himmels willen, dann gäbe es in der Verkäufergilde doch etliche „Mißgeburten"! Bis heute ist noch kein Verkäufer vom Himmel gefallen, aber etliche schon auf die Nase! Ich denke, wer sich zum Verkäufer „berufen" fühlt, dem kann man uneingeschränkt zustimmen! Ja! Aber zu etwas „geboren" sein – das Privileg haben doch nur ein paar Könige.

Natürlich: Wer ein Misanthrop ist, wer nicht unerschütterlich an sich selbst glaubt, wer nicht positiv denken kann, wird nie ein SPV! Pessimisten können nicht verkaufen! Wer sich nicht selbst begeistern kann, wie soll er andere Menschen begeistern können? Wer keinen „Riecher" für Geschäfte hat, dem fehlt etwas, was ein Spitzenverkäufer traumwandlerisch sicher besitzt. Wer keinen Spaß am Verhandeln und damit am „Handeln" – etwas tun, etwas bewegen – hat, der handelt auch nicht richtig! Aber: *Lernen kann man (fast) alles, wenn man will! Auch im Verkauf!* Demosthenes hat uns allen das schon vor über 2000 Jahren höchst beeindruckend gezeigt! Eifern *Sie* ihm also ruhig nach und nehmen *Sie* auch „den Kieselstein".

Bleiben wir noch beim Spitzenverkäuferinterview und den dort gegebenen Antworten. Sie sind sensationell, weil sie so einfach sind! Da finden keine „sagenhaften Enthüllungen über den Verkauf" statt, da werden keine „letzten Geheimnisse des Verkaufs" entschleiert, da gibt es keine „sibyllinischen Sprüche", sondern nur „Habhaftes"! Und das Phänomen ist: Jeder mittelmäßige Verkäufer nimmt die dort angesprochenen Eigenschaften und Verhaltensweisen mit der größten Selbstverständlichkeit auch für sich in Anspruch! Der ganz große Unterschied besteht nur darin: Ein Spitzenverkäufer füllt das alles mit vollem Leben aus – mit einer mitreißenden Begeisterung, mit souveräner Selbstsicherheit, einfühlsam, klug, 100prozentig kundenproblemorientiert, liebenswürdig, höflich, „charming", aber dennoch zielgerichtet, mit „Biß", sach- und fachgerecht, „emotional" – wenn nötig – „rational" – wenn möglich.

Hier ist ein komprimierter Auszug, **was Spitzenverkäufer im Umgang mit Kunden für wichtig halten:**

- Aufgeschlossen, eloquent (beredsam) und kontaktfreudig sein.
- Einfühlungsvermögen, Herzlichkeit, Problemkenntnis, persönliches hohes Engagement und ständige Einsatzbereitschaft zeigen.
- Kreativität und Biß sind erforderlich.
- Das Emotionale entscheidet das Geschäft, nicht der Preis.
- Der Mensch steht im Mittelpunkt.
- Ausstrahlung, Optimismus und Feingefühl sind gefragt.
- Studiert sein, unkompliziert sein, ehrgeizig mit Sinn für das Teamwork, das ist der SPV.
- Man muß Vertrauen schaffen, Begeisterung wecken, Befriedigung hinterlassen.
- An den Zielen festhalten und sich nicht abwimmeln lassen.
- Menschenkenntnis besitzen und Vertrauen schaffen.
- Verkaufen ist Psychologie.
- Ich könnte Dreck verkaufen, wenn ich es richtig rüberbringe.
- Verkaufen ist Kunst.

Das stimmt, liebe Leser, Spitzenverkäufer sind auf ihre Art (Verkaufs-)„Künstler"! Sie können ein plastisches Bild der Übereinstimmung und Harmonie von Kundenwünschen und -nutzen zeichnen, das Musik in den Ohren der Kunden ist!

Selbstverständlich ist von diesen verkäuferischen „Künsten und Tugenden“ in diesem Buch dauernd die Rede, und der Autor nutzt dabei seine jahrzehntelangen persönlichen Verkaufserfahrungen (Tugenden klingt mir, bei selbstkritischer Betrachtung, doch etwas zu geschwollen!), Beobachtungen und Erkenntnisse genauso wie das, was er alles im Umgang mit Kunden und vielen Spitzenverkäufern gehört, erfahren und gelernt hat. Er hat draußen die strahlenden Sonnenseiten des Verkaufserfolges genossen. Er ist die Erfolgsleiter hochgeklettert, step by step! Und er hat die dunklen Stunden der Flops und Niederlagen kennengelernt, die selbstverständlich auch einen Spitzenverkäufer nicht verschonen (auch wenn manche Verkaufsautoren das gerne verschweigen). Goethe hat recht: „Wo Licht ist, ist starker Schatten.“ (Schwache Verkäufer sehen allerdings schon Schatten, wenn die Sonne überhaupt nicht scheint.) Spitzenverkäufer schaffen es aus eigener Kraft (!) immer wieder, aus dem „Schatten“ heraus ins Licht, in die Erfolgs- und Gewinnzone zu treten und Kundenschwierigkeiten (manchmal auch den „inneren Schweinehund“!?) zu überwinden!

Beispiel 2
Während meines letzten Englandbesuchs sprach ich mit einer „alten“ (jungen) Bekannten, die in ihrem Unternehmen als „Key-Accounter“ zu den Spitzenverkäufern gehört. Sie analysierte cool die allgemeine wirtschaftliche Lage im UK 91/92 und die ihres Brötchengebers IBM und im besonderen die Situation bei ihrem Großkunden aus der Energiewirtschaft, den sie betreute. Ihr Fazit: Die Lage ist sehr schlecht, aber nicht hoffnungslos! Mich beeindruckte sehr, was sie am Schluß unserer Unterhaltung sagte. „Da muß ich durch, das bin ich mir und meiner Firma schuldig! Und ich hole auch noch diesen verdammt schwierigen Kunden in unser Boot! Wetten, daß mir das gelingt“, meinte sie spitzbübisch. Ich habe nicht gewettet, weil ich sie kenne. Sie ist

ehrgeizig, hat Biß und Drive, viel weiblichen Charme und versteht sich durchzusetzen. Sie weiß unheimlich viel über ihr Produkt und über Kundenprobleme! Und sie hat Erfolg!

P.S.: Wie ich jetzt erfahren habe, hat sie's geschafft. Sie hat den Auftrag bekommen!

II. Was ein Spitzenverkäufer „drauf" hat

Es gibt nur einen Winkel des Universums,
den man bessern kann: das eigene Selbst.
Aldous Huxley (engl. Schriftsteller)

1. Spitzenverkäufer sind Persönlichkeiten

Der Duden sagt: Der Begriff „Persönlichkeit" ist ein weitgefaßtes Konstrukt zur Beschreibung, Vorhersage und theoretischen Erklärung der Besonderheiten eines einzelnen Menschen. *Jeder* Mensch ist eine Persönlichkeit, ist unverwechselbar, einmalig! Und trotzdem ist es ein Phänomen, daß wir im Alltag noch lange nicht jedem diesen Gütebegriff „Persönlichkeit" zugestehen. Jeder verbindet mit diesem Begriff etwas Besonderes. Jeder hat eine bestimmte Vorstellung und Erwartungshaltung, was eine Persönlichkeit ist und *was* sie ausmacht. Jeder hat auch sofort einen bestimmten Menschen parat, wenn man ihn fragt: Wer ist eine Persönlichkeit? Aussehen, Auftreten, Charakter, Beruf, Bildung, Ansehen, Wissen und Können ... und ... und ... spielen dabei eine Rolle. Letztlich ist aber nur wichtig, was Sie selbst von sich denken!

Spitzenverkäufer sind Persönlichkeiten. Sie haben besondere Merkmale, Eigenschaften, eine innere Haltung, die weit über das hinausgehen, was Durchschnittsverkäufer – in der Regel – besitzen. Auf einige signifikante Eigenschaften, die eine Verkäuferpersönlichkeit besonders prägen, wird in den folgenden Kapiteln 2 bis 10 detailliert eingegangen. Sie werden mit vielen Beispielen aus der Praxis serviert.

2. Selbstvertrauen und positives Denken

Beide Eigenschaften sind Eckpfeiler für verkäuferische Erfolge und damit von fundamentaler Wichtigkeit für das Persönlichkeitsbild eines Topverkäufers.

Aus gutem Grund gibt es darum eine Unzahl Seminare und Bücher, die sich mit diesen beiden wichtigen Komplexen beschäftigen. Offensichtlich mangelt es vielen Menschen an beiden Eigenschaften. Und ich habe in den langen Jahren im Verkauf auch überraschend viele Außen-/Innendienstler erlebt, die sich mit diesen Syndromen herumschlugen. Ihnen fällt die Umsetzung des Konfuzius-Satzes schwer: **„Unsere größte Tat besteht nicht darin, niemals hinzufallen, sondern immer wieder aufzustehen.“** Voraussetzung dafür sind ein nie versiegendes Selbstvertrauen, ein unerschütterliches Maß an positivem Denken und der Glaube an sich selbst! Die hilfreiche Verkaufsleiterhand, der tröstende Kollege, ein verständnisvoller Chef sind letztlich nur „barmherzige Samariter“, die nur bedingt das eigene Leistungsvermögen beeinflussen und anheben helfen! *Dafür ist man ganz alleine verantwortlich!*

Manche retten sich in gespieltes Selbstbewußtsein, das meistens überzogen, unwirklich wirkt. Kunden haben dafür *ein feines Gespür!*

Was hat das alles mit einem Spitzenverkäufer zu tun, Herr Autor? Der hat doch Selbstbewußtsein und die positive Denkweise quasi „mit Löffeln gefressen“! Das stimmt! Aber ich spreche in diesem Buch auch über Verkäufer, die das Zeug zum Spitzenverkäufer haben, nur auf dem Weg dahin ab und zu einmal Selbstvertrauen und positives Denken *„nachtanken“* müssen. Und Hand aufs Herz: *War Ihr Tank immer nur „halb voll“, niemals „halb leer“?*

Beispiel
„Warum verkaufe ich nicht genausoviel wie mein Kollege Waldmann, wo im Verkaufsbüro doch jeder weiß, daß ich technisch am meisten von unseren Maschinen verstehe und Waldmann bei weitem nicht so viel Ahnung davon hat wie ich? Trotzdem liegt er bei jedem Verkaufswettbewerb immer vor mir", rätselte einer meiner Verkäufer. Die Antwort war einfach. Im Vergleich zu Waldmann, dessen unerschütterlicher Optimismus und dessen Draufgängertum sprichwörtlich waren, fehlte dem Fragesteller ein konstantes, stabiles Selbstvertrauen, um große Erfolge zu erzielen. Er suggerierte sich zu schnell ein: „Heute habe ich keine Chance" ... „Heute ist kein Tag für schwierige Kunden" ... „Heute ist nicht mein Tag" ... „Heute ist es sinnlos, nach dem Auftrag zu fragen." Herr G. resignierte schnell, war mutlos und negativ gepolt.

Es ist eine psychologische Binsenweisheit (wie so vieles im Verkauf – und im Buch –): **Wer eine schlechte Meinung von sich hat, wer nicht fest daran glaubt, auch einen schwierigen Kunden „heute" zu gewinnen, wird ihn auch morgen nicht gewinnen können!** ***Wer sich selbst abwertet, den wertet auch der Kunde ab!*** Und wer nur darauf wartet, daß andere ihn ständig hätscheln, tätscheln und loben, ihm Streicheleinheiten verpassen, ihn nach jeder Niederlage (und kein Verkauf ist eine Niederlage!) wieder aufrichten, der hat nicht das Zeug zu einem Spitzenverkäufer, denn dieser richtet sich selbst auf!

Erst als G. gelernt hatte, diese Blockaden und Sperren zu durchbrechen, die Faust zu ballen (Jetzt erst recht! Ich will! Ich kann!), festigte sich sein Selbstbewußtsein, und seine Erfolge wuchsen. Aus G. ist doch noch ein Spitzenverkäufer geworden. Heute leitet er als selbständiger Unternehmer ein großes Handelsvertreterkontor, und in seinem Büro steht eine Vitrine, in der eine Flasche Whisky mit einem halbgefüllten Glas steht und der Spruch: **„Denk positiv! Das**

Glas ist halb voll.“ Als ich ihn vor kurzem traf und ihn auf sein „Glas Whisky“ ansprach, lächelte er. „Ja, das steht immer noch in meinem Büro, aber ich habe mir“, meinte er nachdenklich, „noch einen Satz von Bertrand Russell eingerahmt: ‚Das ist der Menschheit ganzer Jammer, daß die Dummen so selbstsicher und die Klugen so voller Zweifel sind‘“. Auch nachdenkenswert!

2.1 30 positive Merksätze (zum Immer-wieder-und-wieder-Lesen)

Wer ein Spitzenverkäufer ist/werden will, für den sind diese Merksätze zur Stärkung von Selbstbewußtsein, Selbstvertrauen und positivem Denken „gute Freunde“ (= positive Affirmationen)!

- Ich sage *stop* zu allen negativen Gedanken und setze *positive* dagegen. Nur sie erhöhen meine Leistungsfähigkeit!
- Positiven Verkäufergedanken folgen positive Taten *und* positive Kundenreaktionen – und die nützen mir!
- Ich liebe Herausforderungen durch den Kunden, denn dann kann ich zeigen, wie gut ich als Verkäufer bin!
- Ich weiß, was meine Kunden wünschen, ich kenne ihre Probleme, ich habe alles getan, um sie gut zu lösen und dem Kunden Nutzen zu bringen. Das macht mich stark!
- Ich denke gerne an meine Erfolge in der Vergangenheit. Da war ich schon gut. Aber ich weiß, nur die Erfolge von heute machen mich noch besser!

- Ich akzeptiere meine Schwächen und freue mich über meine Stärken – und arbeite an beiden!
- Letztlich ist auch der Tüchtige allein. Darum helfe ich mir selbst und warte nicht auf den Verkaufsleiter!
- Erfolge und Mißerfolge führen beide zu nützlichen Erkenntnissen. Ich nutze sie!
- Nur wenn ich eine Spitzenmeinung von mir habe, kann ich auch ein Spitzenverkäufer werden. Und der Kunde folgt dann mit seiner positiven Meinung nach!
- Ich denke offensiv, progressiv und nach vorwärts, denn die Vergangenheit ist passiv!
- Und wenn ich zehnmal „Mist“ in einer schwierigen Situation brülle – ich gebe nicht auf!
- Ich setze mir hohe, aber realistische Ziele – und erreiche sie auch!
- Verkaufen und Aufträge schreiben macht Spaß. Ich will viel Spaß haben!
- Wenn es einen Glauben gibt, der Berge versetzt, dann ist es der Glaube an die eigene Stärke. Daran glaube ich!
- „Ich weiß, daß ich nichts weiß.“ Aber verdammt nochmal, das ist doch Grund genug, sich anzustrengen, um noch mehr zu wissen!
- Ich weiß, (m)eine positive Ausstrahlung wirkt wie ein starker Magnet und zieht Kunden an!
- Ich weiß, ich bin für den Kunden ein kompetenter Partner, wenn ich seine Probleme verstehe und lösen kann! Darauf konzentriere ich meine gesamten Aktivitäten.
- Ich weiß, auch mein Selbstvertrauen und mein Selbstbewußtsein müssen „trainiert“ werden. Ich

beginne damit schon beim Aufstehen: „Heute ist ein guter Tag. Ich nutze ihn!“ Carpe diem!

- Es gibt keine „schlechten Tage“, wo mir nichts gelingt. Es gibt nur „happy days“!
- Ich weiß, ich habe meine Aktivitäten für den heutigen Tag gut vorbereitet und geplant, darum fühle ich mich sicher!
- Um unwichtige Dinge zu streiten ist Zeitverschwendung. „Nütze die Zeit“, sagte schon Goethe – und der muß es ja wissen!
- Ich bin gut zu anderen, aber vor allem bin ich gut zu mir!
- Ich weiß, auch wer auf der richtigen Spur fährt, kann überholt werden, wenn er stehenbleibt. Also gebe ich Gas!
- Meine „Erfolgsbilanz“, froh, heiter und gelöst zu sein (= Gewinn) gegenüber Ärger und Verdruß (= Verlust), stimmt! Ich mache Gewinne!
- Ich weiß: Nur wer gibt, empfängt auch! Do ut des! Ich gebe meinen Kunden alles, was ich an Wissen und Können besitze, um von ihnen einen Auftrag zu bekommen.
- Selbstvertrauen, positives Denken, Optimismus und Begeisterungsfähigkeit sind riesige Kraftquellen, die nicht nur mich, sondern auch den Kunden (mit)speisen!.
- Wenn ich mich selbst bemitleide, tut es auch der Kunde. Aber wenn ich auf mich selbst baue und vertraue, dann baut und vertraut auch der Kunde auf mich!
- Bevor ich gegen etwas bin, suche ich zuerst einmal danach, was dafür spricht!

- Wenn ich ein Problem habe, kann ich es lösen. Wenn ich selbst ein Problem bin, nicht!
- *Ja* ist ein gutes Wort. *Ja* zu meinem Beruf! *Ja* zu meiner Arbeit! *Ja* zu meiner Aufgabe! *Ja* zu meinen Zielen! *Ja* zu meinen Kunden!

Ja zu mir selbst!

Begeisterung ist der Glanz in Deinen Augen, der Schwung Deines Gangs, der feste Druck Deiner Hand, der unwiderstehliche Drang Deines Willens – und die Energie, Deine Ideen auszuführen.

Henry Ford

Begeisterung ist der unumstößliche Beweis dafür, wie sehr Du in Deine Arbeit und Deine Aufgabe – zu verkaufen – verliebt bist.

Ein Seminarist

3. Sich und andere begeistern können

Die Fähigkeit, sich für etwas „begeistern" zu können, gehört zum Persönlichkeitskapital, ist das Fundament, auf dem ein Spitzenverkäufer sicher stehen kann. Nichts Positives in dieser Welt geschieht ohne Begeisterung! Sie ist die Quelle, die uns „speist" und vorwärts treibt! Nur wer sich begeistern kann, findet das Leben, seine Arbeit, seine Aufgabe (er)lebenswert! **Durch die Begeisterung für Menschen schafft man sich Freunde, gewinnt man Kunden!**

Die Begeisterungsfähigkeit ist ein legitimes „Dopingmittel" für jeden Spitzenverkäufer! Davon kann er nicht genügend „Pillen" schlucken! Es ist eine sehr gesunde Arznei!

Der international bekannte Trainer und Salesman J. W. Pikkens stellt die Begeisterungsfähigkeit in der Skala der wichtigsten Eigenschaften eines Topverkäufers mit 51 % an die erste Stelle und bewertet z. B. die Produktkenntnis mit 7 %. Möglich, daß hier Verkäufer mit stark erklärungsbedürftigen, hochtechnischen Produkten lauthals protestieren!

Zwischen den Extremen der Pickenschen Skala (51 % / 7 %) liegen noch das Mitgefühl/Kundenverständnis mit 25 %, gutes Benehmen mit 10 %, Charme (nur wer ihn hat) mit 7 %, Humor (nur wer ihn hat!) mit 7 %. Natürlich haben andere Trainer, andere Verkaufsbuchautoren teilweise andere Kriterien und andere Reihenfolgen/Prozentzahlen! Eines ist allen gemeinsam: Die Begeisterungsfähigkeit rangiert überall ganz oben – und das völlig zu Recht!

Die eigene Begeisterung, die ein SPV zum Kunden „rüberbringt“, ist (s)ein großer Erfolgsträger! Ein unerläßlicher! Gerade hier zeigt sich der Unterschied zum Mittelmaßverkäufer, der selten „vor Begeisterung sprüht“ und dem der Kunde (leider) oft anmerkt, daß er von dem, was er sagt, selbst nicht so richtig überzeugt ist. Und Kunden haben gerade für solche „Verkäufergefühle“ ein tolles Gespür.

Selbstverständlich gibt es unterschiedliche Formen, Begeisterung auszudrücken, zu leben: verbale und nonverbale! Auch der kühle, nüchtern denkende, streng rational handelnde SPV kann *seine* Form der Begeisterung dem Kunden in ruhigen, eindringlichen, überzeugenden Worten, unterstrichen durch die Körpersprache, transparent machen! Der Sonnyboy und Strahlemann unter den SPV wird mit viel Temperament, Gestik und Mimik, mit begeisternden, sprühenden Worten seinen Kunden entzünden. Entscheidend ist: Der Kunde muß den Verkäuferenthusiasmus geradezu körperlich spüren!

Nicht umsonst sagte Augustin (bedeutender Kirchenlehrer und Rhetoriker) schon vor Jahrtausenden: „In dir muß brennen, was du in anderen entzünden willst!“ Und wie wunderbar ist es für einen Spitzenverkäufer, wenn er zu seinem Kunden sagen kann: „Ich bin *stolz* auf unsere Produkte, *begeistert von der Qualität*, und ich bin *glücklich*, weil wir unseren Kunden so viel *Nutzen* bringen können! Und Sie, verehrter Kunde, werden genauso begeistert sein, wenn ich Ihnen demonstriert habe, welchen konkreten Nutzen, welche Vorteile unsere Produkte für Ihr Haus haben!“

Beispiel
Ich vergesse nie, wie mein Freund Willy Z. (heute ein erfolgreicher Freizeitpark-Unternehmer) vor etlichen Jahren den Ehrgeiz hatte, mir zu zeigen, wie er als Spitzenverkäufer der Henkel-Gruppe das „schwarze Zeug" (Schuhcreme!) an seine Kunden verkaufte. (Ich war zu der Zeit Verkaufsdirektor in einem internationalen Büromaschinenkonzern, und das „kitzelte" meinen superehrgeizigen Freund mächtig!) Ich kam aus dem Staunen nicht heraus! Welchen „Glanz" (im doppelten Sinne), welches Feuer, welche Begeisterung konnte er für das simple Blechdöschen mit der schwarzen Paste entwickeln! Das war Klasse! Freund Willy zeigt mir überdeutlich, wo „der Herr Direktor" noch Nachholbedarf („Begeisterung ausstrahlen") hatte!

Aber auch ich war ehrgeizig in Sachen „Begeisterung auslösen" und arbeitete an mir! Ein guter Kunde sagte bei einem Messeempfang zu mir: „Ich denke oft darüber nach, *warum* ich nur bei Ihnen und nicht bei Ihren Wettbewerbern, die alle wesentlich billiger sind als Sie, kaufe!? Aber wenn Sie mir immer wieder erzählen, wie begeistert Sie von Ihren Produkten sind, wenn Sie geradezu schwärmerisch von der guten Zusammenarbeit mit Ihren Kollegen sprechen und Ihren Chef über den grünen Klee loben und wenn Sie mir von Ihren zahllosen zufriedenen Kunden berichten, dann denke ich: ‚Mensch, Du bist ja selbst hoch zufrieden mit der Firma E. und begeistert von ihr!'" Na bitte! Was Begeisterung alles bewirken kann! ...

Die Begeisterung für die eigene Sache und die Fähigkeit, auch den Kunden für das eigene Angebot zu begeistern, tragen (m)ein Verkaufsgespräch vom ersten bis zum letzten Satz! Dann springt auf den Kunden der Funke über, der das Feuer entzündet und „Kauflust" weckt! Ist sie vorhanden, ist der Abschluß Formsache!

Der Beruf ist das Rückgrat des Lebens.
Nietzsche

Der „Verkäuferberuf" vereint mehrere schwierige Berufe in sich. Wer sie alle beherrscht, darf mit Recht stolz sein.
Ein Seminarist

4. Identifikation mit Beruf und Aufgabe

Eng verbunden mit dem Begeisterungsvermögen ist die Identifikation eines SPV *mit dem, was er ist und was er tut!* **Er *liebt* seinen Beruf, seine Firma, die Produkte *und* die Aufgabe und dient seinen Kunden! Verkaufen macht ihm Spaß! Und die wunderschöne Begleiterscheinung, „gutes Geld" zu verdienen, auch!**

Beispiel 1
Erinnern Sie sich noch: Beim SPV-Interview sagte eine Dame aus der Versicherungsbranche: „Ich könnte Dreck verkaufen, wenn ich es richtig rüberbringe." Ein kühner Satz! Was für ein Selbstbewußtsein spricht aus ihm! Welche Identifikation mit dem, was man verkauft! Lassen wir einmal offen, ob die Dame „Dreck" wörtlich oder im übertragenen Sinne meinte. Solange sie dem Kunden klarmachen kann, „welchen Nutzen er aus Dreck zieht ...". Andererseits möchte ich – mit einem Augenzwinkern (und versteckter Werbung!) – darauf hinweisen, was ich in meinem Verkaufsbuch „Scharf gewürzt" schrieb: „Ein mieses Produkt (Dreck) verdient auf die Dauer keinen SPV! Der (sie) verdient Besseres!" Es gibt kluge Köpfe im Verkauf, denen ist das oben geschilderte Generalistengehabe (alles, von der Zahnbürste bis zur Nobelkarosse, vom Hundefutter bis zur Industrieanlage verkaufen zu können) etwas „suspekt". Und Ihnen, verehrte Leser?

Beispiel 2
„Ich identifiziere mich voll mit meinem Beruf! Ich bin begeistert von meiner Aufgabe als Verkaufsleiter, sie ist für mich eine Art von beruflicher Selbstverwirklichung!“ sagte ein Herr bei der persönlichen Vorstellung zum Seminarbeginn. Und ich war, allein schon wegen dieses beeindruckenden Satzes, neugierig auf diesen Seminaristen! Aber wie groß war meine Enttäuschung am Seminarende! Zwischen Anspruch und Wirklichkeit, zwischen schönen Worten und echten Taten klafft eben oft eine große Lücke! So war es auch in diesem Fall. Was immer seine Verkaufsleiterkollegen während des Seminars zum Thema „Wie unterstütze ich meine Verkäufer draußen?“ vorschlugen, er nörgelte daran herum. Gleichgültig, wie ein Problem angegangen wurde, ihm paßte es nicht. Keine Idee fand Gnade, er zerpflückte alles, *ohne* Alternativen anzubieten. Bei einem simulierten Verkaufsgespräch (Verhandlung mit einem Großkunden) blieb er blaß. „Was soll das, draußen ist doch alles ganz anders!“ Seine Kollegen verliehen ihm zum Seminarende „die goldene Zitrone“, und er reagierte darauf „sauer“, obwohl die Rede an und über ihn humorig und nicht verletzend war!

Sein Chef bestätigte mir später: „Ein toller Verkäufer ist er nicht, aber er kann Verkäufer richtig hart treten, damit sie etwas bringen!“

Spitzenverkäufer, selbstverständlich auch Verkaufsleiter, haben Vorbildfunktion! Er war weder ein guter Verkäufer, geschweige denn Verkaufsleiter! Einige Wochen nach dem Seminar (ich hatte den Herrn mit der großen Klappe schon vergessen) rief mich sein Chef wieder an. Im Unternehmen rumorte es. Die Verkäufer probten den „Aufstand“.

Der Hauptschuldige war der Chef selbst (auch er reagierte sauer, als ich es ihm sagte!). Aber wer ein Führungsprinzip dieser Art duldet, braucht sich nicht zu wundern, wenn sich Verkäufer dagegen auflehnen. Ein solcher Führungsstil ist auch nicht mit den lapidaren Sätzen erklärt bzw. begründet:

„Nichts ist so erfolgreich wie der Erfolg!" und „Der Zweck heiligt die Mittel!" Weder Spitzenverkäufer noch Verkaufsleiter und schon gar nicht „Chefs" dürfen so denken! Aber trotz vieler Bücher über vernünftiges Führungsverhalten, trotz Aus- und Weiterbildungsmaßnahmen ist es bisher nicht gelungen, „den Treter-Führungsstil" auszurotten (daß personenbezogen der eine oder andere mal einen „Tritt" braucht, steht auf einem anderen Blatt). Aber das ist kein Wunder, wird er doch in so mancher Vorstandsetage – mit Vorliebe – praktiziert, so lange, bis die Herren dann mit Millionenabfindungen abgelöst werden, um danach sofort in einem anderen Unternehmen erneut zuzuschlagen! The same procedure as every year. „Treten!"

Beispiel 3
„Wissen Sie, ich verkaufe meinen ‚Prinz vom Homburg' (Kugelschreiber) mit einer solchen Freude und Begeisterung, daß ich täglich eine vierstellige Zahl beim Groß- und Einzelhandel umsetze! Und meine Kunden sind genauso begeistert von dem Kugelschreiber wie ich!" erklärte mir ein „in Ehren ergrauter, eleganter und topfiter" Handelsvertreter von 70 Jahren, mit dem ich vor zig Jahren auf eine 14-Tage-Tour ging, um zu „testen", wie groß mein Talent für den Verkäuferberuf ist! **„Sie müssen strahlen, Ihre Augen müssen leuchten, Sie müssen Freude und Wärme verbreiten, und Ihre Begeisterung muß auf den Kunden überspringen, wenn Sie den ‚Prinzen' vorstellen! Diese Präsentation muß eine Schau und eines ‚Prinzen' würdig sein!"** schwärmte er. „Na ja", dachte ich, „der alte Herr quasselt ein bißchen viel." Aber ich schämte mich wegen dieses Gedankens, als ich ihn zum ersten Mal in der Praxis als Verkäufer erleben durfte! Alles, was er mir gesagt hatte, brachte er genau so zum Kunden rüber! Er streichelte beinahe verzückt den simplen „prinzlichen" Kugelschreiber, und die begeisternden Worte, die er für ihn fand, geschickt mit Technischem angereichert,

das war einfach *gut*! Da wurde der Preis fast zur Nebensache. Und als ich ihm das nach dem Besuch voller Hochachtung sagte, meinte er lächelnd: „Da müssen Sie mich erst einmal erleben, wenn ich in Hochform bin!"

Sich und andere begeistern können ist keine Frage des Alters, sondern der inneren Einstellung, des Herzens!

Ethik ist die Wissenschaft von
der menschlichen Pflicht.
Swing

5. Ethik und „Ellenbogen" im Verkauf

5.1 Ethik

Ich war lange unschlüssig, ob dieses große Wort überhaupt etwas in meinem Buch als „SPV-Persönlichkeitsmerkmal" zu suchen hat. Und wenn ich daran denke, welche großen Köpfe sich mit Ethik beschäftigt haben (Aristoteles, Kant, Sartre, Camus, Moore usw.), wird mir doch etwas mulmig!

- Ethik = Lehre von den Normen menschlichen Verhaltens und Handelns.
- Norm (im ethischen Sinne) = die in einem Moralkodex zusammengefaßten sittlichen Regeln als Geltungsansprüche, deren Anerkennung jedermann zuzumuten und deren Erfüllung Pflicht ist (nachzulesen im Lexikon).

Gibt es Ähnliches in der freien Marktwirtschaft und in den dort agierenden Unternehmungen?

Gibt es eine „Ethik im Verkauf", in der sich die Firmen und Verkäufer hochoffiziell strenge Normen über Verhalten und Handeln auferlegen, „deren Erfüllung Pflicht ist"?

Natürlich zwingt das Regulativ von Angebot und Nachfrage im freien Wettbewerb der Marktkräfte zur Einhaltung ungeschriebener Normen – und so manches Unternehmen hat sich eine „Firmenphilosophie" gegeben. Nur bin ich mir nicht sicher, ob damit die hier angeschnittene Frage schon abgedeckt ist (Regeln über Fairneß, Offenheit, Zuverlässigkeit, Ehrlichkeit, Umweltbewußtsein usw.)?

Sind die Wirtschaftsverbände, die Industrie- und Handelskammern die „Tugendwächter verkaufsethischer Normen“, oder? Sie merken, liebe Leser, eine endgültige Antwort will mir nicht so richtig gelingen. *Welche* ethischen Normen stellen zum Beispiel Firmen auf, deren Geschäft Vernichtungswaffen sind? Und wie werden die Verkäufer damit fertig, zumal sie Spitzenverdiener in Zigmillionenhöhe sind und nicht selten „unter der Hand“ mehr verdienen als offiziell „auf die Hand“?

Pecunia non olet! Natürlich finden sich „locker“ viele Erklärungen und Argumente, die für die Waffenherstellung und für deren Verkauf sprechen. Ich habe mich nur gefragt: Sind die Herren in dieser Branche „SPV mit Vorbildfunktion“?

Klares *Nein*! Es ist ihnen sicher „wurscht“, weil in ihrer Verkaufswelt die Ethik kein, dafür aber die „Kohle“ der alles dominierende Begriff ist! In der deutschen Ausgabe des Wirtschaftsmagazins „Forbes“ (9/91) stand der Artikel:

„Der größte Betrug der Geschichte.“ Es ging um obskure dreistellige Millionensummen, die sich sogenannte Berater für Warentermingeschäfte (genannt Zocker) unter den Nagel gerissen hatten! Zitat: „Von der Börse haben die Zocker kaum eine Ahnung. Doch sie sind die *besten* Verkäufer, die es auf Erden gibt.“ (Zitatende) Abgesehen davon, daß mit diesem Begriff – „der Beste“ – zu schnell umgegangen wird (Bitte, nennen Sie mich jetzt keinen „Chauvi“, aber in jedem zweiten USA- Verkaufsbuch schreibt „der beste Verkäufer der USA“. Allerdings ist es immer ein anderer Autor!), stellt sich die Frage: Sind solche Zocker wirklich „Spitzenverkäufer mit Vorbildfunktion“? Auf keinen Fall! Wer erinnert sich noch an die dubiosen SPV der Firma IOS? Es gibt Anlageberater, die ihre Kunden um rund zwei Milliarden DM betrogen haben sollen, wie das TV-Wirtschaftsmagazin am 24. 9. 91 glaubt! Und 1992 waren es in der Sendung schon fünf Milliarden DM. Wer kennt nicht die „Finanzkünstler", die zweifelhafte Bauherrenmodelle angespriesen und damit ein Vermögen gemacht haben, während ihre Kunden arm wurden!?

„Spitzenverkäufer" sind sie alle, aber soll man ihnen nacheifern? 40–50 000 DM verdient so mancher SPV im Monat, der auf sog. Kaffeefahrten alten Leutchen irgendwelchen Ramsch andreht! Und was sich teilweise in den fünf neuen Bundesländern an Verkaufspraktiken abspielt, ist sicher nicht „die feine englische Art". Natürlich weiß ich: Die Gefahr der Verallgemeinerung steckt in diesem Kapitel drin! Und so sage ich mit Nachdruck: Es gibt sehr wohl seriöse Anlageberater, Warenterminhändler usw.!

Warum also das „Gedönse" wegen einiger „schwarzer Schafe", die alle *nicht* das Attribut „Spitzenverkäufer mit Vorbildfunktion" verdienen? Schließlich ist auch ein seriöser SPV kein Engel! Stimmt's!?

Aber da sich jedes Unternehmen „irgendwie" Regeln gibt, nach denen es auf dem Markt operiert, muß sich auch jeder Verkäufer und erst recht ein/eine Klassemann/-frau Regeln auferlegen, nach denen er/sie im Markt handelt!

„Verkaufsethik" mag dafür dem einen oder anderen SPV ein zu hochgestochenes Wort im knallharten Verdrängungswettbewerb sein, aber es trifft im Kern.

Die unlauteren Mittel, die bewußte Lüge, der „große Bluff", andere schmutzige, dirty Tricks wie z. B. falsche, verschleierte Auskünfte, „das Aufbauen Potemkinscher Dörfer", das bewußte Vertuschen von großen Schwächen und Hochspielen nicht vorhandener Stärken, Behauptungen aller (Un-)Art, die nicht bewiesen werden können, gnadenlos Druck auf den Kunden ausüben, mit Drohungen operieren, schamlos Unwissenheit, Hilflosigkeit der Klientel ausnutzen usw. usw., das sind Methoden, mit denen diese Art „Spitzenverkäufer" Aufträge machen! Und die „Mitleidsmasche" habe ich noch nicht einmal erwähnt! Unbestritten ist: Diese Sorte Verkäufer sind gute Menschenkenner. (Das Hauptmotiv bei den meisten ihrer Kunden ist die Gier nach dem Geld!) Sie sind auch blendende Schauspieler und Showmen, gewiefte Taktiker und Überredungsartisten! Aber leider geht ihnen oft das Gefühl ab: Was ist noch am Rande der Legalität, und was ist schon kriminell!? Nur die schnelle Mark machen und die Lust, Kunden „elegant übers Ohr zu hauen", bestimmen ihr Denken! Sie haben es nicht nötig, „Spesenabrechnungen zu frisieren"!

Redliche Spitzenverkäufer, wie sie unsere Wirtschaft braucht, sind sie nicht! Im Gegenteil! Sie sind immer wieder der Nährboden für dumme Vorurteile über den Verkauf, über Verkäufer! Sie sind nur rücksichtslose Geschäfte- und Geldmacher! Wen wundert's, wenn da so mancher biedere Verkäufer sich wünscht: einmal so ausgekocht, einmal so raffiniert sein – um das große Geld zu machen! Dennoch: *Ehrlich währt am längsten!*

„Redlichkeit ist die Tugend, gut zu sein, ohne beobachtet zu werden!"

Ein SPV kann jederzeit in den Spiegel blicken und sagen: Ich habe mein Bestes gegeben – zum Wohle meiner Kunden, zum Wohl meiner Firma! Ich habe mein Geld redlich verdient!

5.2 „Ellenbogen"

Was soll das eigentlich mit den „Ellenbogen" im Verkauf? Antwort: Ein Spitzenverkäufer nutzt sie! Wenn nötig, „drinnen", in der eigenen Firma! Und wenn nötig, „draußen", gegenüber dem Kunden. „Ellenbogen" ist nur ein anderes Wort für die wichtige Eigenschaft, die eine Führungskraft – und Spitzenverkäufer sind Führungskräfte – haben muß: **Durchsetzungsvermögen!**

a) „drinnen“

Leider ist (noch) nicht jedes Unternehmen, das vom Verkauf lebt, von oben nach unten strukturiert und ausgerichtet, so daß *jeder/jede* Mitarbeiter/in im Hause sich als „(Mit-)Verkäufer und Kundenbetreuer“ versteht! Diese Art von „Wir-Gefühl“ – wir alle dienen dem Kunden, ob Chef, Azubi, Produktionsarbeiter, Konstrukteur, Lagerist oder Buchhalter oder ..., wir alle arbeiten verkaufsorientiert – muß sich in alle Herzen und Hirne einpflanzen!

Da dies oft nicht so ist, gibt es Reibungspunkte zwischen den einzelnen Abteilungen, Animositäten, Fehlverhalten und Spannungen unter den Mitarbeitern, unter denen oft (direkt oder indirekt) auch Kunden zu leiden haben (z. B. Nichteinhaltung von Lieferterminen, falsche Mahnungen, Korrespondenzschlampereien, Versandnachlässigkeiten, Verzögerungen bei Reklamationen, falsche Montagezusagen usw.)!

Ein Spitzenverkäufer ist der oberste Interessenverwalter seiner Firma *beim Kunden*! Aber er vertritt auch mit gleicher Intensität die Interessen seiner Kunden *im eigenen Haus*!

Dummerweise muß er oft in der eigenen Firma die Taktiken anwenden, die er bei seinen Kunden auch einsetzt. Es gibt Chefs und Verkaufsleiter, die das für goldrichtig halten.

Nach dem Motto: Ein SPV muß sich, um seine Ziele durchzusetzen, in der eigenen Firma genauso verkaufen, wie er das draußen bei seinen Kunden tut! Persönlich halte ich diese These für Quatsch, für unnütze Vergeudung von Energie, die ein Verkäufer beim Kunden sinnvoller einsetzen kann. Und ein Spitzenverkäufer macht diese Spielchen auch nicht mit! Er bittet höflich, argumentiert sachbezogen, und wenn das nichts bringt, dann fordert er – energisch, selbstsicher, bestimmt! Und er scheut, wenn es denn sein muß, keine Auseinandersetzung mit firmeninternen „Querschlägern", um kundengerecht zu arbeiten. *Dem Kunden Nutzen bringen – ihm zu dienen –, das ist sein oberstes Gebot!*

Beispiel 1
Vor kurzem rief mich ein Leser der „Außendienst-Informationen" an (ich schreibe dort Artikel und Leserbriefe). Er beklagte sich darüber, daß sein Chef viel zu wenig den Verkauf unterstütze und nur die Technik(er) favorisiere (meistens ist das umgekehrt, und die Techniker „klagen"!). „Ich habe schon den höchsten Umsatz im Haus", so argumentierte er, „aber ich könnte noch viel mehr verkaufen, wenn mehr Unterstützung vom Chef käme (z. B. Werbung, Verkaufsförderung, Schulung usw.)." Er bat mich nun, in den „AI" in einer Art von „offenem Brief an seinen Chef" solche Probleme anzusprechen.

Den direkten und viel besseren Weg, das offene Gespräch mit dem Chef, wollte er nicht! Auch mit seinem Marketingleiter, der wohl ebenfalls ein Bremsschuh aus seiner Sicht war, wollte er nicht direkt sprechen, obwohl ich ihm beides empfohlen und ihm auch einige Tips über das „Wie" gegeben hatte! Auch folgendes habe ich ihm zum Schluß unseres Gesprächs gesagt:

Ein Spitzenverkäufer hat Zivilcourage! Er fürchtet keine Auseinandersetzung mit seinem Chef, wenn es darum geht, eigene Verkäuferinteressen, die auch im Interesse des Unternehmens liegen, durchzusetzen! Spitzenverkäufer sind hier Egoisten!

Beispiel 2
Bei einem 18-Millionen-Auftrag, den ich ins Haus holte, machte mir die eigene Produktionsabteilung riesige Schwierigkeiten, weil Fertigungs- und Auslieferungstermine dem Kunden zugesagt, wieder verschoben, neue Termine versprochen und wieder nicht gehalten wurden usw. Auch die vereinbarten Qualitätsstandards wurden – wider Erwarten –

nicht alle erfüllt, und der Kunde drohte, den Auftrag zurückzuziehen bzw. zu kürzen!

Ich mußte das Hin und Her in unserer Produktion beim Kunden verteidigen, rechtfertigen, verkaufen! Langsam war ich (und das Unternehmen) auf dem Weg, „das Gesicht zu verlieren“! (Und wir waren Marktführer und Marketingpreisträger!) Als mein Verständnis „für die Probleme der Produktion“ erschöpft war und auch mein Phantasiereichtum für Erklärungen beim Kunden versiegte, half nur noch die harte Konfrontation im eigenen Haus – mit den Abteilungsleitern und dem Chef –, um diesem Zustand ein Ende zu bereiten, d.h. verbindliche Termine etc. zu bekommen. „Ellenbogen“ – und mehr – waren hier wirklich nötig!

Es gibt auch noch andere, harmlosere „psychologische“ Gründe, warum man sich „drinnen“ manchmal gegenüber dem Verkauf querlegt. Verkäufer werden gefeiert, wenn sie große Aufträge machen! Spitzenverkäufer verdienen eine Stange Geld! Und SPV haben die Freiheit – oder nehmen sie sich –, z.B. zum Frisör zu gehen, wann sie wollen. Das schafft Neider!

b) „draußen“

Beispiel 3

Bleiben wir noch beim 18-Millionen-Auftrag. Ich hatte hier nicht nur Schwierigkeiten in den eigenen Reihen, sondern – was verständlicher ist – noch viel mehr beim Kunden, *bis alles unter Dach und Fach war!*

Besonders ein 60jähriger Diplomingenieur, der schon 35 Jahre in der Firma war und zu den stillen „Meinungsmachern“ zählte, tat alles, um den „drohenden Kauf“ zu hintertreiben! Zwar versicherte mir manches Teammitglied (je nach Sachlage nahmen die Leiter der Konstruktion, Produktion, Anwendungstechnik, Lagerleiter, Finanzexperten, Verkauf usw. an den Besprechungen teil) *hinter* dem Rücken des Oldies, seine Teilnahme hätte keine Bedeutung (sprich: Er hat nichts mehr zu sagen!), aber ich merkte doch, daß sein permanentes Meckern und Warnen, seine ewigen Bedenken, die er immer drastisch und emotional stark gefärbt formulierte, – von Fall zu Fall – bei der obersten Führung eine gewisse Wirkung zeigten. Die Folge war: Unser Team mußte eine Menge mehr an Überzeugungsarbeit leisten, um das teilweise äußerst unsachliche Geschwätz, das Schüren von Unsicherheit und Mißtrauen auszuräumen!

Selbstverständlich hatten wir alles getan, um den Herrn positiv einzustimmen („Gerade Ihre Meinung – als erfahrenstem Fachmann in diesem Kreis – interessiert uns sehr ...“ „Sie nützen uns und Ihrer Firma mit kritischen, sachlichen Anmerkungen ...“ „Sagen Sie ruhig ungeschminkt Ihre Meinung.“ usw. usw.). Aber was er sagte, war zum Großteil „emotionaler Schrott“. Wir behandelten ihn höflich, aufmerksam, aber das änderte sein Verhalten nicht. Er war keine Spur kooperativ und konstruktiv. Es sei denn, er konnte nicht anders, wollte er nicht seinen Ruf als Fachmann gefährden.

Ich bat darum seine Geschäftsleitung, entweder den Ingenieur auszuschließen oder ihn zu zwingen, sachlich-nüchterne Beiträge zu liefern. „Sonst fürchte ich für die angestrebte Partnerschaft.“ Das war ein gewagter Satz, denn zu der Zeit hatte ich den Auftrag noch nicht in der Tasche! Dem Ingenieur erklärte ich mit Nachdruck, daß wir nicht bereit seien, sein destruktives, niemandem nützendes Gerede weiter hinzunehmen. Für den Rest der Verhandlungen beschränkte er sich endlich auf unwichtige Anmerkungen und blendete sich später ganz aus.

Einem Kunden klipp und klar zu sagen, „was Sache ist“ – wenn nötig (darauf wird auch noch an anderer Stelle weiter eingegangen) –, davor scheut sich kein Spitzenverkäufer! Fortiter in re – suaviter in modo.

Hart in der Sache – verbindlich im Ton!

Beispiel 4
Der Termin mit dem Geschäftsführer war fest vereinbart. Morgens bestätigte ihn die Sekretärin von Dr. M. nochmal.

„Bitte sind Sie pünktlich!" mahnte sie. Zwei Minuten vor 14.00 Uhr meldete ich mich bei der Dame. „Ja, Herr Dr. M. ist da! Ich melde Sie sofort an!" Die Zeit verging ... 14.05 Uhr ... 14.10 Uhr ... 14.15 Uhr ... „Er läßt Vertreter grundsätzlich lange warten!" meinte seine Sekretärin verlegen, als ich bei ihr intervenierte. Obwohl sie Angst davor hatte, bestand ich darauf, mit Dr. M. telefonisch verbunden zu werden!

„Guten Tag, Herr Dr. M., mein Name ist Heinz Beck, Verkaufsleiter der Firma O. Wir hatten eine feste Terminvereinbarung für 14.00 Uhr. Wenn Sie diesen Termin nicht einhalten können – Ausnahmegründe kann es natürlich geben –, dann bitte sagen Sie es mir jetzt. Ihre Zeit ist kostbar! Meine auch! Und ich möchte meinen nächsten Besuchstermin genauso pünktlich einhalten wie bei Ihnen, Herr Dr. M.!" Ein paar Sekunden war Stille. „O.k., ich komme!" Zwar dauerte es nochmal fünf Minuten, aber Dr. M. wußte, daß er mit mir „Warte- und Hinhaltespielchen" nicht machen konnte. „Was hätten Sie gemacht, wenn ich den Termin abgesagt hätte?" wollte er nach der Begrüßung wissen. „Ich hätte sofort einen neuen Termin mit Ihnen vereinbart, weil ich 100prozentig sicher bin, Ihrem Haus mit meinem Angebot viel Nutzen durch beträchtliche Kosteneinsparungen zu bringen. Und die wollen Sie sich als kluger Geschäftsmann sicher nicht entgehen lassen!" Es dauerte noch zwei Monate und vier weitere „pünktliche" Gespräche, dann kam der erste Auftrag.

Beispiel 5
Einkäufer haben oft – Chefs immer – eine Sekretärin/ Vorzimmerdame, zu deren Aufgaben es u. a. gehört, „Vertreter abzuwimmeln". Und manche Damen entwickeln hier eine große Perfektion! Ich weiß nicht, wieviele Gespräche auf

diese Art und Weise scheitern, bevor sie überhaupt begonnen haben! Es gibt SPV, die besitzen einen so natürlichen Charme (keinen „aufgesetzten“, der oft das Gegenteil bewirkt) und eine angeborene Herzlichkeit, die selbst durchs anonyme Telefon noch große Wirkung hinterläßt! Diese Charmeure haben selten Schwierigkeiten, die Sekretärinnenhürde zu überwinden. Aber es gibt auch Damen, die immun gege jede Art von Schmeichelei – oft aber auch gegen „Sachliches“ – sind! Wenn nötig, gilt hier, Flagge (= Ellenbogen) zu zeigen!

SPV: „Natürlich verstehe ich, wenn Sie ihre Aufgabe hundertprozentig erfüllen und ihrem Chef unwichtige Besucher oder Telefonate ersparen wollen! Aber ich bin genauso sicher, daß er Sie sehr loben wird, wenn Sie mir Gelegenheit geben, mit ihm zu sprechen, weil Sie ein gutes Gespür dafür haben, Wichtiges von Unwichtigem zu unterscheiden! Bitte verbinden Sie mich also mit Ihrem Chef, mein Gespräch mit ihm liegt sehr im Interesse Ihres Hauses. Ich denke, mehr muß ich jetzt weiß Gott nicht mehr sagen!“

Beispiel 6

Ich hatte nach dem Motto gehandelt „veni, vidi, vici“ (anmelden ist an sich besser!), aber die Sekretärin wollte mich trotz aller Argumentationskunst nicht bei ihrem Chef anmelden! (Er war da, und ein heimlicher Blick auf den Terminkalender seiner Sekretärin zeigte mir, er hatte z. Zt. keinen Besucher in seinem Büro!) „Dann tun Sie bitte Ihrem Chef einen Gefallen“, argumentierte ich, „und bringen Sie ihm diese Notiz hinein. Ich warte auf Antwort.“

In ein Kuvert steckte ich folgenden Zettel mit Text: „Gratulation! Herr K., Ihre Sekretärin ist eisenhart und schirmt Sie vor ‚unliebsamen Besuchern‘ ab! Ich mußte den Trick anwenden, weil ich nicht will, daß Sie ihr böse sind, weil wir nicht miteinander gesprochen haben! Denn ich weiß 100prozentig: Ich bringe Ihrem Haus mit meinem Angebot viel praktischen Nutzen. Ihr stärkster Wettbewerber nutzte unser Angebot auch und hat unser Gerät gekauft! Also hören Sie mich bitte an! Ihr Heinz Beck."

Er hatte Sinn für Humor, hörte mich an und wollte es natürlich „seinem schlimmsten Wettbewerber gleichtun!"

Die Sekretärin allerdings war noch lange mit mir böse. Erst ein Blumenstrauß und ein paar nette Zeilen besänftigten sie.

Vertrauen ist das Gefühl, einem Menschen auch dann glauben zu können, wenn man weiß, daß man an seiner Stelle lügen würde.

Mencken

6. Vertrauen schaffen

Vertrauen schaffen, festigen und „genießen“ (im doppelten Sinn des Wortes), diese Fähigkeit wird von einer Spitzenverkäuferpersönlichkeit in besonderem Maße erwartet und gefordert! Gerade er, der große Aufträge ansteuert, risikoreich arbeitet, kühne Ideen und Gedanken entwickelt, muß beim Kunden ein Höchstmaß an Vertrauen auslösen können! Vertrauen heißt: auf etwas bauen, sich blind auf eine Zusage verlassen können, Zutrauen besitzen, sich anvertrauen können!

Wieviele Verkaufsgespräche jeden Tag allein am „mangelnden Vertrauen“ scheitern, weiß ich nicht. Es sind in jedem Fall zu viele! Selten sind es rationale, sachliche Gründe, die vertrauenshemmend wirken und denen man auch rational begegnen kann. Meistens kommen die „Gründe“ aus dem Bauch, subjektiv gefärbt, oder bleiben – was am schlimmsten ist – verborgen, unausgesprochen und schmoren weiter.

Aber gerade in solchen Fällen setzt das Einfühlungsvermögen eines Spitzenverkäufers ein. Er kann, feinfühlig, empathisch, „zwischen den Zeilen“ „hören, fühlen“, wenn Vertrauensmangel herrscht. Er hat nicht nur einen Riecher für Geschäfte, sondern auch für aufgestauten Konfliktstoff. **Er kann „noch Unausgesprochenes“ mit Geduld und behutsamen, aber gezielten Fragen lokalisieren und, was am wichtigsten ist, versachlichen.** Er „löscht“ vertrauenshemmenden, emotionalen Zündstoff gerade dadurch, daß er selbst „emotionalisiert“, an „Kundengefühle“ appelliert! Ein SPV hat Verständnis für Kundenverhalten dieser Art und setzt ihm absolute Offenheit und ein seriöses Verhalten in Wort und Tat entgegen. (Nicht umsonst spricht der Volksmund von „entwaffnender Offenheit.“) Produktschwächen schönzureden, magere Serviceleistungen rhetorisch aufzumöbeln, Mängel anderer Art zu vertuschen, zu kaschieren, bringt nichts!

Vertrauen schafft man in erster Linie durch „Taten“, nicht durch schöne Worte! Was immer man beim und für einen Kunden tut, um Vertrauen zu schaffen oder wieder herzustellen, steht unter diesem Gesetz. Nur „gute Taten“ überzeugen auf Dauer einen Kunden und schaffen das Vertrauen, das unabdingbar notwendig für einen Auftrag ist!

Trotz der „Taten“, von denen eben die Rede war, kommt natürlich das Gefühl, Vertrauen zu einer Person oder Sache zu haben, auch „aus dem Bauch“. Wir sind in erster Linie Gefühlsmenschen (Eisbergprinzip)!

Und ein Spitzenverkäufer hat eine „vertrauenserweckende Ausstrahlung“. Ich kannte einen Topverkäufer, der „wegen seiner etwas finsteren Visage“, wie er sie selbst nannte, zuerst immer eine gewisse Barriere überwinden mußte, bis der Kunde ihn „vertrauenswürdig“ fand und akzeptierte! Sie kennen die „Spielchen“ mit den Bildern von Leuten und den Fragen: „Von wem würden Sie einen Gebrauchtwagen kaufen? Wen wünschten Sie sich als Schwiegersohn?“

Die gepflegt, nicht schreiend Gekleideten, die Seriösen mit der Nickelbrille, die Vaterfiguren, die gemütlich Wirkenden, die mit dem ehrlichen, offenen Blick werden hier meistens genannt! Jeder weiß: Ein Garantieschein ist das keineswegs für uns „Bauchmenschen“.

Beispiel 1

Nach dem Krieg leitete ich ein amerikanisches Hotel, das speziell Künstler beherbergte, die zur „Truppenbetreuung“

nach Europa kamen. Natürlich gab es damals noch jede Menge Ressentiments gegen die Deutschen. Aber die berühmten Stars waren tolerant. (Z.B. Louis Armstrong, Duke Ellington, Ella Fitzgerald, Eartha Kitt, Stan Kenton, Sammy Davis jun., Benny Goodman, Lionel Hampton und viele andere wohnten im Hotel.) Der Kontakt war höflich, reserviert, aber nicht unfreundlich. Einer der Künstlermanager, mit dem ich für die damalige Nachkriegszeit recht „kniffige", freimütige Gespräche führte (ich war Soldat gewesen), sagte eines Tages: „Ich reise zurück in die Staaten und komme in ca. zwei Monaten wieder. Ich lasse meinen Wagen hier, und Sie können ihn fahren, wenn Sie wollen!" Ein tolles Angebot für einen jungen Kerl, der zwar einen Führerschein, aber noch kein Auto hatte! Und auf meine Frage, wenn denn etwas passiere, gab er zur Antwort: „Sie werden schon das Richtige tun!" Es vergingen fünf Monate, und mein Autobesitzer kam immer noch nicht nach Germany.

Nach sieben Monaten kam endlich ein Telegramm: Bitte, Zimmer buchen! „Hi, Henry, everything o.k.? Did you have fun with the car?" so begrüßte er mich. Und ich hatte „fun", aber auch Ärger (Reparatur) gehabt. „Macht nichts", meinte er. „Ich wußte, ich kann mich auf Sie verlassen!"

Beispiel 2

Ich hatte die Leitung unseres „Parade-Verkaufsbüros" übernommen. Mein Vorgänger, ein österreichischer Adelsmann, gefeiert und befördert, weil er neue Umsatzrekorde erzielt hatte (und mich auf Platz 2 mit meinem VKB verdrängte), übergab mir die Geschäfte mit dem lapidaren Satz: „Keine besonderen Vorkommnisse! Es is oalles in bester Ordnung, mein Liaber!" Zwar gab es „Abrufaufträge" in Zigmillionenhöhe, „aber dös is oalles absolut a einwandfreie G'schicht, verehrter Herr Kollege", meinte er und versprühte Charme à la Austria und ein aufdringliches Parfüm. Ich mochte ihn nicht besonders (siehe oben!), aber respektierte seine besondere Leistung! Nachdem mich die Sekretärin und mehrere Mitarbeiter „verschlüsselt“ aufmerksam gemacht hatten, entdeckte ich durch intensive Prüfung nach drei Monaten: Der Adelsmann hatte höchst dubiose Aufträge in Zigmillionenhöhe gemacht, die einer kritischen Prüfung nicht standhielten. Der Gefeierte wurde gefeuert! Natürlich sprachen sich die Kapriolen des Barons im Kundenkreis schnell herum, denn viele große Unternehmen waren involviert.

Der Vertrauensverlust war riesengroß, hatte eine Art von Schneeballeffekt, und die eingeleiteten vertrauensbildenden Maßnahmen wirkten zwangsläufig nicht sofort! Ich führte, von oben nach unten, eine Unzahl von persönlichen Gesprächen als „Newcomer“ unter der Prämisse: „Ich möchte Ihr persönliches Vertrauen gewinnen, um Vertrauen für mein Haus neu aufzubauen!“

Dabei war mein Vorgänger ein wirklich begnadeter Verkäufer gewesen. Allerdings mit teilweise „dubiosen Methoden“. Ihm öffneten sich viel zu leicht alle Cheftüren, weil jedermann „neugierig“ (ein menschliches Hauptmotiv) auf den alten österreichischen Adelsträger war! Und keiner – noblesse oblige – Fallstricke hinter dem pompösen Titel annahm!

Kundenvertrauensschwund „en masse“ war eine Erfahrung, die ich zum Glück nur einmal in dieser krassen Form sammeln mußte. Interessant ist noch: Einige Wettbewerber (die Dummen!) wollten die Gunst der Stunde nutzen und versuchten, durch weitere Stories und Schauermärchen über Firma und Produkt unsere Kunden noch mehr zu verunsichern! Sie übertrieben, logen, „dichteten“! Nach einer gewissen Zeit schlug das prompt ins Gegenteil um. *Über den Wettbewerb unsachlich herzuziehen lohnt sich nicht!* Ein Spitzenverkäufer hat Methoden dieser Art nicht nötig! Er hält sich an das Gebot der Fairneß – und an Fakten!

6.1 Vertrauens-Checkliste

Sowohl die „vertrauensbildenden" als auch die „vertrauensstörenden" Faktoren werden immer ausgelöst durch Firma, Produkt, den Verkäufer (und Wettbewerber). Entweder schlägt der Zeiger bei den drei Faktoren (Firma – Produkt – Verkäufer) auf der Plusseite aus (= Vertrauen bildend) oder geht ins Minus (= Vertrauen hemmend).

Firma	Produkt	Verkäufer
Ruf, Ansehen Bedeutung im Markt Umsatz Unternehmensphilosophie Unternehmenspolitik Serviceleistungen Werbung/VF Umweltbewußtsein Zukunftsorientierung Vergangenheit	Preis/Qualität Materialeigenschaft Einsatzbreite Montage/Kundendienst Reklamationen Bekanntheitsgrad Garantien Kundenzufriedenheit Zukunft/Innovation	Persönlichkeit = Seriosität Zuverlässigkeit Offenheit, Ehrlichkeit Begeisterung Höflichkeit, Takt für den Kunden „da sein" Problemorientierung Kompetenz Glaubwürdigkeit Fachbildung/Allgemeinbildung

Abb. 2: Vertrauens-Checkliste

Im Rahmen einer Kundenbefragung (GfK) nannten als „vertrauensbildende" Faktoren: 24% gleichbleibende Qualität, 21% Erfahrungen mit dem Produkt, 18% bessere Qualität, 13% günstiges Preis-Leistungs-Verhältnis, 8% Image, Ruf und Ansehen des Herstellers, 8% vertrauenswürdige Werbung.

Eine Verkäuferpersönlichkeit weiß, was es bedeutet, Kundenvertrauen zu genießen (oder zu verlieren)! Dementsprechend handelt sie – in Worten und in Taten! Ohne Kundenvertrauen ist kein Verkauf möglich, bindet und gewinnt man keinen Kunden dauerhaft!

Nimm die Menschen, wie sie sie sind, es gibt keine anderen!

Ein Riesenirrtum ist, anzunehmen, man macht den Mund auf und spricht – und wird automatisch auch von seinem Partner verstanden!

7. Kommunikation und Interaktion

Die Kommunikation wie auch die Interaktion sind Spitzenverkäuferfähigkeiten, die ebenfalls unerläßliche Steigbügelhalter in einer Verkaufsverhandlung sind.

7.1 Kommunikation

Kommunikation ist, auf neudeutsch, der Austausch von „information and news". Und wenn jemand nicht Englisch kann (wie z.B. Herr Kohl), dann ist die Kommunikation (ohne Dolmetscher) schon im Eimer. Kommunikation ist ein Vorgang, bei dem zwischen zwei Menschen „Nachrichten und Informationen usw. gesendet und empfangen" werden. Dazu sind vier Komponenten notwendig:

- der Sender/Kommunikator (die Informationsquelle),
- die zu übermittelnde Botschaft (durch Sprache, Worte, Schrift, Zeichen),
- der Informationsweg (akkustische, optische Reize) und
- der Empfänger.

Sender und Empfänger müssen sich – auch im übertragenen Sinne – „verstehen", wenn die Kommunikation funktionieren soll. Sie müssen auf „einer Wellenlänge liegen" (sich sympathisch finden, ähnlich denken und empfinden usw.).

In einer guten, partnerschaftlichen Kommunikation heißt das:

- Blickkontakt halten und gut zuhören können;
- Art und Inhalt der Verkaufsverhandlung konfliktfrei gestalten;
- Kundenaktion/Verkäuferreaktion (und umgekehrt) liegen „auf einer Wellenlänge“;
- der Verkäufer kann sich mit dem, was der Kunde schildert (Ziele, Wünsche, Probleme etc.) identifizieren und reagiert entsprechend kundenorientiert (und umgekehrt);
- der Informationsaustausch geschieht auf einer Bildungsebene, die eingesetzten rhetorischen Mittel sind dem Aufnahmevermögen des Kunden angepaßt. „Spiegeln“ nennen das die Psychologen.

„Im Land der unbegrenzten Möglichkeiten“ geht ein Trainer und Psychologe sogar so weit (Dr. D.J. Moine aus „LA“) und sagt sinngemäß: Ein guter Verkäufer sei wie ein Chamäleon. Er könne einen Kunden in Haltung und Verhalten, in Sprache und Stimme, in Mimik und Gestik und in der Körpersprache so frappierend imitieren, daß man glauben könnte, es gebe den Kunden *zweimal*!

Dieser Chamäleoneffekt geht bis hinein in die Redewendungen, die der Kunde gebraucht, bis hinein in seine Gefühlswelt! Vielleicht könnte ein solcher „Verwandlungskünstler“ viel mehr und viel besser sein Geld als Parodist und Stimmenimitator verdienen, meine ich! Und Sie?

Jedenfalls glaube ich nicht, daß diese Art der „Spiegelei“ einen gestandenen Einkäufer hier beeindrucken würde! Stellen Sie sich einmal vor, ein arroganter Kunde wird vom Verkäufer so „gespiegelt“, wie das der gute Doktor aus Amerika vorschlägt. „Arroganz wird mit Arroganz beantwortet!“

Abgesehen davon sind mir kaum solche Kundenimitatoren und „Spiegelasse“ begegnet, und wenn: abends beim Bier, im Gespräch mit Kollegen! Da wurde schon mal dieser oder jener Kunde „nachgemacht“. That was all!

„Spiegeln“ heißt für mich: Wenn der Partner schnell, akzentuiert spricht, dann sollte der Verkäufer natürlich nicht beim Reden einschlafen. Unterstreicht der Kunde seine Worte durch Gestik und Mimik, braucht sein Gegenüber nicht mit einem Pokerface dazusitzen und die Hände unter dem Tisch zu verstecken! **Sich dem Kunden „anpassen“ bedeutet nicht, ihn „nachzuäffen“, ihn imitieren oder parodieren zu wollen!** Da bin ich sicher voreingenommen, wenn ich an die vielen Kunden und Verkäufer denke, die beim Versuch, „Schwäbisches abzusondern“, reichlich komisch wirkten! Ähnliches gilt bei den „Bemühungen“ um andere Dialekte!

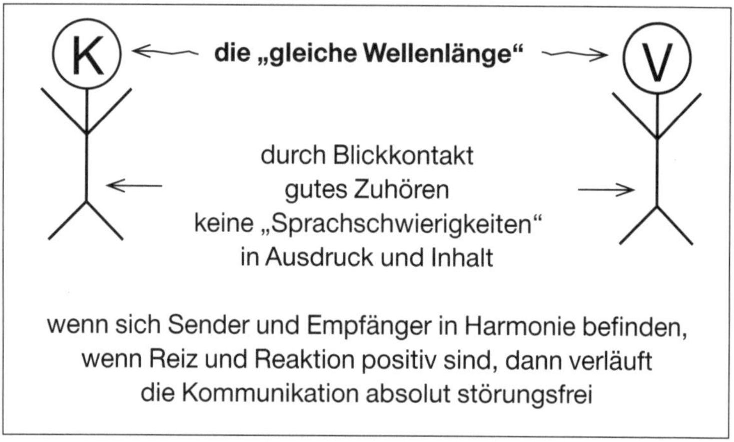

Abb. 3: Kommunikation

7.1.1 Kommunikationshindernisse

Auch wenn es nicht direkt aus dem Bereich „Verkauf“ stammt, gibt es für mich im Augenblick (1992) kein besseres Beispiel für ein Hindernis als die Kommunikation zwischen den „alten Bundesrepublikanern“ und den „neuen Bürgern“! Zwar sprechen alle die deutsche Sprache, aber auf

„einer Wellenlänge" liegen die „hüben und drüben" leider noch lange nicht! Zurück zum Verkauf – zur Kommunikation dort!

Beispiele

(1) Es bringt nichts, wenn ein Verkäufer ein erklärungsbedürftiges, technisches Produkt zwar rhetorisch brillant vorträgt, aber mit unendlich vielen Spezialausdrücken spickt, so daß der Kunde (zwangsläufig) nur „Bahnhof" versteht! Da es Kunden gibt, die dem Verkäufer „nix verstehn" nicht verbal signalisieren (sondern Hm! Hm! und Ja! Ja! brummen) und der Verkäufer z. B. auf die Körpersprache des Kunden nicht achtet geschweige denn Kontrollfragen ausreichend stellt, ist die angestrebte Kommunikationsebene gleich Null! In solchen Fällen kommt schnell der Augenblick, in dem der Kunde abschaltet und denkt: Der Verkäufer kann sich nicht klar ausdrücken. Sein Wettbewerber kann das sicher besser!

(2) Ein Verkäufer interpretiert das vom Kunden geschilderte Problem völlig anders, als es der Kunde sieht, mit der Folge: Sein Angebot, die Problemlösung, geht „am Problem vorbei".

(3) Ein Verkäufer erschlägt einen Kunden mit einem Wust von Statistiken und Zahlen, denen der Kunde nicht folgen kann, die für ihn unverständlich sind. Kommunikation: Fehlanzeige!

(4) Manchmal fehlt es auch an der Begriffsabklärung. Für einen Verkäufer hat das Wort „Leistung" eine völlig andere Bedeutung als für den Kunden. Er setzt das Wort „Leistung" zum Beispiel mit dem Begriff „Rabatt" gleich!

(5) „Gerüchte" über ein Produkt/Firma können die Information, die der Verkäufer gibt, aus der Sicht des Kunden verzerren, verfälschen.

(6) Wenn ein Verkäufer sich nicht in die Lage/Rolle eines Einkäufers (Empathie) versetzen kann/will, um ihn zu verstehen, oder umgekehrt, wenn er sich nicht so auszudrücken versteht, daß ihm ein Einkäufer problemlos folgen kann, dann fehlt die Kommunikation.

(7) Der Kunde (Verkäufer) hört aus dem, was vom Partner gesagt wird, einen Vorwurf heraus, der aber überhaupt nicht „gemeint" ist. Postwendend ist seine Reaktion so, daß sie wiederum beim Empfänger Probleme, d. h. Kommunikationsstörungen schafft.

(8) Vorurteile, Schubladendenken und Klischees blockieren die Kommunikation, wie z. B.: Um Himmelswillen, ein Rothaariger! ... Verkäufer sind alle Schlitzohren! ... Jeder Einkäufer ist ein Rabattjäger! ... Alle Schwaben sind geizig! (Alle nicht – der Autor ist auch einer!)

(9) In einem Seminar hatte ich in meine Begrüßung Wörter eingeschmuggelt, die in keinem Lexikon standen, und streckenweise Sätze formuliert, die ich selber nicht verstand.

Kein Seminarist stellte Fragen: Was heißt eigentlich approxikodieren, Deteristik, konsigent, markode usw.? Niemand wollte wissen, was ich mit diesem oder jenem Satz eigentlich meinte. Denn das ist oft das Entscheidende: Was „gemeint", nicht was gesagt wird! Die Seminaristen taten so, als wäre eine gemeinsame Verständigungsebene vorhanden, obwohl ich genau wußte, daß dies nicht stimmte. (O.k.! Sie, liebe Leser, sagen natürlich, die Teilnehmer überhörten höflich meine Schlitzohrigkeiten und ließen mich eben „schwätzen", denn ein Schwabe redet nicht, er „schwätzt"!) Als ich direkt nach der Bedeutung der erfundenen Wörter fragte, war betretenes Schweigen. Erst jetzt rückten ein paar Damen und Herren damit heraus, vieles überhaupt nicht verstanden zu haben! In der Verkaufspraxis lassen sich solche „Unverständnishürden" nicht so locker überspringen. Im Gegenteil. Es gibt Konflikte, wenn es kein Verstehen gibt! „Dialog der Tauben" (Gehörlosen) wird das genannt. Sympathie und das Gegenteil! **Emotionen und Gefühle diktieren**

beim Sender oder Empfänger wechselseitig die Kommunikation, für deren Gelingen ausschließlich der Verkäufer zuständig ist. Und Spitzenverkäufer sind Kommunikationskünstler!

(10) Bei einer Werksbesichtigung (von Fahrern/Lagerarbeitern unserer Händler) hielt ein Verkäufer eine kleine Rede, um die Bedeutung der Mitarbeiter im Lager an sich und in der Zusammenarbeit mit unserem Haus herauszustreichen! Er tat das so hochgestochen und reicherte seinen „launigen“ Beitrag mit vielen Fremdwörtern an, daß sich schnell Desinteresse und Unruhe unter den Zuhörern breit machte. Meine Zeichen mißdeutete er ebenfalls. Anstatt schnell zum Schluß zu kommen, ging er bis zu Adam und Eva zurück! „Darf ich Sie einmal kurz unterbrechen, Herr T.“, griff ich ein. „Ich sehe schon, Sie haben unsere Gäste und sich selber so richtig durstig geredet, darum sollten wir jetzt ganz schnell mal einen tiefen Schluck Bier zu uns nehmen!“ Das war in diesem speziellen Fall „die richtige Ebene“, die unsere Gäste und meine Mitarbeiter schnell wieder „kommunikativ“ zusammenführte.

7.2 Interaktion

Unter Interaktion versteht man die gegenseitige Beeinflussung im Hinblick auf Verhalten, Einstellung und Handeln von Individuen oder Gruppen.

***Verkaufen* ist also ein „Kommunikations- und Interaktionsprozeß“.** Sender und Empfänger, Kunden und Verkäufer tauschen sich aus (wobei hier das *Wie* wichtiger ist als das *Was*) und versuchen, sich wechselseitig zu beeinflussen und im Rahmen der Interessenverhandlung (eine Verkaufsverhandlung ist eine Interessenverhandlung) die eigenen Vorstellungen, Bedürfnisse, Motive und Wünsche – die eigenen Ziele – zur Geltung zu bringen und durchzusetzen!

Kunden wollen ihre Probleme optimal gelöst sehen (im Sinne von Kosten- und Nutzeneffekt), und Verkäufer wollen das Kundenproblem unter Wahrung der eigenen Interessen (die Auftragsqualität muß im Einklang mit dem erzielten Preis stehen) so gut wie möglich lösen und sich den Kunden für weitere Geschäfte sichern.

Die Fähigkeit, mit dem Kunden – „auf einer Ebene des Verstehens" – zu kommunizieren, ihn zu beeinflussen und zu überzeugen, gehört zu den hervorstechenden Eigenschaften eines Spitzenverkäufers.

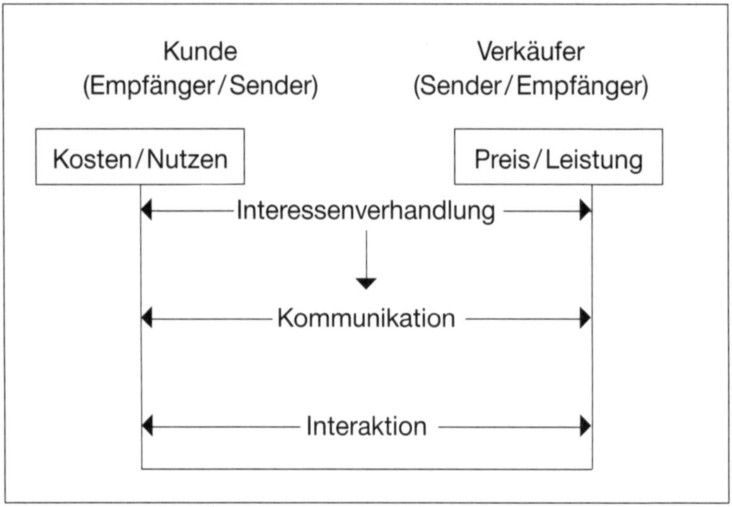

Abb. 4: Interaktion

Beispiel 1
Schwache Kommunikation/Interaktion

Kunde: „Ihr Wettbewerber meint, die Lösung meines Problems sei bei ihm billiger und besser. Er hat es mir schwarz auf weiß im Angebot gezeigt, und dann glaube ich ihm das auch!"

Verk.: „Aber glauben heißt bekanntlich, nichts wissen!

Der Wettbewerber lügt ganz einfach. Das müssen Sie mir schon glauben, und ich ..."

Kunde: „Nein, mein Lieber, das tue ich nicht! Sie müßten mir beweisen, daß ..."

Verk.: „Nun hören Sie mir doch mal zu. Wir sind einer der größten Hersteller von ..."

Kunde: „Entschuldigen Sie! Aber das ist doch noch kein Beweis!"

Verk.: „Langsam! Langsam! Darauf komme ich ja jetzt zu sprechen!"

Kunde: „Bitte, dann tun Sie es doch!"

Verk.: „Also passen Sie mal auf! Mein Angebot ist ..." usw.

Beispiel 2
Gute Kommunikation/Interaktion

Kunde: „Ihr Wettbewerber meint, die Lösung meines Problems sei bei ihm billiger und besser. Er hat es mir schwarz auf weiß im Angebot gezeigt, und dann glaube ich ihm das auch!"

SPV: „Keine Frage, Herr K., das klingt natürlich verlokkend! Trotzdem muß ich dieser Wettbewerbsaussage entschieden widersprechen! Darf ich Sie bitten, daß wir gemeinsam mein Angebot hier mit dem des Wettbewerbers nüchtern und sachlich vergleichen. Punkt für Punkt! Dann werden Sie als Kaufmann objektiv feststellen, daß wir Ihre Wünsche erfüllt und das anstehende Problem – in Leistung und Preis – in Ihrem Sinne gelöst haben, und zwar 100prozentig! Nach diesem Vergleich, da bin ich ebenfalls 100prozentig sicher, werden Sie auch feststellen: Der Wettbewerber hat sich schlicht geirrt! Also bitte, vergleichen wir jetzt im Detail ..."

usw.

Die folgenden Gespräche wurden im Rahmen (m)eines Firmenseminars aufgezeichnet. Der Verkäufer (Beispiel 3) bezeichnete sich als „harten Hund". Er reagierte schnell wütend oder beleidigt, je nach Kundenreaktion. Der andere Verkäufer (Beispiel 4) war der Spitzenmann im Unternehmen. Er charakterisierte sich mit „vier e": erfolgsorientiert – enthusiasmiert – einfühlsam – eloquent.

Die Ausgangslage war natürlich immer die gleiche. Das Interessante war: Die Rolle des Kunden übernahm ein befreundeter Händler.

Beispiel 3
Schwache Kommunikation / Interaktion

Kunde: „Die Lieferung muß ich dieses Mal in sieben Arbeitstagen haben, sonst läuft der Auftrag nicht!"

Verk.: „Sie haben doch noch nie so kurzfristig eine Lieferung gebraucht! Ich habe Ihr Lager bisher immer rechtzeitig sinnvoll bestückt! Und Sie wissen aus unserer langjährigen Zusammenarbeit, daß wir mit unseren Fahrzeugen bei so weiten Strecken frühestens in zwölf Arbeitstagen ..."

Kunde: „Aber heute brauche ich eben die Ware schneller! Ihre Konkurrenz leistet das ..."

Verk.: „Entschuldigung! Aber was die Konkurrenz leistet weiß ich selber und die können keineswegs schneller liefern als wir! Und schon gar nicht bei 380 km Wegstrecke ... Einfach! ..."

Kunde: (leicht verschnupft) „Das werde ich prüfen!"

Verk.: „Bitte sehr! Das können Sie gerne tun! Sie müssen doch einsehen, daß wir wegen dieser, Verzeihung, kleinen Lieferung, nicht einen LKW einsetzen können, der nur zu einem Viertel gefüllt durch die Landschaft fährt. Das läßt sich doch gar nicht rechnen. Und im Augenblick ist sonst hier nichts auszuliefern. Außerdem haben wir selbst durch einen großen Auslandsauftrag die größten Lieferprobleme und setzen schon Speditionen ein. Und Sie wissen ja, wieviel Geld das kostet!“

Kunde: „Aber bei einem größeren Auftrag da können Sie kurzfristig liefern?“

Verk.: „Das könnte ich dann sicher im Werk durchsetzen, ja!“

Kunde: „Wieviel Umsatz machen wir zusammen im Jahr? Eine Million? Oder?“

Verk.: „Eine Million werden es sein, jawohl! Aber was hat das mit dem Liefertermin zu tun? Sie wissen doch, ich versuche immer alles, um ihre Wünsche zu realisieren, auch heute ...“

Kunde: (ungeduldig) „Haben Sie noch einen anderen Vorschlag als den Auftrag zu erhöhen?“

Verk.: „Leider nein! Aber ich gebe Ihnen, wenn Sie den Auftrag um DM 30 000 erhöhen, einen Sonderrabatt von 15 %. Das ist doch ein fairer Vorschlag. Und dann liefern wir die Ware durch die Spedition nächsten Donnerstag an. Das ist doch ein Klasse-Angebot, oder nicht?“

Kunde: „Das muß ich mir noch gründlich überlegen. Und ich werde auch mit ihrem Wettbewerber sprechen! Die wollen schon lange hier ins Geschäft kommen, und da will ich doch mal sehen, ob die nicht auch einen nur halb vollen LKW hierher schicken!“

Verk.: (leicht beleidigt) „Daran kann ich Sie nicht hindern, aber wir haben bisher immer gut zusammengearbeitet, warum wollen Sie mich jetzt so unter Druck setzen?“

Kunde: „Sie setzen mich doch unter Druck mit Ihrem Zusatzauftrag!“

Verk.: „So dürfen Sie das nicht sehen, ich ...“

Kunde: „Also, ich melde mich wieder, Herr M.“

Verk.: „Gut! Mein Angebot gilt bis übermorgen! Dann rufe ich Sie wieder an. Einverstanden?“

Beispiel 4
Starke Kommunikation / Interaktion

Kunde: „Die Lieferung muß ich dieses Mal in sieben Arbeitstagen haben, d.h. bis spätestens Freitag nächster Woche! Eher früher! Sonst läuft der Auftrag nicht!

SPV: „Demnach gibt es bei Ihnen ein besonderes Problem, daß Sie eine so ungewöhnlich kurzfristige Lieferung wünschen? Sonst reichten ja immer die zwölf Arbeitstage dicke aus, Herr G."

Kunde: „Ja! Aber Sie wissen, besondere Umstände erfordern besondere Maßnahmen!"

SPV: „Keine Frage, Herr G. Auch bei uns herrschen im Augenblick „besondere Umstände", weil wir durch einen Großauftrag nach Spanien unseren gesamten Fuhrpark im Einsatz haben und hier die leider sehr teuren Speditionen – auf Zeit – einsetzen müssen. Aber wenn Sie jetzt sagen, mich interessieren eure Probleme nicht, ich will nur meinen Liefertermin haben, dann verstehe ich das nur zu gut."

Kunde: „Also, reden Sie jetzt nicht so um den heißen Brei herum (grinst), Sie Schlitzohr, geht's oder geht's nicht?"

SPV: „Darf ich bei mir im Haus kurz anrufen, denn an sich weiß ich, daß der kurzfristige Termin nicht einzuhalten ist. Wir können bei allem guten Willen nur innerhalb von zwölf Tagen liefern, es sei denn, die Spedition kann mit einem vollen LKW fahren! Aber das ist ja hier – aus verständlichen Gründen – nicht der Fall. Trotzdem will ich nochmal mit dem Leiter unseres Fuhrparks reden. Und ich mache Druck, darauf können Sie sich verlassen."
(*nach* dem Telefongespräch)

SPV: „Wenn schon der Leiter des Fuhrparks, zu dem ich einen sehr guten Kontakt habe, nichts für meinen besten Kunden tun kann, dann geht es wirklich nicht! Tut mir sehr leid, Herr G. Aber mir ist in der Zwischenzeit ein anderer guter Gedanke gekommen!"

Kunde: „Und der wäre?"

SPV: „Ich sagte schon, daß wir im Augenblick Fremdfahrzeuge einsetzen müssen. Voll bestückt fahren die selbstverständlich auch früher, in sieben Arbeitstagen, und ..."

Kunde: „Aber Sie wissen doch, diesmal laste ich mit dem Auftrag den LKW nicht aus!"

SPV: „Das ist bei Ihnen ja die Ausnahme von der Regel, darum darf ich Ihnen folgenden Vorschlag machen: Das Fahrzeug kommt mit der Ware schon am kommenden Mittwoch!"

Kunde: „Prima! Aber wo liegt der Pferdefuß?"

SPV (lacht): „Da gibt es keinen, denn mein Vorschlag ist für Sie akzeptabel und durchaus nützlich! Sie erweitern den Auftrag um DM 30000 und ich räume Ihnen dafür ein Zahlungsziel von drei Monaten ein! Damit schlagen Sie zwei Fliegen mit einer Klappe, denn Sie haben Ihre Lieferung ‚überpünktlich' und Ihr Lager ist wieder aufgefüllt, was Sie sowieso in den nächsten zwei Monaten – erfahrungsgemäß – tun müssen! Und das alles kostet Sie heute keinen Pfennig mehr! Einverstanden Herr G.?"

Kunde: „Langsam! Langsam! Das Zahlungsziel ist indiskutabel!"

SPV: „An welches Zahlungsziel denken Sie?"

Kunde: „Also das müßte, wenn überhaupt, schon ein halbes Jahr betragen! Was denken Sie, welche Anstrengungen der Wettbewerber unternimmt, um hier bei mir ins Geschäft zu kommen!"

SPV: „Waren Sie in den vielen Jahren unserer Zusammenarbeit mit uns – oder gar mit mir – jemals unzufrieden?"

Kunde: „Nein! Aber es enttäuscht mich schon, daß wegen eines simplen Liefertermins so viel Zirkus gemacht werden soll!"

SPV: „Herr G. Ich verstehe Sie voll und ganz! Wenn ich auf Ihrem Stuhl säße, wäre ich auch ein bisserl ent täuscht! Aber wie sagten Sie vorher selbst (lächelt): ‚Besondere Umstände erfordern ...'"

Kunde: „Wie ist das nun mit den sechs Monaten Zahlungsziel?"

SPV: „Sie wissen, ich habe die Kompetenz zu entscheiden, was immer möglich ist! Einigen wir uns auf einen fairen Kompromiß. Ich räume Ihnen ein Zahlungsziel von 130 Tagen ab Lieferdatum ein. Damit können Sie sehr zufrieden sein – und wir selbstverständlich auch."

Der Kunde stimmte zu.

Wer die Menschen behandelt, wie sie sind, macht sie schlechter. Wer sie behandelt, wie sie sein könnten, macht sie besser.

Goethe

Einen Menschen kennen heißt, ihn lieben oder ihn bedauern.

Ebner-Eschenbach

8. „MPM“

„Wetten, daß“ Sie beim Lesen des Inhaltsverzeichnisses über diese drei Buchstaben gestolpert sind? *Was* bedeutet dieses geheimnisvolle Kürzel? Ist es eine neue, sensationelle Verkaufsformel? Ein außergewöhnliches, bisher noch nicht entdecktes Erfolgsrezept? Eine Patentlösung, die jedem Verkäufer den Auftrag 100prozentig sichert? Ein „SPV-Geheimnis“? Fragen über Fragen! Und darum blätterten Sie, verehrte Leser, wahrscheinlich schnell bis zum Kapitelbeginn weiter, um die Neugierde zu befriedigen! Stimmt's? Vielleicht enttäuscht Sie die Auflösung von „MPM“, denn in diesem Kapitel wird über Menschenkenntnis, Psychologie und Motivation gesprochen – über das Wichtigste nur, versteht sich, denn diese drei Gebiete füllen, jedes für sich genommen, schon dicke Bücher. „MPM“ gehört auch zum verkäuferischen Persönlichkeitsfundament, zum unerläßlichen „Standard“ eines Spitzenverkäufers! Und über alle drei Bereiche *kann ein Spitzenverkäufer nie genug wissen!* Pflegen Sie darum eine Eigenschaft, die gerade in „MPM“-Fragen unerläßlich ist: die „Neugierde“! Nur wer neugierig auf Menschen (Kunden) ist, wird sie besser verstehen lernen!

Somerset Maugham sagte: „Nur Menschenkenner wissen, daß die teuerste Ware am leichtesten zu verkaufen ist!“ Hätte der unbekannte Herr Meier diesen „bedeutungsschwangeren Satz“ gesagt, kein Hahn würde danach krähen. Sehen Sie, und über eine solche Erkenntnis, da lächeln die Psychologen höchst bedeutungsvoll, die Menschenkenner wiegen vielsagend mit dem Kopf, und die Motivforscher blicken hintergründig in die Ferne!

Zwei Bemerkungen: Dem amerikanischen Dichter stimmen sicher Spitzenverkäufer zu! Schwächere Vertreter der Verkäuferkaste dagegen werden bissig bemerken: „Hat der denn schon mal draußen verkauft?“ Und welche Antwort fällt Ihnen, verehrte Leser ein, wenn Sie sich den Satz der Ebner-Eschenbach oben auf der Zunge zergehen lassen und anstelle Menschen einfach „Kunden“ einsetzen!? Wen „lieben“ Sie denn? Und wen „bedauern“ Sie, wenn Sie an Kunden denken? (Bitte antworten Sie ehrlich!) „Lieben“ muß man weiß Gott keinen Kunden, auch wenn das in Verkaufsbüchern immer wieder behauptet wird! Manche Autoren gehen sogar in ihrem Pathos so weit und sprechen von dem „Top-Magic-Super-Sales-Pro“, der alle Menschen liebt! Ich halte das für einen Schmarrn! Spitzenverkäufer sind keine Heiligen! Und „lieben“? Ich liebe meine Frau, meine Kinder, meine Eltern, meine echten Freunde; meinen Beruf, meine Hobbys – und ich „mag“ meine Kunden und bringe ihnen meine ganze Sympathie entgegen!

Nochmal: Einen Kunden muß man als Mensch und Partner respektieren, schätzen und achten und ihm ein Höchstmaß an Sympathie und Aufmerksamkeit und vor allem Begeisterung entgegenbringen und ihm signalisieren: Ich mag Dich! Machen wir uns nichts vor: Tagtäglich begegnen uns Menschen im Privatbereich, die wir sympathisch finden und auf Anhieb „mögen“. Und wir lernen auch die andere, unangenehmere Sorte Mensch kennen.

Im Verkauf läuft nichts *ohne* den Menschen „Kunde“, gleichgültig, ob wir ihn mögen oder nicht. Darum stellt sich ein Spitzenverkäufer zu 100 Prozent *positiv* auf seine Kunden ein und bringt ihnen all das entgegen, was er sich wünscht, daß es ihm selber entgegengebracht werden würde!

Ein Spitzenverkäufer wird niemals zu der Sorte von Verkäufern gehören, die den Kunden in den Allerwertesten kriechen, dienernd, schleimig, Sympathie heuchelnd, *nur*, um dieses verdammte Auftragspapier zu bekommen!

Ein Spitzenverkäufer hat Format! So gewinnt man dauerhafte Kunden! Und der „Verkäufer“ J.W. von Goethe (siehe oben) hat uns dazu ein gutes Rezept geliefert: **„Wer die Menschen behandelt, wie sie sein könnten, macht sie besser!“**

Apropos Stil und Format: In einem Buch für Verkaufsasse habe ich (sinngemäß) gelesen: Der Verkäufer ging auf den Kunden zu, drückte ihm mit beiden Händen warm seine Hand und sagte mit Überzeugung: „Ich muß unbedingt einmal spüren, wie sich ein erfolgreicher Unternehmer anfühlt!“ So viel Schmalz ist absolut unnötig!

Mit Menschen umgehen zu können, ist vermutlich das größte Problem, das wir zu lösen haben.

Dale Carnegie

Der Mensch ist das einzige Geschöpf, das erzogen werden muß.

E. Kant

8.1 Menschenkenntnis

Beschäftigen wir uns mit dem ersten „M“ = Menschenkenntnis. Da heißt es immer lapidar: Man hat sie – oder man hat sie nicht! Wenn es so einfach wäre! „M“ ist weder angeboren, noch ist sie eine Geheimwissenschaft (wohl manchmal „ein Buch mit sieben Siegeln“). Und es ist Unsinn, nur den „Alten“ Menschenkenntnis zuzutrauen und jungen Leuten nicht – oder nur wenig.

Menschenkenntnis gewinnt man aus dem täglichen Umgang *mit* Menschen, aus der Beobachtung *von* und aus dem Interesse *an* Menschen und aus der Auswertung dieser Erkenntnisse. Menschenkenntnis rekrutiert sich letztlich aus der Eigen- und Fremdbeobachtung unter Berücksichtigung der jeweiligen Situation oder Stimmung, in der man selbst ist oder in der andere Menschen sich befinden.

Der Mensch neigt (zu) schnell dazu, ein festgefügtes Urteil über einen anderen Menschen zu fällen. Wenn wir z. B. an dem Kunden ein oder mehrere positive Merkmale entdeckt haben, sind wir auch bereit, ihm weitere positive Merkmale zu attestieren, ohne es eigentlich wirklich geprüft bzw. festgestellt zu haben. Wir runden ein „Charakterbild" *positiv* ab, das objektiv so nicht existiert. Diese Verallgemeinerung nennen die Anthropologen „Haloeffekt". Besonders wenn Sympathie oder Antipathie im Spiel sind, wirkt sich der Haloeffekt vorteilhaft bzw. nachteilig für einen bestimmten Menschen aus – nur nicht *objektiv.* Wenn ein Kunde Fußballanhänger ist und der Verkäufer auch, kann es leicht passieren, daß der Verkäufer in dem Kunden „Eigenschaften" entdeckt (nur weil er die Kickerei liebt), die der Kunde nicht besitzt. Die Folge kann sein, er schätzt den Kunden falsch ein. Er entwickelt eine (falsche) Erwartungshaltung (und Schuld ist nur der Fußball). Eine weitere Fehlerquelle ist das „Vorurteil": Alle Verkäufer sind Schlitzohren! (Mit Augenzwinkern: Alle nicht!) ... Alle Künstler sind leichtlebig! ... Schöne Frauen sind dumm! ... Leute mit einer hohen Stirn sind hochintelligent! ... Wer volle, aufgeworfene, dicke Lippen hat, ist sinnlich! ... Ein wuchtiges, breites und kräftiges Kinn bedeutet Durchsetzungsvermögen! ... Der Geheimrat Goethe mochte Raucher nicht – und Brillenträger! ... **Keines dieser (Vor-)Urteile hält einer kritischen Prüfung stand!**

Wie irrational verhalten sich manche Leute, *auch* Verkäufer, nur um einen guten „ersten Eindruck" zu machen!

Man sagt: In den ersten drei Minuten prägt und formt sich der „erste Eindruck". Wie stellt er (Verkäufer/Kunde) sich auf mich ein? Wie wirkt er auf mich? Wie paßt er zu mir?

Es entsteht eine Art von Jagdtriebatmosphäre, eine Spannung, denn wie ein Jagdhund beschnüffelt man den anderen und stellt fest: Den kann ich „riechen" – oder „er stinkt mir". Wie in fast allen wissenschaftlichen Disziplinen gehen auch die Meinungen über den „ersten Eindruck" und seine „Trefferquote" (richtige/falsche Beurteilung) weit auseinander! Auch wenn dieser „erste Eindruck" unser weiteres Verhalten gegenüber einem Menschen (Verkäufer/Kunde) bis zu einem gewissen Grad prägt, habe ich mich nie allein darauf verlassen, was mir „mein Bauch" zuerst signalisierte – und ich bin gut dabei gefahren! (Ich habe mir immer gesagt: Es gibt auch noch einen „zweiten und dritten Eindruck"!) Da dieser Gedanke, „der erste Eindruck ist der beste", aber fest verankert in vielen Kunden sitzt, ist es für einen Verkäufer selbstverständlich wichtig, sich nicht nur auf den „zweiten" (siehe oben) zu verlassen!

Für die Beurteilung eines Menschen nützen uns die Beobachtung und Wahrnehmung

- von Mimik und Gestik,
- von Stimme, Sprache und Sprechweise,
- der „Sprache" des gesamten Körpers,
- des Gesamtverhaltens, der Vergleich mit ...
- und die Einordnung in die verschiedenen Typologiegruppen.

Ich kannte einen Spitzenverkäufer, der sich immer bemühte, irgend etwas Schriftliches von seinen wichtigsten Kunden (A-/B-Kategorie) zu ergattern. Das ließ er von einem Graphologen auswerten. Er schwor Stein und Bein, daß sich dadurch seine Kundenkenntnis (Eigenschaften/Verhalten etc.) wesentlich erweitert und objektiviert habe!

Zurück zur Mimik. Sie ist deswegen so wichtig, weil sie meistens in uns selbst ähnliche Gefühle auslöst wie die, die wir an einem anderen wahrnehmen. Zumindest können wir uns, und das ist das Entscheidende, gut in die Lage des anderen versetzen! Was kann ein Gesicht nicht alles ausdrücken: Freude, Wut, Zorn, Verbitterung, Sarkasmus, Spott, Blasiertheit, Stolz, Hochmut, Demut, Respekt, Zweifel, Ärger, Unzufriedenheit, Mißtrauen, Vertrauen, Entschlossenheit, Konzentration – kurz: Es ist die unendliche Skala an menschlichen Empfindungen, die durch Mimik, Gestik und Körpersprache deutlich (manchmal sogar überdeutlich) werden.

Ähnlich aussagekräftig sind die Stimme, der Ausdruck, die Sprechweise und natürlich auch der sprachliche Inhalt (siehe auch III 8.1)! Souveränität, Wissen, Stümperhaftigkeit, Mißgunst, Neid, Intoleranz, Unwissenheit, Dummheit, alles kommt zum Vorschein, je nachdem, was und wie ein Kunde, ein Verkäufer etwas sagt. Dabei lasse ich nervtötende Marotten (die auch pure Verlegenheit o. ä. sein können) wie die vielen äh, öh und ui, die so manche Leute „drauf haben", außer Betracht.

„Der Körper lügt nicht", sagte ein berühmter Tänzer (im Zweifelsfall Rudolf Nurejew). Die Kinesik (kinesis gr. = bewegen) kann „sprechen", auch wenn ein Mensch still und stumm ist. Die Körpersprache kann Gefühle ausdrücken, enthüllen und Aufschluß darüber geben, wie etwas empfunden, verarbeitet wurde oder „wirklich gemeint" war! Körpersprache ist wortlose Aktion bzw. Reaktion! Sie unterstreicht Gesprochenes, ergänzt es oder widerspricht! **Der Mund sagt ja, aber der Körper nein!** Wenn z. B. der Kunde sagt: „Es ist alles in Ordnung!", aber sein Gesichtsausdruck das genaue Gegenteil beweist, seine Stimme ebenfalls (barscher Ton), dann weiß der aufmerksame Verkäufer, hier braut sich Konfliktstoff zusammen!

Nachdem die Japaner allein 43 verschiedene Stellungen und Bedeutungen der Augenbrauen entdeckt haben, würde mein Buch zum dicken Wälzer verkommen, wenn auf die Vielzahl von Ausdrucks- und Deutungsmöglichkeiten der Körpersprache weiter eingegangen würde. Da gibt es Berufenere, die Sie, liebe Leser, auch weiter zu Rate ziehen sollten. Ein Satz von Sammy Molcho soll das Thema „Körpersprache“ abschließen: **„Keine Bewegung ist zufällig, sondern Ergebnis bewußten oder unbewußten Denkens.“**

Und wenn Sie – als Spitzenverkäufer – noch mehr von und über den Menschen wissen wollen, besser: wissen müssen, dann sollten Sie sich auch mit den verschiedenen *Typologien* (Lehre vom Körperbau/Lehre von den vier Temperamenten/Einstellungs- und Funktionstypenlehre) beschäftigen. Selbstverständlich darf bei der Neugierde um menschliches Verhalten Sigmund Freud (das Es, das Ich, das Über-Ich) genauso wenig fehlen wie sein Schüler Alfred Adler, der „den Willen zur Macht und Überlegenheit“ als stärkstes menschliches Bedürfnis nennt. Der Psychologe Erich Rothacker hat die Struktur der Persönlichkeit in Form eines Schichtenmodells dargestellt, und Dr. Eric Berne hat mit seiner „Transaktionsanalyse (Kind-Ich, Eltern-Ich, Erwachsenen-Ich) interessante Möglichkeiten angeboten, sich selbst und andere besser kennenzulernen, um mit ihnen problemlos zu kommunizieren!

Schließlich zieht man aus der Beobachtung des Gesamtverhaltens, dem Vergleich und der Frage „Wie hätte ich selbst gehandelt, wenn ...?“ weitere Schlüsse, die sich zu einem Gesamtbild verdichten.

Wenn es um Menschenkenntnis geht, dann ist der Satz: „Man bleibt sein Leben lang Student“ ganz besonders angebracht! Und was B. Russell über die „Klugen, die zweifeln, und die Dummen, die sich immer so sicher sind,“ sagt, kommt mir, wenn ich an Menschenkenntnis denke, ebenfalls sofort in den Sinn. Die „Pappenheimer Sprüche“ und die „Kundenkenner, die alle so gut wie die eigene Westentasche kennen“ (und dann nicht wissen, was in ihr drin ist!), fallen mir da auch ein! Ich bin mir nicht sicher, ob gerade diese Verkäufer wirklich so begnadete Kundenkenner sind, wie sie es immer behaupten! Ich kenne zahlreiche Spitzenverkäufer, die (allein schon dank ihrer überragenden Verkaufserfolge) an sich gute Menschenkenner sind, sein müssen, und dennoch so mancher Fehleinschätzung über den Menschen „Kunde" unterlegen sind! Und mir ging es genauso! Die „Unfehlbaren" sind mir suspekt!

Wie schwer allein schon der „Kampf gegen Vorurteile" ist, mag das folgende Beispiel – aus meinem persönlichen Nähkästchen – verdeutlichen.

Beispiel 1: „Vorurteile"
Als ich mir noch meine ersten Verkaufssporen verdiente, herrschte im Unternehmen der Trend, Akademiker, Psychologen, als Verkäufer einzustellen. (Es ist eben alles schon einmal dagewesen!) Doch der Versuch endete damals mehr als kläglich! Die Psychologen beurteilten zwar die Kunden richtig, aber sie verkauften ihnen nichts oder viel zu wenig! Das Experiment wurde eingestellt. Man setzte wieder „gewöhnliche Sterbliche" als Verkäufer ein. Das war – wie gesagt – vor Jahren. Aber es dauerte seine Zeit, bis ich das „Vorurteil" abgebaut hatte, Akademiker werden alles, nur keine guten Verkäufer! Als es das Unternehmen später nochmal mit „studierten Verkäufern" versuchte, gab es auch Erfolge! Und ich konnte mein Vorurteil begraben! Der Key-Account-Manager von heute hat in der Richtung sowieso neue Maßstäbe gesetzt.

Beispiel 2: „Körpersprache"
Wir hatten kurzfristig einen Termin bei einem interessanten Neukunden bekommen. Aber ich merkte schon nach wenigen Sätzen meines Verkäufers (ich war „stiller" Zuhörer), wie nervös, verkrampft und geistesabwesend der Kunde war. Er blickte laufend auf die Uhr, saß vorgebeugt „auf dem Sprung", nickte nur ab und zu und brummte etwas vor sich hin. Seine Mundwinkel zeigten nach unten, und die Kaumuskeln arbeiteten! Zusammengenommen waren das keine guten Zeichen, um ein sachliches Gespräch zu führen. Zugegeben, der Verkäufer hatte leider auch nicht seinen besten

Tag erwischt! Ich unterbrach das Gespräch, besser: den Verkäufermonolog. An den Kunden gewandt: „Darf ich einmal unterbrechen und eine Frage stellen?"

K (gequält): „Bitte."

„Ich habe den Eindruck, Herr K., Sie stehen unter erheblichem Zeitdruck! Habe ich recht?"

K (befreit): „Sie haben recht! In zwei Stunden habe ich eine sehr wichtige Besprechung mit dem Chef und anderen Abteilungsleitern! Diesen Termin hier hat meine Sekretärin leider angenommen!" (Er grinst.) „Sie haben sie wohl ‚unter Druck' gesetzt! Ich war selbst eine Woche unterwegs und habe das alles erst heute morgen erfahren!"

... „Wenn wir jetzt einen neuen Termin vereinbaren, dann ist Ihnen doch sicher ein bißchen geholfen?"

K: „Da wäre ich Ihnen wirklich dankbar! Meine Sekretärin gibt Ihnen den neuen Termin!"

... „In Ordnung Herr K. Darf ich noch eine kurze Frage stellen?" (Der Kunde nickt.) „Was sind denn – in einem Satz – die hervorstechendsten Eigenschaften Ihres derzeitigen Hauptlieferanten?"

K: (lacht) „Das ist einfach. 100prozentige Zuverlässigkeit, Flexibilität, ein gutes Produkt und vor allem gute Konditionen! Reicht das?"

... „Danke Herr K. Das reicht! Wir werden uns gut vorbereiten und Ihnen bei unserem nächsten ausführlichen Gespräch zeigen, was wir für Sie unter diesen Prämissen leisten können! Und jetzt wünschen wir Ihnen ein recht angenehmes Gespräch mit Ihrem Chef! Auf Wiedersehen, Herr K."

Auch wenn das Gespräch abrupt endete, wußten wir doch viel besser als zuvor, auf *was* wir uns gezielt für den neuen Termin vorzubereiten hatten. Nicht zuletzt war das ein „Verdienst" der Körpersprache des Kunden.

Psychologie ist der Omnibus, der ein Luftschiff begleitet.

Karl Kraus

8.2 Psychologie

Im „MPM"-Puzzle steht „P" für Psychologie. Dabei überlassen wir sofort den Tiefenpsychologen das Feld beim Herumstöbern in unserem Seelenleben (Psyche griech. = Seele, logos = Lehre, Wort).

Psychologie ist eine Erfahrungswissenschaft, die sich mit dem menschlichen Verhalten beschäftigt. Es sind Sachverhalte, die der äußeren und inneren Erfahrung durch Eigen- und Fremdbeobachtung zugänglich sind und die durch Experimente und geeichte Befragungen weiter abgesichert werden. Psychologie fußt nicht auf metaphysischen Spekulationen, auf Intuition oder Moral und Ethik, sondern exklusiv auf Erfahrungen. Die Verkaufspsychologie liefert Erkenntnisse und Erfahrungen über das richtige Verhalten und Vorgehen im Verkauf. Verkäufer sind in der Regel (noch) keine „studierten Psychologen", aber Lebenserfahrung und Erfahrungen im Verkauf, im Umgang mit Kunden, machen sie zu „Verkaufspsychologen".

Beispiel 1: „Es war Psychologie"

Eine Firma führte für seine Kunden als besondere Serviceleistung „Weiterbildungsseminare" (zu einem Traumpreis) für die Geschäftsleitung und den Verkauf über den Zeitraum von vier Monaten durch. Ich hatte das Vergnügen als Trainer. Der Geschäftsführer dieser Firma, ein Exwerbeleiter, wettete mit mir, daß er einen noch besseren Seminarzulauf für ein und dasselbe Thema erzielen würde, *nur* durch textliche Veränderungen der bisherigen (Themen) Titel. Ich arbeitete bisher nach dem Motto: Der Titel muß verständlich, wahr und klar sein und dem Inhalt der angesprochenen Themen voll entsprechen! – Er gewann! Mit einem fetzigen, reißerischen, „veramerikanisierten“ Titel holte er bei der zweiten Seminarrunde nochmal 5% mehr Zulauf heraus! Zufall? War es der andere Termin, der vielleicht besser paßte? Oder war's tatsächlich ...? Der Exwerbemann grinste nur: „Es war Psychologie – sonst gar nichts!“

Und jetzt frage ich mich natürlich, was mich meine „schwäbisch-biedere Art“ mit der Ehrlichkeit bei Seminartiteln über die Jahre hinweg an Teilnehmern gekostet hat?

Der Exwerbeleiter setzte auf die Neugierde in uns, auf den Aha-Effekt, auf die Empfindung, alles, was sich mit Amerika und Verkauf assoziieren läßt, zieht an, und „rauschende Wortgebilde“ wirken beeindruckend! Recht hat er!

Beispiel 2

„Projektieren“ nennen die Verkaufspsychologen die Methode, anderen (möglichst bekannten) Leuten in den Mund zu legen, was man als Verkäufer nicht selber sagen will, aber möchte, daß der Kunde es erfährt: Lob über die eigene Firma, das Produkt, den Service, die Zuverlässigkeit des Verkäufers usw.

„Der Chefeinkäufer der Firma G + H, die Sie sicher kennen, lobte unser Produkt ‚Teko 2000‘, wie mir ein Kunde erzählte, auf einem Einkäuferseminar besonders“ ...

„Auf dem letzten Verkaufsleiter-Club-Treffen hörte ich einen bemerkenswerten Satz des Referenten Dr. G. von der Unternehmensgruppe H.: ‚Vorsicht bei Geschäften, die Sie eventuell mit der Firma K. (Wettbewerber!) machen wollen!‘“

Beispiel 3

Wenn Sie einen Kunden noch nach Wochen sinngemäß oder sogar im *Wortlaut* zitieren können, schmeicheln Sie ihm auf eine ganz besondere Art und Weise. „Donnerwetter“, denkt er, „das hat der wörtlich behalten!“ Das schafft Vertrauen, eine gute Kommunikationsbasis, befriedigt „Eitelkeiten“.

„Ich erinnere mich, vor ungefähr drei Wochen, da sprachen Sie doch auch von den Versäumnissen des Wettbewerbers!“ oder noch *besser*:

„Ich erinnere mich exakt an unser Gespräch am 14. Februar 1992 und Ihren bemerkenswerten Satz, von dem ich mir Wort für Wort gemerkt habe: ‚Die Firma H. hat weder den Auslieferungstermin eingehalten noch hat das Produkt gehalten, was versprochen worden war! Nie mehr wieder!‘ sagten Sie damals mit Entrüstung!“

Beispiel 4
So etwas gibt’s auch: Ein Spitzenverkäufer hat einen für das Unternehmen besonders wichtigen Auftrag hereingeholt, aber der (neidische) Verkaufsleiter würdigt die Leistung bei der abendlichen Verkäuferbesprechung mit keinem Wort!

Er will den Verkäufer ärgern! Dieser reagiert cool, souverän! Ihm ist das Verkaufsleiterverhalten gleichgültig! Er denkt an sein persönliches Erfolgserlebnis, an die Anerkennung mancher Kollegen, auch an den Neid einiger (der Neid ist der Begleiter des Ruhms!), an das große Umsatzplus, das er gegenüber der Soll-Zahl hat, und ein bißchen auch an die dicke Provision, die fällig ist! Diese gelassene Reaktion ärgert wiederum den Verkaufsleiter! Reiz und Reaktion in diesem „psychologischen Kleinkrieg“ (der mit ähnlichen Vorzeichen auch so in einem Verkäufer/Kundenverhältnis laufen kann) fallen anders aus, als es z. B. der Verkaufsleiter erwartet hatte. **Ein Spitzenverkäufer denkt positiv und hat ein unerschütterliches Selbstvertrauen und Selbstbewußtsein.**

Beispiel 5
Eine oft, sowohl vom Kunden als auch vom Verkäufer angewandte psychologische „Masche“ ist, einen Satz mit bestimmten Worten wie „Ach, da fällt mir gerade noch ein ...“

„Ja, was ich auch noch sagen wollte ..." „Übrigens ..." „Nebenbei bemerkt ..." „Moment mal, das muß ich Ihnen auch noch sagen ..." „Ja, das muß ich gerade auch noch los werden ..." Mit solchen Einleitungsformulierungen soll die danach folgende Aussage den **Charakter der Spontanität** tragen, als plötzlicher Einfall, als Momentidee wirken und klingen, der man keine besondere Bedeutung beimißt. In Wahrheit ist es genau umgekehrt, und der Kunde/Verkäufer hofft, daß auf den „spontanen" Einfall genauso spontan geantwortet wird und dabei mehr herauskommt, als man eigentlich erwarten durfte. Der „Übrigens-Trick" ist also in der Hoffnung geplant, daß man darauf hereinfällt und mehr (zu viel) sagt als nötig!

Beispiel 6
Es gibt viele Kunden, die sich im stillen fragen, warum der Verkäufer dies oder jenes wissen will, wenn er bestimmte Fragen stellt. Mißtrauen baut sich auf, der Kunde antwortet ausweichend, irreführend, unvollständig.

Diese **„unausgesprochene Kundenfrage"** beantwortet man mit einer einleitenden Formulierung wie „Wenn ich genau weiß, wie unser Angebot in Ihrem Sinne aussehen muß ..." „Damit ich weiß, was wir exakt noch korrigieren müssen, damit unser Angebot ..." „Bitte, sagen Sie mir ganz präzise, was unser Kundendienst tun soll, um ..." „Damit ich unseren Monteuren genau sagen kann, was Sie fordern ..." „Um zu wissen, wo wir Ihnen mehr Nutzen bringen können ..."

Beispiel 7
Es ist psychologisch richtig und wichtig, wenn Sie als Verkäufer Ihre Firma und die Leistungen der einzelnen Bereiche dem Kunden mit Begeisterung schildern, die überzeugend und ehrlich wirkt. Das schafft Kundenvertrauen. Erzählen Sie ihm ruhig, warum Sie so gerne im Verkaufsteam arbei-

ten, warum es Ihnen Spaß macht, mit dem Kundendienst und mit den Monteuren zusammenzuarbeiten, streichen Sie die Zuverlässigkeit der Kollegen heraus, loben Sie das Lager und die Fahrer, die auch beim Abladen mit anpacken usw. Allerdings: *Tragen Sie niemals zu dick auf*!

Beispiel 8
„Selffulfilling prophecy" nennen es die Amerikaner. Die „sich selbst erfüllende Prophezeiung" geht davon aus, daß ein Verkäufer annimmt, der Kunde sei z. B. gerissen und hinterhältig *oder* unfreundlich, mürrisch, aggressiv *oder* stehe nur auf den Wettbewerb *oder* ... *oder* ... Und mit der Zeit verhält sich auch der Kunde entsprechend der „Verkäuferprophezeiung", weil ihn der Verkäufer durch sein eigenes Verhalten in diese Rolle zwingt, d. h. er wird unfreundlich, aggressiv, agiert gerissen und hinterhältig und lobt den Wettbewerb.

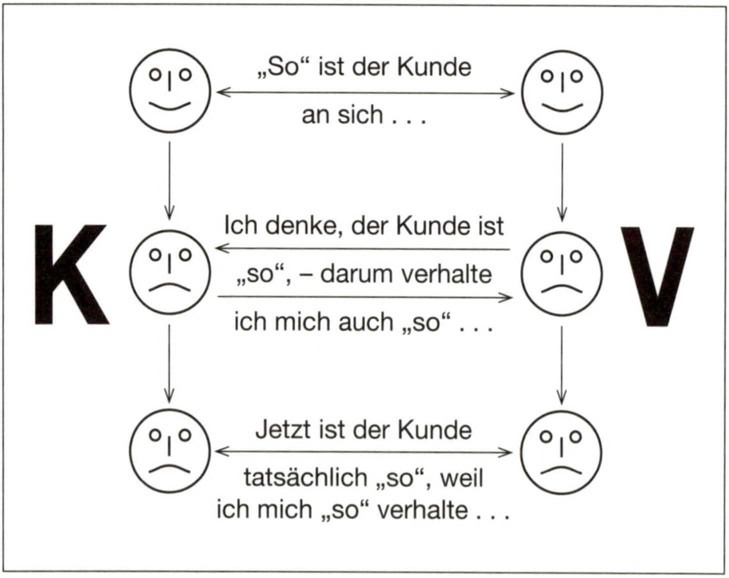

Abb. 5: Kunde – Verkäufer

Beispiel 9
Wenn Sie die „Gefühle" eines Kunden ansprechen können, dann erfahren Sie oft viel mehr über ihn und über seine wahren Bedürfnisse, Kaufmotive, Wünsche und Ziele als bei einem rein rationalen Gespräch. Außerdem spürt der Kunde dadurch sehr deutlich Ihr Bemühen, ihn wirklich zu verstehen! Denken Sie immer an das sog. Eisbergprinzip: 1/10 ist die Ratio „über Wasser", aber 9/10 stecken „unter Wasser" im unter- und unbewußten Zentrum eines Menschen.

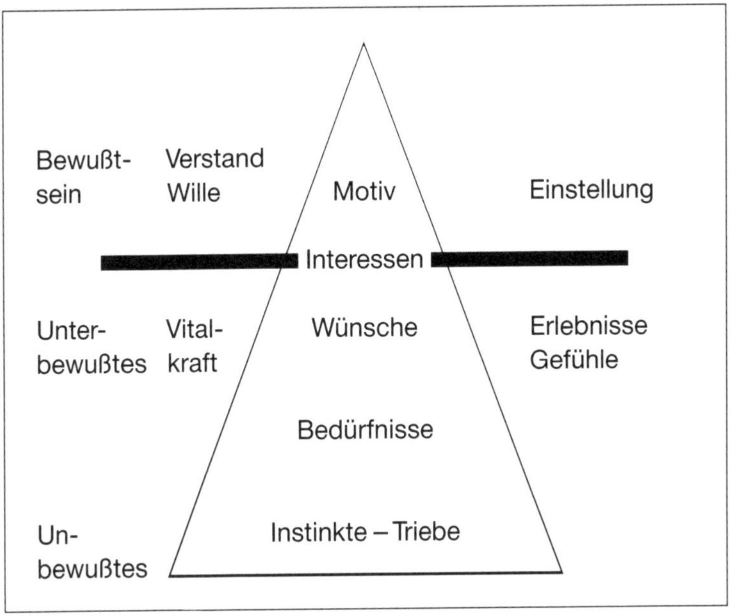

Abb. 6: Das „Eisbergprinzip"

Übrigens (siehe Beispiel 5), wenn Sie die Gefühle des Kunden nicht 100prozentig treffen, hat das keine Auswirkungen. In der Regel wird der Kunde dann von sich aus sagen, was er denkt und empfindet.

Reagieren Sie also auf einen Kundeneinwand bzw. auf eine Kundenaussage mit einer Anmerkung, die in die „Gefühlswelt des Kunden" geht – und zwar als Aussage, *nicht* als Frage! Die könnte verletzen.

Gefühl

K: „Ihr Wettbewerber K. ist viel billiger als Sie."

SPV: „Ich verstehe, Sie befürchten, Sie werden übervorteilt?"

K: „Ja, der Preis ist einfach zu hoch."

SPV: „Aber Sie waren bisher doch immer sehr zufrieden?"

K: „Schon, aber der Preis macht mir wirklich zu schaffen."

SPV: „Sie befürchten Ärger, wenn Sie heute bei mir bestellen?"

K: „Das muß ich alles noch im Haus abklären."

SPV: „Sie sichern sich verständlicherweise ab, bevor Sie mir den Auftrag geben!"

K: „Nein! Das entscheide ich allein!" (Rational weiter)

Ratio

SPV: „*Was* kann ich dann flankierend dazu tun? Checken wir doch gemeinsam nochmal das Preis-Leistungs-Verhältnis meines Angebots gegenüber dem des Wettbewerbers. Bitte setzen Sie selbst den Zufriedenheitsgrad (Zahlen 1–5) ein, den Sie bisher mit unserem Haus und unserem Produkt und mit mir (Blickkontakt) haben."

Usw.

Beispiel 10

Kundengefühle anzusprechen ist auch ein gutes Mittel, um ein Gespräch schnell auf eine vertrauensvolle, kommunikative, auf „einer Wellenlänge" liegende Ebene zu bringen.

Das setzt natürlich voraus, daß man schon einiges über den Kunden, geschäftlich und privat, weiß, weil das als „Aufhänger" dienen kann.

... „Gestern, als meine Frau und ich im Theater waren, *mußte ich ganz intensiv an Sie denken*, weil ich weiß, wie begeistert Sie über den Schauspieler K. gesprochen haben. Er spielte die Hauptrolle in dem Stück und war wirklich phantastisch.“ ...

... „Auf der Heimfahrt vom Stadion *dachte ich an Sie*, denn Sie haben sich bestimmt genauso geärgert über diese dumme Niederlage des 1. FC wie ich.“ ...

... „Am Wochenende habe ich mir meine Halbjahres-Umsatzzahlen angesehen, *und da mußte ich direkt an Sie denken*, denn ich habe Ihnen einen erheblichen Anteil an meinen guten Zahlen zu verdanken.“ ...

... „Als ich unser Lokalblatt gelesen hatte, *mußte ich sofort an Sie denken*. Da bekam doch der Liederkranz-Dirigent das Bundesverdienstkreuz dafür, daß er schon 40 Jahre aktiv für seine Sangesbrüder tätig ist. Und da habe ich mich schon gefragt, wo Sie so vielen karitativen und sozialen Einrichtungen schon so lange vorstehen und außerdem noch ein erfolgreicher, sozial denkender Unternehmer sind, nach welchen Kriterien so eine Ehrung vorgenommen wird?“ (Wenn man weiß, wie gerne der Unternehmer das Bundesverdienstkreuz hätte ... Ich kenne viele! ...)

Beispiel 11 (siehe auch Nr. 7)
Begeisterung ist nicht alles, aber ohne sie ist alles nichts! Doch: Wer beim Kunden alles in den schönsten, schillerndsten Farben (neues Produkt, Service, Kundendienst, sonstige Leistungen usw.) schildert und präsentiert, der weckt auch (oft) Mißtrauen. „Ob das alles so stimmt, wie der das so euphorisch erzählt?“ **Sprechen Sie darum ruhig auch von den „Schwierigkeiten“**, die es z. B. bei der Neuentwicklung eines Produktes gegeben hat. Das macht Sie glaubhaft! Die Eingeständnisse münden immer in dem Satz: „Aber alle Hindernisse sind jetzt erfolgreich aus dem Weg geräumt worden, wie das Gutachten von Prof. Dr. H. von der TH Aachen

vom 3. März 91 beweist. Und auch die TH Darmstadt hat uns am 7. Mai 91 bestätigt: Unser Produkt ist eine 100% ausgereifte Konstruktion (Gutachten übergeben)."

Beispiel 12
Sie sind Spitzenverkäufer, aber Sie sollten nie den Eindruck erwecken wollen, ein „Übermensch" zu sein. Die Alleswisser, Alleskönner, die Intelligenzbestien sind einem Einkäufer suspekt! Außerdem: **Nobody is perfect!** Und wenn gerade Sie als Verkaufsas sich beim Kunden auch einmal „korrigieren", wächst sein Vertrauen in Sie weiter an!

Bei solchen „Korrekturen" ist der Humor ein wunderbarer Helfer. „Jetzt könnte ich mir aber wirklich in den ‚Allerwertesten beißen'! Da ist mir doch bei der Nennung unserer Wärmedämmwerte ein unverzeihlicher Fehler unterlaufen! Und das auch noch zu meinen Ungunsten!" (Hier darf „geschauspielert" werden!) „Kein Satz stimmt mehr als ‚Nobody is perfect!' Nicht einmal ich! Die richtigen Zahlen lauten ..."

Das ist aber wirklich eine ehrliche Haut, denkt der Kunde.

Beispiel 13
Sind Sie abergläubisch? Aber Sie haben sicher schon längst gemerkt, das Beispiel 12 kann auch einmal „aus psychologischen Gründen" ganz gezielt (mit einer falschen Zahl o. ä.) eingesetzt werden! Schlitzohrig?

Beispiel 14
Wenn ein Kunde Sie massiv mit einem Vorwurf angeht, der unberechtigt ist **(stimmt der Vorwurf, dann ist „die Wahrheit" der beste psychologische Helfer!)**, können Sie ihn durch die Art Ihrer Antwort „zwingen", den Vorwurf näher zu erklären. Meistens schwächt ihn dann der Kunde von sich aus schon ab oder gibt ihn ganz auf, d.h. rettet

sich in Floskeln. *Wiederholen Sie sein aggressivstes Wort/Satz.*

Kunde: „Sie haben mich bei unserem letzten Gespräch ganz schön hereingelegt!"

SPV: „Wie bitte? *Hereingelegt?*" (Kunde fragend ansehen) „Mit was?" Jetzt muß der Kunde begründen. Seine Antwort kann diskutiert werden!

Oder:

Kunde: „Sie haben mich – was die Höhe des Rabatts angeht, den Sie anderen Kunden gewähren – glatt angelogen!"

SPV (Blickkontakt, jedes Wort betonend): „Herr Mander, *angelogen*?"

Wiederholt jetzt der Kunde seinen Vorwurf, nur dann wiederholen auch Sie das Schlüsselwort nochmal. Dem Kunden bleibt dann nichts anderes übrig, als seinen Vorwurf zu begründen, ohne daß er sich von von Ihnen angegriffen fühlen kann und sich daraus ein Streitgespräch entwickelt.

Kunde: „Ja, angelogen!"

SPV (wieder mit Blickkontakt): „Herr Mander, Sie meinen wirklich *angelogen*? Wie denn?"

Oder:

Kunde: „Hören Sie mal, Sie liefern ja nie pünktlich!"

SPV: „*Nie pünktlich*, Herr K.?"

Kunde: „Na ja, zumindest beim letzten Mal klappte der Liefertermin überhaupt nicht."

SPV: „Ja, dieses eine Mal haben wir tatsächlich einen Fehler gemacht. Aber ich verspreche Ihnen, daß in Ihrem Fall der Spruch stimmt: Einmal ist keinmal! Das heißt, das wird nicht wieder vorkommen!"

Beispiel 15
Es gibt auch versteckte Vorwürfe, die „mehr meinen", als vordergründig gesagt wird.

„Hat Ihre Werbeabteilung jetzt das Muster endlich abgeschickt?"

Kunde meint: Verdammt noch mal, das dauert aber bei euch sehr lange, bis so eine simple Sache erledigt ist! ...

„Können Sie dieses kleine Ersatzteil auch wirklich pünktlich liefern?"

Kunde meint: So toll war das ja bisher mit eurer Lieferzuverlässigkeit nicht gewesen!

„Das Angebot war aber am Montag noch nicht auf meinem Schreibtisch!"

Kunde meint: Ihr versprecht viel, aber haltet wenig!

„Ihre Buchhaltung hat meinen Brief nicht beantwortet!"

Kunde meint: Egal um welche Abteilung es sich handelt, bei euch muß man immer warten!

Solche Fälle können auch einem Spitzenverkäufer passieren, weil er hier von anderen Bereichen, Mitarbeitern etc., abhängig ist. Aber er versteckt sich nicht hinter Fehlleistungen, die andere verursacht haben!

Ein SPV fühlt sich immer verantwortlich, wenn es um „seinen Kunden" geht! Er argumentiert: „Da hätte ich mich besser persönlich drum kümmern müssen!"

Beispiel 16
Kunde und Verkäufer verhalten sich nach bestimmten „Verhaltens- und Wahrnehmungsmustern". Nur wenn ein Verkäufer dieses „Kundenmuster" erkennt und sich entsprechend verhält und ihm anpaßt, funktioniert die Kommunikation richtig.

Wir hatten ein neues Gerät herausgebracht, das alle nur

erdenklichen Anwendungsfälle (das gab es bisher noch nicht) abdeckte. Die Verkäufer stellten es als „sensationelle Neuheit" heraus, aber die Resonanz war – wider Erwarten – nach der ersten Vorstellwoche nicht so toll.

Die Kunden begrüßten zwar das Neue, Bessere, aber sie vermißten offensichtlich den Hinweis auf Vertrautes, Gewohntes, Bekanntes – und jetzt Verbessertes, Optimiertes! (Der Mensch – hier Handwerker – ist ein Gewohnheitstier.) Erst als die Argumentation dem Rechnung trug und dem Verhaltens- und Wahrnehmungsmuster der Kunden angepaßt wurde, stimmte auch die Kommunikation mit den Kunden wieder.

Beispiel 17
(ähnelt der Nr. 8)
„Schwierige Kunden" und deren charakteristische Eigenschaften belegt der Verkäufer in der Regel *negativ.* Kunden sind knochenhart – unausgeglichen – launisch – dominant – arrogant – geschwätzig, sie lügen usw.

Ein Spitzenverkäufer gewinnt auch diese Kunden! **Weil er sich intensiv bemüht, auch schwierige Kunden** *positiv* zu sehen! Er stellt seinen Blickwinkel entsprechend ein. Es ist wie mit dem halbleeren und halbvollen Glas. Er sieht den Kunden „halb voll"! (Das kann der Kunde natürlich auch mal sein! Auch das sieht ein SPV mit einem Schmunzeln!) Knochenhart bedeutet für ihn, „der Kunde weiß, was er will, er läßt sich kein X für ein U vormachen". Dominant ist nichts anderes als „ausgeprägt selbstbewußt", und geschwätzig übersetzt er mit „eloquent". Und wenn ein Kunde einmal lügt, dann prüft er zuerst, ob das irgend jemandem geschadet hat. Ansonsten denkt er: „Wir sind alle kleine Sünderlein."

Beispiel 18
Auf einem verkaufspsychologischen Seminar wurde die Frage gestellt: „Kennen Sie Pygmalion und den sog. Pygma-

lion-Effekt?" Schweigen! Natürlich kannte jeder die Komödie des irischen Spötters G. B. Shaw und abgeleitet davon auch „My fair Lady". Aber von einem „Pygmalion-Effekt" hatten wir noch nichts gehört. Um es kurz zu machen: Der „P-E" zeigt, welche Wirkung, ja welche Macht das eigene Verhalten in seiner ganzen Breite auf einen Kunden ausüben kann (Pygmalion verliebte sich ja bekanntlich in eine wunderschöne Frauenstatue, die seinem Idealbild entsprach). Sympathie kann z. B. entstehen, wenn Kunde und Verkäufer Gemeinsamkeiten oder ähnlich gelagerte Interessen, Hobbys entdecken und quasi jeder vom anderen denkt: **„Wenn er so ist wie ich, dann muß er ja ein prima Kerl sein."** Auch aus den „Äußerlichkeiten" (Kleidung, Körpersprache, Haltung, Mimik, Gestik, Umgangsformen etc.) entwickelt sich einerseits Sympathie („der sieht aber gepflegt aus"), und umgekehrt ist es sinnvoll, sich den Kunden und sein Äußeres und Auftreten genau anzusehen, sich darauf einzustellen und „anzupassen". Anpassen heißt natürlich nicht, mit einem Schrankkoffer unterschiedlichster Klamotten auf Kundentour zu gehen!

Ich will es an einem Praxisfall deutlich machen: Ein honoriger, älterer Herr, preußisch-konservativ, sehr auf Etikette bedacht, äußerst gepflegt – aber altmodisch (Cut!) gekleidet –, war der Direktor einer Privatbank! Ich bemühte mich, zusammen mit diversen Wettbewerbern, darum, ihm neue, moderne Schreib- und Datenverarbeitungsgeräte zu verkaufen. An seiner überkorrekten, aber dennoch reservierten und bestimmten Haltung allein scheiterten schon ein paar Wettbewerber. „Ich komme mit diesem Herrn nicht klar – und erst recht nicht mit seinen Preisvorstellungen", jammerte ein Wettbewerbskollege. Wir schlossen eine Wette ab: *Wer* als Erster bei dieser Bank durchs Ziel geht, wird von den „Verlierern" – zu einem frugalen Abendessen mit Ehefrau – eingeladen. (Unter Wettbewerbern gibt's auch Sportgeist.)

Es war ein brütend heißer Sommertag (der vielmehr zum

Schwimmbadbesuch als zum Verkaufen einlud), als der Bankdirektor mich und zwei Wettbewerber (nacheinander) zum alles entscheidenden Gespräch eingeladen hatte. Ich kam zum Schluß dran, und meine „abgefertigten“ Wettbewerbskollegen warteten einträchtig – im Sporthemd bei der Bullenhitze – vor dem Bankportal auf mich. Sie grinsten, als sie mich im dunkelblauen Anzug mit dezenter Krawatte und Einstecktuch kommen sahen. Für diesen Auftritt beim Bankdirektor hatte ich mich äußerlich wie auch fachlich-sachlich intensiv vorbereitet.

Zugegeben, ich hatte bei meinen bisherigen Besuchen mein „schauspielerisches Talent“ spielen lassen und die preußisch knappe, Hacken zusammenschlagende, nüchterne „Zack-Zack-Art“ zu Hause ein bisserl „einstudiert“. Auch die Benimmregeln lagen auf dem Nachttisch. Über unsere Preise hatte sich der Herr Direktor „preußisch knapp“ ausgelassen: „Zu teuer!“ Aber auch darauf war ich durch ein sorgfältig auf den Kunden abgestimmtes Preisverteidigungskonzept vorbereitet. Es konnte also nichts passieren! In seinem holzgetäfelten Büro entdeckte ich ein neues Bild. Der Herr Direktor in jungen Jahren als Polospieler hoch zu Roß mit zwei Ersatzpferden! Ich wußte über diese Sportart nur: Sie ist die kostspieligste, man braucht viel Mut, und man muß ein toller Reiter sein mit exzellentem Pferdematerial. Die Südamerikaner waren in der Sportart führend – und „olympisch“ ist sie auch. Irgend eine besondere Bewandtnis mußte es haben, daß dieses Bild in seinem Büro hing.

... „Guten Tag, Herr Beck“ (leichte Verbeugung). „Entschuldigen Sie, daß ich Sie warten ließ.“ „Guten Tag, Herr Direktor G.“, antwortete ich ebenfalls mit einer leichten Verbeugung. „Ich habe Sie hierher gebeten, um mit Ihnen ein abschließendes Gespräch über – äh – die Möglichkeit – äh – eines Einsatzes ihrer – äh – Geräte zu sprechen. Bitte nehmen Sie doch Platz – äh.“ „Danke sehr!“ „Nun bitte, ich höre“, meinte der Direktor. „Darf ich zuerst eine große Bitte äußern, Herr Direktor?“ Er machte eine einladende Handbewegung und nickte. „Ich habe vorher – mit höchster Neugierde –“ (ich lächelte) „dieses interessante Bild hier betrachtet, das Sie in einer der gefährlichsten Sportarten zeigt: dem Polospiel.“ Und das war das erste Mal, daß der Bankdirektor dann etwas über sich erzählte! – Kurz und gut: Ich bekam den Auftrag, wenn auch noch nicht im eingeplanten Umfang! – Er moserte auch zum Schluß noch über unsere hohen Preise. „Ich verspreche Ihnen, Herr Direktor, Sie werden mit dem Einsatz unserer Maschinen sehr zufrieden sein, und wenn Sie innerhalb der nächsten drei Monate einen Anschlußauftrag in der gleichen Höhe wie heute erteilen, dann wird unser Haus das mit einem Zusatzrabatt von 5% honorieren.“ „Wenn Sie das sagen, dann – äh – äh – hat das Gewicht! Wissen Sie, ich mag keine Verkäufer, die hier – äh – äh – mit verschwitzten Hemden antreten – äh – äh –, nicht vorbereitet sind – äh –, das hat keinen Stil ...“

Letztlich hatte ich den Auftrag dem „Pygmalion-Effekt“ und meinem dunkelblauen Zweireiher mit zu verdanken, unter dem allerdings ein völlig verschwitztes Hemd klebte. Aber das konnte der Herr Direktor zum Glück (bei 35 Grad im Schatten) nicht sehen!

Beispiel 19

„Hast Du mir etwas mitgebracht?“, so empfängt ein Kind die Mama. Ein Kunde stellt diese Frage natürlich nicht, aber wenn Sie ihm irgendeine Art von „Überraschung“ servieren (es gibt viele Möglichkeiten eines Aha-Effekts), die über das Routineritual (Guten Tag, wie geht's? Was machen die Geschäfte?) hinausgeht, d.h. anders als andere ist, dann macht das den Kunden *neugierig*, wann immer Sie kommen.

„Neugierig-Macher“ sind: ein Muster, interessante Informationen, ein spezieller Artikel, eine Statistik, ein kleines Werbegeschenk, eine Materialprobe, ein Poster, Gutachten,

Prüfzeugnisse, Modelle usw. Der Phantasie sind keine Grenzen gesetzt, solange es „kundenorientierte“ Mitbringsel und Muntermacher (z. B. ein Firmen-Piccolo) sind, die nicht viel kosten und keinen Verdacht in Richtung „Bestechung“ aufkommen lassen!

Beispiel 20
Formulierungen mit Zahlen o. ä. werden vom Kunden oft „interpretiert“.

Satz (+/–)	**Interpretation**
Dieses kompakte und markterprobte Gerät kostet nur DM 450,00.	Das Gerät ist stabil und preiswert.
Der Preis für das Gerät ist DM 450,00.	Na ja, das könnte billiger sein!
Sie werden sich wundern, aber das Gewicht liegt noch unter 20 kg.	Das ist aber leicht!
Diese Haube wiegt fast 20 kg.	Ziemlich schwer, was?
Die Reparaturanfälligkeit ist so minimal, daß wir keine Statistik darüber führen!	Dann ist sie wirklich gering, oder doch nicht? (Zweifel)
Reparaturen kommen selten vor! Da steht in der Statistik eine Null vor und zwei nach dem Komma!	Das scheint wirklich wenig zu sein!
Der Wiederverkaufswert (Auto) ist außergewöhnlich hoch, wie Sie den offiziellen Tabellen entnehmen können.	Offiziell? Dann muß es stimmen!
Der Wiederverkaufswert ist sehr zufriedenstellend, wie Sie den Tabellen entnehmen können.	Na ja!?

In NRW haben wir ungefähr 8000 Kunden.	Das sagt mir gar nichts!
In NRW führen ungefähr 8000 Kunden, d.h. 80% aller Fachgeschäfte, unsere Artikel!	Das ist schon beeindruckend!
Gute Verkäufer können max. DM 80–100000 umsetzen.	Mehr ist wohl nicht drin?
Gute Verkäufer machen mindestens DM 80–100000.	Da ist noch viel mehr drin.

Abb. 7: Interpretationen

Wer nur mit dem Scheckbuch zu motivieren versteht, ist „arm" dran. Nur „Dinge" verkaufen ist wenig. Zufriedenheit, gute Gefühle, Glück, Ideale, Selbstachtung, Lebenssinn und -zweck und viel Nutzen „verkaufen" ist besser!

8.3 Motivation

Wirtschaftsmagazine und Zeitungen, Bücher und Seminare sind voll von diesem Schlagwort, wenn es um die Frage geht: Wer motiviert wen und wie, „um etwas zu tun"?

Motivation kommt von motus (lat.) = Bewegung, Antrieb, „daß man etwas Bestimmtes will". Der amerikanische Motivationsforscher Frederick Herzberg sagt: „Motivation ist, was Leute wollen."

Es gibt ein „Bedürfnis" (z.B. Hunger, Durst, Sex, Prestige) und damit einen „Beweggrund", es zu befriedigen, d.h. ein Motiv, das zu einem bestimmten „Verhalten" (Aktion/Tun) führt. Diese Aktion ist entweder Selbstzweck

= primäre, intrinsische Motivation *oder* Mittel zum Zweck = sekundäre, extrinsische Motivation. Über die Art der Bedürfnisse und vor allem auch über die Anzahl sind sich die Psychologen und Motivationsforscher (wie könnte es anders sein) nicht einig! Die Skala reicht von 5 bis 64! Als Praktiker – und damit bin ich gut gefahren – habe ich mich an die Bedürfnisskala von Heinz Goldmann, dem Altmeister der Verkaufspsychologie, gehalten. Er nennt Prestige/Geltung, Sex/Anlehnung, Selbsterhaltung, Gewinn, Neugierde, Bequemlichkeit und Sicherheit als die wichtigsten (Kunden-)Bedürfnisse. Wirtschaftlichkeit, Ästhetik, Liebe, Zweckmäßigkeit und physiologische Bedürfnisse erweitern diese Skala in den drei Bereichen Investition, Konsumgüterindustrie und Dienstleistungsgewerbe.

Selbstverständlich kann die Skala kundenbezogen um andere Bedürfnisse ergänzt werden, oder alles konzentriert sich nur auf ein einziges Bedürfnis: *Herauszufinden, welche Bedürfnisse der Kunde befriedigt sehen möchte und welche Motive ihn zum Kauf bewegen können, ist eine der reizvollsten und wichtigsten Aufgaben für einen Spitzenverkäufer. Auf dieser Klaviatur spielt er meisterhaft (beobachten, zuhören, „zwischen den Zeilen hören", fragen, Schlüsse ziehen). So löst er elegant und gekonnt Kundenprobleme, und er gibt dem Kunden ein ganz besonderes Gefühl, „das Richtige" getan zu haben.*

Wenn ich über Motivation schreibe, fallen mir sofort einige glanzvolle Wissenschaftler ein. An der Spitze Abraham H. Maslow und seine „Bedürfnispyramide".

Er geht davon aus, daß der Mensch zuerst seine physiologischen Bedürfnisse befriedigen muß (A), bevor er sich dem nächsten Bedürfnisabschnitt (B usw.) widmen kann. Die Reihenfolge ist also von A über B, C, D nach E hin zur Selbstverwirklichung!

Interessant ist die Ansicht von Prof. Corell, Giessen. Auch er frönt dem „Pyramidengedanken". Allerdings meint

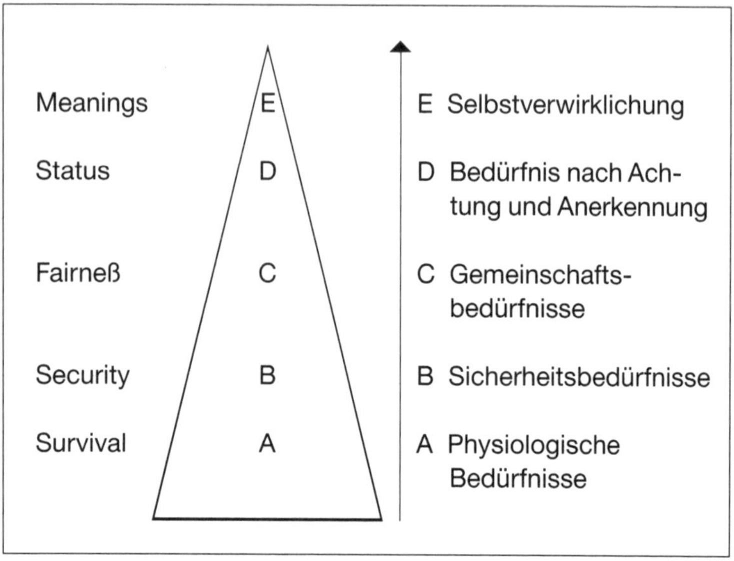

Abb. 8: Maslow-Pyramide

Corell, das Bedürfnis Nr. 1 ist immer das Bedürfnis, das der Mensch gerade befriedigen will.

Ist es befriedigt, tritt an seine Stelle eine neue Nr. 1! Seine Skala umfaßt soziale Anerkennung/Sicherheit, Geborgenheit/Anerkennung, Liebe/Selbstachtung und Unabhängigkeit. Corell sagt: „Der Mensch ist führbar und motivierbar, weil seine Bedürfnispyramide rotiert und nicht statisch ist, und dies wiederum, weil die Motive sich gegenseitig in der Rangfolge ablösen." Das ist sicher eine sehr interessante Überlegung! Natürlich gibt es Befürworter und Ablehner der einen oder anderen Theorie. Der Deutsche Dr. Karl Sanders hat sich mit Maslow genauso kritisch auseinandergesetzt wie mit dessen bekanntem Kollegen Frederick Herzberg und seiner „Zweifaktoren-Theorie". Douglas McGregor wurde bekannt durch „Theorie X – Theorie Y", und der Amerikaner Thorndike machte uns mit dem sog. „Gesetz des Handelns" (Erfolgsmensch/Anerkennungssucher/Sicherheitsmensch) vertraut.

Weitere „Motivationskoryphäen" sind McClelland, Vroom, Porter und natürlich der Nestor der Motivationsforschung, Ernest Dichter, der das Motiv „Sicherheit" als das

„Das Gesetz des Handelns" Verhalten		
(gewinnen) Belohnung (Erfolgsmensch)	**(Anerkennungs- sucher)**	**(vermeiden) Strafen (Sicherheits- mensch)**
1. sucht Wettbewerb	1. ergreift eine Chance, wenn das Risiko nicht zu groß ist	1. vermeidet Risiken
2. geht allein	2. liebt Arbeitsgemeinschaft, kann aber auch allein entscheiden	2. folgt anderen
3. läßt es darauf ankommen	3. schließt Kompromisse	3. wagt nichts
4. probiert das Neue	4. erkennt die Notwendigkeit für Änderungen	4. wählt nur Bewährtes
5. ruheloser Abenteurer	5. neugierig, aber diszipliniert	5. konservativ
6. erneuert	6. hat den Drang, manchmal anders zu handeln als gewohnt	6. paßt sich an
7. leicht optimistisch	7. ausgeglichenes Verhalten	7. leicht pessimistisch

Abb. 9: Thorndike

alles dominierende menschliche Motiv ansieht! Ich nenne diese Namen nur für diejenigen, die sich mit dieser Materie noch weiter beschäftigen möchten. Und ich denke, das sind alle Verkäufer, die *„höher hinauf“* wollen!

Fast hätte ich einen „Neuen“ in der Liste der Motivforscher vergessen. Dr. Reinhard K. Sprenger („Mythos Motivation“) hat mit seinen Ausführungen Wasser auf die Mühle der Skeptiker gegossen, die behaupten, die Möglichkeiten der Motivation sind mehr beschränkt, als gemeinhin propagiert und angenommen wird!

Persönlich habe ich die Erfahrung gemacht: Motivation braucht jeder Mensch, jeder Verkäufer, jeder Kunde. Aber selbstverständlich paßt auch der Allerweltssatz: Motivation ist nicht alles (aber ohne Motivation ist alles nichts)!

Wie motiviert sich ein Spitzenverkäufer?

Bei dieser Frage kommt mir kurioserweise zuerst „der Tenniscrack des Jahres 91, Jimmy Connors“ (39 Jahre jung!), in den Sinn und das, was er in Sachen Motivation zu sagen weiß: **„Es sind die Dinge, die man in sich hat, im Herzen und im Kopf. Die Leidenschaft! Die Pflicht, alles zu geben, wofür man als Profisportler bezahlt wird. Ich mache meine Weste auf und zeige mein Herz. Ich bin hier, um die größte Anstrengung zu unternehmen – dafür bezahlen die Leute.“** (Der HÖRZU entnommen.) „Jimbo“ ist tatsächlich *der* Spitzenverkäufer seiner Zunft! (Also doch kein Kuriosum.)

Jeden dieser bemerkenswerten, überzeugenden, zu Herzen gehenden Sätze hätte auch ein Spitzenverkäufer sagen können! Auch ihn treibt es mit Leidenschaft und gesundem Ehrgeiz zu Spitzenleistungen, um sein Bestes zu geben, zu „siegen“ über sich selbst (wenn's mal nicht läuft) und partnerschaftlich zu „gewinnen“, wenn verkauft wird!

Ein SPV bräuchte an sich keine „Incentives“ (Belohnung dafür, eine bestimmte Sache zu tun), keine Prämien, kein „Aushangschild“, auf dem der eigene Name als Verkaufswettbewerbsgewinner steht, *wenn*, ja, *wenn* der Spitzenverkäufer, von dem man weiß, daß er immer sein Bestes gibt, schlicht und einfach von Anfang an leistungsgerecht, d. h. überragend honoriert würde! Warum haben nur Topmanager sechsstellige Gehälter, während Spitzenverkäufer ihren finanziellen Erfolg aus zig Quellen speisen müssen? Hätte der SPV dieses Supereinkommen, dann könnte ihn – weil er immer *der Beste sein will bzw. sein Bestes gibt* – keine müde Mark mehr zu größeren Leistungen anspornen! Da bin ich mir mit Dr. Reinhard K. Sprenger einig! 99,9 % aller Firmen gehen aber bisher einen anderen Weg. Sie glauben, „je höher die Verkaufstrauben gehängt werden“, um so mehr springt der SPV danach! Ich weiß nicht, ob sich dieses Denken auch ins Jahr 2000 hinein mit Erfolg bei einem Spitzenverkäufer (und nur um ihn geht es!) weiter fortsetzt. Warten wir's ab.

Nach A. Maslow ist ein Spitzenverkäufer „intrinsisch“ motiviert, d. h. seine Motivation ist *die Freude am Erfolg, an der eigenen Leistung, der Spaß* am Verkaufen. Es ist die Herausforderung, zu den Besten zu gehören.

Die Mehrzahl der Verkäufer dagegen „ist extrinsisch“ motiviert, durch „mehr Kohle“ und die Annehmlichkeiten des Lebens, die damit verbunden sind.

Irgendwie ist es schon ein Kuriosum: Ein Spitzenverkäufer ist intrinsisch motiviert, wird aber extrinsisch (durch Fixum, Superprovision, Prämien, Incentives usw.) bezahlt! 75 % *aller* Verkäufer erhalten übrigens ein Fixum und Provision. Wo bleibt da das „Außergewöhnliche“, das „Besondere“ aus der Sicht eines Topverkäufers?

Ein Spitzenverkäufer ist „aus eigenem Antrieb“ motiviert. Ihn trägt, was in seiner Persönlichkeit verankert ist: Selbstvertrauen, Begeisterung, Ehrgeiz, Erfolgswille, hohe Ziele, die Freude am Beruf, an der Aufgabe, am Umgang mit Menschen – und das Wissen: der Beste zu sein! Das läßt seinen inneren Motor laufen und laufen und laufen – auch dann, wenn es im Verkauf einmal „nicht läuft“! SPV werden mit solchen Situationen fertig! Ihr Schlüsselsatz ist: Das nächste Mal gewinne ich! (Abgesehen davon lernt man aus Niederlagen oft viel mehr als aus Siegen.)

Berufserfolge ← Motivatoren → Lebenserfolge

- die „inneren Antreiber und Energien“ (wollen/können/tun)
- hohe, aber realistische Ziele
- verantwortungsvolle, interessante Aufgaben
- Freiheit der Entscheidung
- Zugewinn an Wissen
- die Leistung, das Erfolgserlebnis
- Freunde/Kunden gewinnen
- Lob, Anerkennung, Ansehen, Aufstieg, Macht
- Selbstverwirklichung

„Zusatz-Akku“ und Motivator:

- die intakte Familie
- das zwischenmenschliche Umfeld

Abb. 10: Die Persönlichkeit „Spitzenverkäufer“

Bei diesem Auf und Ab darf die Familie, darf das Privatleben mit all den Dingen, die außerhalb des Berufserfolgs das Leben lebenswert machen, *nicht* vor die Hunde gehen! Eine Erkenntnis, die ich in über 40 Berufsjahren (und glücklichen Ehejahren) gewonnen habe! Und ich kenne SPV, die es auch geschafft haben, Familie und Beruf, Privates und Geschäftliches sinnvoll miteinander zu verbinden! Im Zeichen des sog. Wertewandels, im Zeichen der Sinnsuche, erscheint mir das notwendiger denn je!

Ehrgeiz ist die Unbescheidenheit des Geistes.

Davenant

Ein Ziel ist: der ganze Weg zusammengerollt.

Eklund

9. Ehrgeiz und Ziele

9.1 SPV-Ehrgeiz

Ohne Ehrgeiz, ohne diesen starken inneren Antrieb, ohne den Willen, nach vorwärts zu kommen, Erfolg zu haben, ohne dieses „besondere Elixier", das immer wieder zu neuen Leistungen antreibt, wird nichts Wesentliches erreicht! Fehlender Ehrgeiz ist Stillstand! Was nützt brillantes Fachwissen, wenn der Ehrgeiz fehlt, es bei Kunden engagiert, erfolgsorientiert einzusetzen? Was nützt Verkaufstalent, wenn Wille und Ehrgeiz fehlen, es optimal auszuschöpfen, zu verbessern und zu steigern?

Spitzenverkäufer haben einen gesunden Ehrgeiz. Sie besitzen diesen Antrieb, diesen Energiespender! Sie wollen Erfolg! Heute! Morgen! Immer! Ehrgeizig sein ist eine gute Eigenschaft, solange sie nicht übersteigert, mechanisch und krankhaft ausufert und physische und psychische Schäden hervorruft. Sehr oft ist diese Art von Ehrgeiz die Folge völlig unrealistisch gesteckter Ziele.

9.2 SPV-Ziele

Ziele werden im Kopf geboren, aber auf Papier festgehalten. Das vorab. Selbstverständlich setzt sich ein Spitzenverkäufer im persönlichen Leben und im Beruf hohe ehrgeizige Ziele. Sie bestimmen seinen Erfolg! Sie sind (s)eine große Herausforderung! *Aber*, es müssen gesunde, realistische, mit großer Anstrengung zwar, doch erreichbare Ziele sein, von denen der SPV überzeugt ist, daß sie richtig und wichtig sind und auf einem hohen Anforderungsniveau liegen.

Ein Spitzenverkäufer kann seine Ziele

- beschreiben und definieren,
- kontrollieren,
- erreichen.

Und ein Spitzenverkäufer setzt sich Ziele

- für den Tag und die Woche,
- für den Monat und das Vierteljahr,
- für das Halbjahr und das Jahr,
- für das Leben.

Kein Spitzenverkäufer gibt sich mit dem Allerweltsziel, „im neuen Jahr verkaufe ich mehr und besser", zufrieden. Er gliedert seine Ziele auf in *Maximum-* und *Minimum*ziele. **Maximumziele sind „Wunschziele" die man gern erreichen möchte, Minimumziele sind Ziele, die man erreichen *muß*!** Pendelt sich ein Spitzenverkäufer hier „in der Mitte ein", kann er mit sich zufrieden sein. Natürlich schlüsseln sich die aufgeführten Zielpunkte in „Teilziele" auf. „Der längste Weg beginnt mit dem ersten Schritt" (und keinem 8,94-m-Weitsprung!) ist eine alte chinesische Weisheit. Und ich füge hinzu: **„Besser ein Ziel wirklich erreicht und realisiert, als viele Ziele immer nur angepeilt."**

Zielsetzungen im geschäftlichen Bereich können sein

- Umsatz/Deckungsbeitrag/Gewinnziele (Maximum/Minimum = zwischen DM: X und DM: Y liegt mein DM-Umsatzziel usw.)
- Produktstückzahl-Ziele (artikelklassenbezogene Verbesserungen)

- Kundenkategorie – A- bis C-Ziele (Aktionen, Vertragswesen, Einstufung)
- Großkundenziele (die vom Umsatz über die Kommunikationsverbesserung, langfristige Verträge usw. gehen können)
- Einzelauftragsziele
- Einzelkundenziele (bei dem Kunden will ich ...)
- Neukundengewinnung
- Kundensicherungsziele
- Weiterbildungsziele (Taktik und Technik/Produktwissen/Marketing, BWL, Key-Account-Manager-Seminar usw.)
- Kundenproblemorientierte Ziele
- Kundenfluktuation (Vermeidung)
- Verbesserung des gesamten Verkaufsgesprächs
- „Wie kann ich meine Zeit besser nutzen"-Ziele
- Organisatorische Ziele
- Marktbeobachtungsziele
- Persönliche Entwicklungs-/Aufstiegsziele
- Informationswesen, (Verbesserungs-)Ziele

Beispiel 1
Ist-Stand:
Wichtiger A-Kunde, kauft aber beim Wettbewerber für ca. 5 Millionen/Jahr; Einkäufer ist kompetent, aber sehr schwierig und aalglatt; scheint mit dem Wettbewerber (Fa. Sch.) verheiratet, evtl. „geschmiert"?

Wunschziel: Erreichen, daß der Einkäufer uns als Alternative bzw. Zweitlieferanten annimmt.

Gesprächsziel: Einladung zu einer Werksbesichtigung durchdrücken.

Vorgehen (nach der Begrüßung):

SPV: „Als ich mich auf unser Gespräch vorbereitete, habe ich mich gefragt, was machen wir, was mache ich nur falsch, daß wir in Ihrem Hause einfach nicht zum Zuge kommen, Herr K.?"

K (lächelt): „Nichts! Sie machen nichts falsch. Sie geben sich alle Mühe, aber unsere Orientierung geht eben in eine andere Richtung. Wir arbeiten mit Ihrem Wettbewerber zusammen, das wissen Sie ja!“

SPV: „Die Fa. O. kann sich glücklich schätzen, mit Ihrem Haus verheiratet zu sein!“

K: „Verheiratet sind wir nicht. Aber zufrieden!“

SPV: „Gestatten Sie mir eine offene Antwort, Herr K.? Wir drehen uns immer nur im Kreis, denn wann immer ich Sie konkret frage, warum Sie zufrieden sind, weichen Sie mir aus. Warum eigentlich?“

K: „Finden Sie nicht, daß Sie jetzt versuchen, mich unter Druck zu setzen, mein Lieber?“

SPV: „Um Himmels willen: Das wäre das Dümmste, was ich tun könnte! Nein, Herr K. Das will ich auf keinen Fall. Ich bitte Sie nur, mir zu sagen, was Sie konkret an der Leistung der Fa. Sch. so besonders gut finden. Wie soll ich Ihnen sinnvolle Alternativen anbieten, wenn ich diese Fakten nicht kenne?“

K: „Es genügt doch, wenn ich sie kenne!“

SPV: „Ich hatte noch nie die Gelegenheit, Ihnen unser Programm wirklich detailliert und vor allem problembezogen vorzustellen.“

K: „Ich kenne es doch!“

SPV: „Durch mich? Durch wen? Das ist ja mein Ziel, Ihnen unsere Produkte in aller Ruhe einmal vorzustellen und zu prüfen, inwieweit unsere Lösungsmöglichkeiten nicht doch Ihre Wünsche erfüllen und die Probleme noch besser lösen, als das der Wettbewerber kann!“

K: „Sie sind wirklich zäh, das kann ich Ihnen bestätigen!“

SPV: „Danke für das Kompliment! Ich wünsche mir nur, die Zähigkeit führte auch bei Ihnen zu einem Erfolg.“

K: „Tja, das ist natürlich wieder eine andere Frage.“

SPV: „Apropos Frage. Würden Sie eine persönliche Einladung in unser Haus durch unseren Geschäftsführer Dr. L. rundherum ablehnen, Herr K.?"

K: „Ach, wissen Sie, ich frage mich, ob das für Sie oder Ihre Geschäftsleitung etwas bringt, Herr V.?"

SPV: „Ihr Besuch bei uns bringt in jedem Fall etwas, denn Sie lernen uns besser kennen, und Herr Dr. L. freut sich wirklich auf Ihren Besuch! Das ist keine Floskel! Hier ist sein persönliches Schreiben an Sie. Er ruft Sie direkt an, um einen Termin mit Ihnen abzustimmen, und ich hole Sie dann ab. Einverstanden?"

K: „Aber ich sage Ihnen jetzt schon, das wird nichts an meiner Haltung ändern."

SPV: „Natürlich! Wir erwarten es nicht, aber wir erhoffen es! Das können Sie auch verstehen, Herr K."

K (lächelt): „Was bleibt mir anderes übrig?"

Beispiel 2
Ist-Stand:
Guter A-Kunde hat den Innendienst angerufen, und sich reichlich unpräzise, aber dennoch massiv „über alles mögliche" beschwert. Im späteren Gespräch stellte sich heraus, es handelte sich um eine Produktreklamation, Ärger mit dem Liefertermin und drittens um ein „tolles" Konkurrenzangebot. Viel auf einmal also!

Ziel: Verkäufer will im persönlichen Gespräch sofort klären, was konkret die Ursache(n) der Unzufriedenheit ist, nach Möglichkeit sofort Abhilfe schaffen und neues Vertrauen aufbauen.

(Nach der Begrüßung)

SPV: „Ich bedaure sehr, Herr K., daß Sie mit uns unzufrieden sind, denn es liegt nicht nur mir persönlich viel daran, gerade Sie als bisher so zufriedenen Kunden, nicht zu verärgern."

K: „Mit Ihnen persönlich hat das nichts zu tun!"

SPV: „Gott sei Dank, aber ich stehe auch für meine Firma! Bitte würden Sie mir genau sagen, was die Ursache ... (lächelt) – ich hoffe, es gibt nur eine – (Kunde schüttelt den Kopf) Ihrer Verärgerung ist?"

K: „Es sind mehrere Gründe, Herr V."

SPV: „Mehrere Gründe?"

K: „Ja, leider! Erstens: Ihr liefert nie pünktlich!"

SPV: (will antworten)

K: „Unterbrechen Sie mich jetzt nicht! Zweitens: Der Wettbewerber hat uns jetzt, nachdem wir bei Ihnen wieder gekauft haben, ein neues lukratives Angebot gemacht und drittens ..."

SPV (lächelt): „Um Himmelswillen, das ist ja ein richtiger Anklagekatalog!"

K (ignoriert): „Drittens, Herr V., haben wir gerade heute das erste Reklamationsschreiben von einem unserer Kunden wegen Ihres Produkts bekommen!"

SPV: „Also jetzt kann ich Ihre Verärgerung noch mehr verstehen, Herr K. Aber ich verspreche Ihnen, diese Reklamation wird sofort von mir bearbeitet. Darf ich eine Fotokopie des Kundenschreibens haben, dann setze ich mich mit ihm sofort in Verbindung."

K: „Tun Sie das schnell, und halten Sie mich auf dem Laufenden!"

SPV: „Selbstverständlich! Sie wissen, unser Bauteil wird von anderen Firmen verlegt. Von deren Zuverlässigkeit und Sorgfalt sind wir natürlich auch abhängig."

K: „Ja, trotzdem ..."

SPV: „Unsere Reklamationsstatistik der letzten drei Jahre zeigt zweifelsfrei, daß es sich in 99,98 % aller Fälle um reine Verlegefehler handelt. Unsere direkte Reklamationsquote ist praktisch bei Null. Und darauf sind wir sehr stolz!"

K: „Das habe ich nicht gewußt! Trotzdem ..."

SPV: „Wir hatten ja auch bisher noch keine Reklamation bei

Ihnen gehabt, Herr K. Kennen Sie die Verlegefirma des Kunden?“

K: „Leider nein!“

SPV: „Das macht nichts. Darf ich dann diesen Fall vorläufig abhaken? Ich melde mich sofort bei Ihnen, sobald ich genau weiß, ob wir – was ich nicht annehme – oder die Verlegefirma einen Fehler gemacht hat!“

K: „O.K. Aber was mich noch viel mehr stört, ist dieses neue Angebot Ihres Wettbewerbers und dieser tolle Preis.“

SPV: „Gestatten Sie mir dazu einige Fragen?“

K: „Bitte.“

SPV: „Erstens: Wer ist der Wettbewerber? Haben Sie das ‚tolle‘ Angebot schriftlich vorliegen – und darf ich es dann sehen? Drittens ...“

K: „Ein bißchen viel auf einmal, finden Sie nicht?“

SPV: „In jedem Fall ist doch sehr interessant, daß dieser Wettbewerber, – Sie sagen mir noch wer es ist, – Ihnen ein Angebot gemacht hat, erst nachdem wir von Ihnen den Auftrag erhalten hatten. Sie sagten damals, und daran erinnere ich mich noch im Wortlaut: Ich habe auch Angebote des Wettbewerbers vorliegen! (sieht dem Kunden mitten ins Gesicht)

Und ich unterstelle, dieser Mitbewerber hatte Ihnen schon damals ein Angebot gemacht, hab' ich recht, Herr K.?“

K: „Langsam! Langsam! Sie erdrücken mich ja mit Ihren Fragen!“

SPV: „Entschuldigung! Aber es stimmt doch?“

K: „Es kann Ihnen doch gleichgültig sein, wer der Konkurrent ist. Hauptsache ist doch, was er uns anbietet!“

SPV: „Natürlich würde ich auf Ihrem Stuhl genauso argumentieren! Aber es ist doch so, Herr K.: Sie arbeiten jetzt schon rund drei Jahre erfolgreich mit uns zusammen. (Blickkontakt) Ist das richtig, Herr K.?“

K: „Na ja … So richtig …“

SPV (lacht): „Danke! Wir hatten in dieser Zeit weder eine Produktreklamation noch jemals irgend eine Liefertermin-Schwierigkeit! Bis auf dieses eine mal jetzt. Und darüber sind Sie natürlich zu Recht enttäuscht.“

K: „Natürlich bin ich das, denn es handelt sich um einen neuen Kunden von uns. Und gleich beim ersten Auftrag diese Panne!“

SPV: „Gestatten Sie mir, daß ich mit Ihrem Kunden rede und ihm erkläre, wer der wirklich ‚Schuldige‘ ist, und warum?“

K: „Nein, danke. Wir haben das schon einigermaßen wieder zurechtgebogen. Aber das darf nicht noch einmal passieren, sonst gibt's wirklich Ärger!“

SPV: „Sie haben völlig recht. Das darf wirklich nicht noch einmal passieren. Aber dafür verbürge ich mich! Der Fehler lag auch bei mir. Ich hätte mich einfach mehr um den Auslieferungstermin kümmern müssen! Und ich …“ (Kunde unterbricht)

K: „O.K.! Aber was ist nun mit dem Preis? Die Angebotssache ist noch nicht geklärt!“

SPV: „Frei heraus, Herr K.: Ich denke, daß dieses nachgelieferte Angebot ein billiger Trick des Wettbewerbers ist. Es ist doch die Fa. G., nicht wahr?“

K: „Ja, das stimmt!“

SPV: „Dieser Trick um den Kunden zu verunsichern, nachdem das Rennen gelaufen ist, d. h. jetzt ein anderes Angebot abzugeben, ist nicht neu! Nageln Sie doch einmal den Kunden auf sein „tolles“ Angebot fest … (innerlich denkt der Verkäufer – hoffentlich macht er das nicht, denn es könnte ja sein …)“

K: „Das sollte ich wirklich tun!“

SPV: „Sie haben unseren optimalen Preis in Verbindung mit den Service-Leistungen und dem Nutzen, den wir Ihnen zu bieten haben, erhalten. Auch dafür verbürge ich mich! Natürlich können wir Ihnen bei anderen Abnahmemengen oder einem langfristigen Kooperationsvertrag auch noch andere Konditionen einräumen. Soll ich Ihnen hier einmal einen Vorschlag ausarbeiten?"

K: „Das können Sie gerne tun! Unverbindlich, versteht sich!"

SPV: „Ansonsten kann ich Ihnen versichern, daß keiner unserer Kunden gleicher Größenordnung einen besseren Preis erhält. *Keiner!*"

K: „Also wenn Sie einen neuen Auftrag wollen, dann muß die Preisfrage neu diskutiert werden!"

SPV: „Liegt denn schon ein neuer Auftrag für uns vor?"

K (lacht): „Sie sind ganz schön unverschämt, Herr V."

SPV (lacht ebenfalls): „Sie wissen ja, Herr K., die Braven kommen nicht weit, und das wollen wir ja beide im Interesse unserer Firmen: weit kommen! Nicht wahr, Herr K.?!"

K: „Richtig! Also machen Sie mir mal dieses neue Angebot, dann sehen wir weiter."

SPV: „Sie haben es morgen auf Ihrem Schreibtisch liegen, Herr K!"

Wer Ziele verbissen und „verbiestert" angeht, scheitert! Wer reine Leistungsziele ausschließlich im Kopf hat und sich dabei konstant unter gnadenlosen Druck setzt und andere Ziele (geistige, soziale, physische, psychische) völlig vernachlässigt, wird frustriert – oder seine Umwelt wird es! Das Leben ist nicht nur exklusiv Beruf und Arbeit. Beides kommt dann voll zur Entfaltung, wenn man sich auch noch andere Ziele in anderen Lebensbereichen setzt!

Die Idee ist ein dingfest gemachter Gedanke.

Wenn Ideen wählen könnten, dann würden sie sich manchmal andere Köpfe wählen, die sie ausdenken.

10. Kreativität und Ideen

Ein Verkäufer ohne Einfallsreichtum, ohne Ideen, ohne Kreativität ist wie die Suppe ohne Salz, ein Braten ohne Gewürze, fade, langweilig, kein „Neugierigmacher", kein „Appetithappen", kurz: phantasielos, mittelmäßig.

Kreativität ist die Fähigkeit, phantasievoll über den Tellerrand hinauszusehen, produktiv neue Gedanken zu fassen und das Ergebnis dieses Prozesses in eine bestimmte attraktive Form zu kleiden.

Dabei geht es keineswegs um große, geniale, die Menschheit „erschütternde" Ideen, sondern schlicht um **„Einfälle" fürs Verkaufsgeschäft**:

- die ein bestimmtes Kundenproblem lösen helfen,
- eine knifflige Gesprächssituation phantasievoll meistern,
- bei der Gesprächseröffnung (oder generell) einen geschickten Überraschungseffekt (Aha-Effekt) liefern,
- Pfiffigkeit, Witz, Charme und Humor einfallsreich vor die Routine setzen,
- den Kunden neugierig machen (welche Überraschung hat er heute wieder parat?),
- für eine originelle Verkaufsförderungsaktion beim Kunden sorgen,
- eine verblüffende „Aufmerksamkeit" (Motto: Kleine Geschenke erhalten die Freundschaft.) parat halten,
- einen besonderen Gag (Gags!) bei der Produktdemonstration präsentieren,
- einen gelungenen Geschäftsbrief mit Aha-Effekt, einen

besonders griffigen Argumentationskatalog/Fragekatalog formulieren,
- neue Ideen zur Verbesserung der Einwandstechnik für wirkungsvolle Kundensicherungsprogramme einbringen,
- Preisverteidigung und Abschlußtechnik entwickeln,
- und jetzt muß es gestattet sein, „usw. usw." zu sagen!

Wer Ideen produzieren und Probleme lösen will, muß nachdenken, umdenken, vorausdenken, reflektieren, überlegen und immer wieder *denken*.

Denken in Ursache und Wirkung durch die Fragen warum – weil (weshalb – deshalb) = kausales Denken.

Denken in Zielen und Voraussetzungen, wozu-womit (wofür-um zu) = finales Denken.

Denken in Bedingungen und Folgen, wenn – dann = konditionales Denken.

Und vergleichend Denken, wieso – so = komparatives Denken.

Natürlich beeinflussen Emotionen, Vorurteile, Stereotype, besondere Motive das Denken = führen zu Denkfehlern.

Wer Ideen produzieren und Probleme lösen will, muß auch Hypothesen (Annahmen) aufstellen und heuristische Prinzipien (Heuristik = Findekunst) einsetzen. Dazu gehören die Analogie, die Kombination, die Abstraktion, die Assoziation und die Aufgliederung.

Manchmal ist auch der Kunde ein „Ideen-Koproduzent". Er formuliert zwar selten einen direkten Vorschlag (Idee), sondern er verpackt ihn z.B. in eine kritische Bemerkung: „Warum haben Sie eigentlich in der Preisklasse C keine Ware ..." „Diese Lösung trifft denn nicht den Punkt ..." „Mir ist aufgefallen, daß Sie hier nichts anbieten ..." „Könnten Sie nicht auch wie Ihr Wettbewerber ..." Das sind Einleitungen, an die sich oft Gedanken und Ideen anschließen, die für das eigene Haus nützlich sein können. Enthalten Sie sich allerdings jeder Bewertung! Sie wissen: Zwischen einer Idee und der Ausführung liegen Welten! „Das ist interessant, was Sie hier sagen ...“, „Das ist nachdenkenswert“, mehr sollten Sie nicht sagen. Lassen Sie im Unternehmen prüfen, ob die Kundenidee realisierbar ist! Gleichgültig wie der Fall ausgeht: **Kreative Kunden sollte man ruhig um „Rat/eine Idee“ fragen! Das schmeichelt ihnen und nützt Ihnen!**

Ideen muß man sammeln und zur gegebenen Zeit auswerten – oder wegwerfen. Einfälle produzieren Sie (unbewußt) tagtäglich. Da schießt Ihnen ein neues Argument durch den Kopf. Da fällt Ihnen aus heiterem Himmel plötzlich eine unerhört wirkungsvolle Formulierung gegen einen Kundeneinwand ein. Auf dem Parkplatz, mittags beim Brote essen, haben Sie eine gute Produktidee, und auf der Fahrt zum Kunden geht Ihnen ein dufter Werbeslogan durch den Kopf. Und am Abend haben Sie die meisten „guten Einfälle“ wieder vergessen! Ich habe jede Idee, die mir einfiel – *ohne* Wertung –, einfach auf mein kleines Diktaphongerät gesprochen und abends dann schriftlich festgehalten.

Alle Ideen wandern dann in den **„Ideenkasten“, der nach Sachgebieten geordnet ist** (hier nur ein Auszug): Gesprächsvorbereitung/-eröffnung/Motivation/Aha-Effekte und Gags/Fragekatalog/Argumentation/Einwandsbekämpfung/Preise und Verteidigung/Abschluß/Kundengeschenk und Formulierungen/Brieftechnik/Planung allgemein/Verhandlungstechnik und -taktik/Organisatorisches/Markt/Marketing/Betriebswirtschaft/Wettbewerb/Small talk/Geburtstage/Kundenauszeichnungen / Humor / Kundenhobby / Rhetorik / Schulung und Weiterbildung/Sonstiges usw. usw. **Der Ideenkasten ist häufig der Futternapf für neue, bessere Ideen. Man muß nur mit diesem Instrumentarium richtig zu spielen wissen.** Natürlich gibt es auch zum Thema „Kreativitätstechniken/Ideenfindung“ nützliche, hilfreiche Bücher, die in keinem SPV-Bücherschrank fehlen sollten!

Interessant ist abschließend noch, **wie *kreative Menschen* beschrieben werden**:

- Sie sind selbstbewußt, positiv eingestellt, offen,
- unkonventionell, neugierig und kritisch, auch selbstkritisch,
- nicht autoritätsgläubig, Individualisten,
- sie fragen, auch wenn sie damit „Unwissenheit" zeigen,
- sie haben Humor, Durchsetzungsvermögen,
- sind Nonkonformisten, risikofreudig,
- Miesmacher schrecken sie keineswegs,
- sie sind unerhört begeisterungsfähig,
- sensibel, zeigen Gefühle und Emotionen,
- sie sind tolerant und verantwortungsbewußt
- und zäh im Verfolgen ihrer Ziele.

Na, wenn das keine klassischen „Spitzenverkäufereigenschaften" sind!

Nicht wissen ist nicht schlimm, schlimm ist nur, nicht wissen wollen.
Chinesische Weisheit

Wissen ist ein Schatz, der seinen Besitzer überallhin begleitet.
Chinesische Weisheit

11. Ein Spitzenverkäufer weiß viel (Allgemeinwissen/Fachwissen)

In der Schule wurden Sie mit dem Spruch konfrontiert, manchmal auch traktiert: „Non scholae sed vitae discimus“ – Nicht für die Schule, sondern für das Leben lernen wir! Und wenn es Ihnen auch auf den Wecker geht, liebe Leser, wiederhole ich nochmal die Binsenweisheit: „Man lernt, solange man lebt (= verkauft) und verkauft (= lebt), solange man lernt.“

Ein Spitzenverkäufer beherrscht nicht nur sein ureigenstes Metier, den Verkauf und alles, was damit zusammenhängt, sondern er weiß auch viel über „Gott und die Welt“. Dabei möchte ich gleich einschränken: Religion und Politik haben nach meiner festen Überzeugung in einem Verkaufsgespräch nichts zu suchen! Es sei denn, ein Verkäufer übernimmt eine „Chamäleonrolle“ und paßt sich jeder Richtung und Gesinnung an! Persönlich finde ich eine solche Haltung widerlich! Und weil das so ist, bin ich mit der stereotypen Bemerkung immer gut gefahren: **„Religion und Politik sind in einer Verkaufsverhandlung absolutes Tabu! Da gibt's wichtigere, kundenorientierte Themen!“**

„Über die Welt“, das heißt, über eine sehr gute gediegene Allgemeinbildung *muß* ein Spitzenverkäufer verfügen, ohne ihn deswegen sofort wieder zum „Alleswisser und -könner“ hochzustilisieren, wie das in so manchen Büchern immer wieder zu lesen ist (leider). Sie merken, verehrte Leser, ich wehre mich einfach dagegen, aus einem Spitzenverkäufer einen „Examinator“ oder einen „James Bond des Verkaufs“

zu machen, der mir auch *nie* begegnet ist. Nebenbei bemerkt: Etwas nicht zu wissen ist keine Schande. Es ohne Wenn und Aber sich und anderen (auch dem Kunden!) einzugestehen, ist viel sympathischer und schafft mehr „Freunde“ als das Rudern nach fadenscheinigen Erklärungen, Ausflüchten und Pseudogelaber.

Zur Allgemeinbildung gehören natürlich die „Benimmregeln“ bis hin zur „Kleiderordnung“ (Shakespeare, um nicht immer nur Goethe zu zitieren, sagte dazu: „Die Kleidung wie's dein Beutel kann, doch nicht ins Grillenhafte, Reich, nicht bunt, denn es verkündet oft die Tracht den Mann“. Wenn das nicht ein wunderbarer Verkäufer-Kleidungstip ist, welcher dann?) und den wichtigen Stationen des Wissens über Fragen der Kultur, Geschichte, Wissenschaft, Technik, Sport, Kunst usw. Ein Spitzenverkäufer weiß sich auch in solchen Fragen „zu Hause“, kann mitreden und scheut sich nicht zu fragen, wenn er etwas nicht weiß.

Der Herr Geheimrat weiß auch hier „Tiefschürfendes“ zu sagen: „Zwar weiß ich viel, doch möcht ich alles wissen.“ Das dient praktisch als Aufforderung, sich immer weiter zu bilden!

Nur dumme Verkäufer treten als „eitle Plaudertasche“ auf, um mit ihrem Wissen Eindruck zu schinden. „Dezent“ zu zeigen, daß man auch in vielen anderen Bereichen zu Hause ist, das beeindruckt einen Kunden, auf den „Putz hauen“ nicht!

Die meisten Verkaufsgespräche sind eine Mischung aus Fach-/Sachthemen *und* „Geplauder“, Geplauder (oder Small talk), das unter Umständen nützlicher sein kann als rein „Fachliches“, wenn der Kunde sich öffnet – und über sich, seine Wünsche, Ziele, Probleme usw. spricht. Ein Spitzenverkäufer allerdings weiß genau, wann das „Geplauder“ ihm Nutzen bringt und wann nicht, daß heißt, wann er das Gespräch wieder in die Hand nehmen und in Richtung „Auftrag“ weitertreiben muß!

Natürlich gibt es auch Kunden, die nach dem Motto handeln: Time is money! Der Small talk ist out! Sie operieren mit der Masche: „Ich geb' Ihnen ... Minuten Zeit, in der Sie mir alles Wissenswerte über Ihr Produkt sagen können!" Und umgekehrt kennen geschulte Einkäufer auch den Verkäufertrick: „Ich brauche zehn Minuten, um Ihnen den Nutzen und die Vorteile meines Produktes für Ihr Haus vorzustellen!"

Für einen Spitzenverkäufer ist selbstverständlich: alles, aber auch wirklich alles über das eigene Produkt (über das des Wettbewerbs), über seinen Nutzen und seine Vorteile und über die Bandbreite der Einsatzmöglichkeiten zu wissen. „So viel wie möglich" über den Kunden als Mensch und Partner zu wissen ist genauso wichtig wie das Wissen um seine Bedürfnisse und Probleme, die im Zusammenhang mit dem angebotenen Produkt stehen! Und es ist darüber hinaus wichtig, möglichst „auf allen Ebenen" mit dem Kunden kommunizieren zu können, vor allem was seine Neigungen und persönlichen Interessen angeht! Wissen ist Macht!

Beispiel 1
Ich hatte einem Wettbewerber seinen besten Verkäufer „abgeworben". Das war zwar nicht „die feine englische Art", aber gerade von dort kommen ja die „Headhunter", die uns das vorexerzieren. Als ich nach dem Vertragsabschluß mit meinem neuen AD-Mitarbeiter essen ging, da wünschte ich mir danach, daß – frei nach Bert Brecht – „zuerst das Fressen" vor dem Vertragsabschluß gekommen wäre. Herr M. hatte so schlechte Tischmanieren, daß ich meinem sechsjährigen Sohn heftig Abbitte leistete.

„Ich halte nicht viel vom Essengehen mit Kunden", erzählte er mir beiläufig, „das ist Geldverschwendung." Obwohl ich seinem Argument nicht folgen konnte, war ich dem Himmel dankbar, daß er so dachte! Er hatte nicht nur in Sachen „Tischmanieren" Lücken, sondern auch in der Allgemeinbildung! Ich versuchte, ihm so taktvoll wie möglich beizubringen, daß er – da und dort – noch „Nachholbedarf" hatte. Er reagierte beleidigt, versprach aber Besserung! Nach Monaten lud er mich zum Essen ein. Formvollendet demonstrierte er, was er auf einem „Benimmlehrgang" gelernt hatte. Überhaupt ließ er keine Möglichkeit aus, sich weiterzubilden! Heute sitzt er auf einer Vorstandsetage.

Beispiel 2
„Ein äußerst zugeknöpfter, sehr wichtiger A-Kunde", so erzählte mir auf einem Seminar ein SPV, „erwähnte beiläufig, ein großer Anhänger klassischer Musik und ein Mozartfan im besonderen zu sein. Die klassische Musik allgemein und auch Herr Mozart interessierten mich wenig. Ich war Jazzer! Aber ich erfuhr durch die Sekretärin des Einkäufers, daß ihr Chef sich bestimmt aufgeschlossen geben würde, wenn es gelänge, neben dem fachlichen Teil auch die Neigung des Chefs ‚fundiert' anzusprechen. Ich habe mir Bücher über klassische Musik und vor allem über Mozart besorgt und natürlich auch Schallplatten angehört. Meine Frau", so der SPV weiter, „verstand zwar die Jazzwelt nicht mehr, aber sie verstand natürlich, daß es hier um den Einstieg bei einem hochinteressanten Kunden ging! Um es kurz zu machen, heute bin ich auch ein Freund klassischer Musik, und der Einstieg mit Hilfe von W. A. Mozart bei dem Kunden ist mir auch gelungen!" *Man muß eben in manchen Fällen auch den „richtigen Ton" als Schlüssel zum Herzen eines Kunden finden.*

III. Wie ein Spitzenverkäufer an Kunden verkauft

Ein Kunde ist ein Mensch, der nie Zeit, Bedarf und Geld hat, und wenn, dann bei einem anderen Lieferanten kauft. Und genau diesen *Kunden will ich überzeugen und gewinnen.*
Ein ehrgeiziger Seminarteilnehmer

Der ideale Mensch fühlt Freude, wenn er anderen einen Dienst erweisen kann.
Aristoteles

Erinnern Sie sich noch an „MPM“? Dann wissen Sie: An sich ist jeder Kunde unverwechselbar, praktisch ein ureigener „Typ“. Und dennoch: Manche sind „gleicher“, d.h. ähneln sich, sind vergleichbar miteinander!

Man kann sie in Kategorien einteilen. Die „Liebenswürdig-Höflichen“ zum Beispiel in die Kategorie A, alle „Jasager“ in die Kategorie B usw. **Das Ergebnis ist ein „Kundentypenkatalog“, der das „Menschliche“, die Verhaltensweise, das Charakteristische eines Kunden festhält.**

„Charakteristisch“ bei einem Kunden ist, wenn sich bestimmte Eigenschaften konstant wiederholen.

In modernen Unternehmungen sind diese personenbezogenen Daten zusammen mit sonstigen Firmendaten in einer „Kundendatenbank“ gespeichert.

Ich kenne allerdings etliche Verkäufer, die kein Freund datengespeicherter Kundeneigenschaften sind. Sie meinen, das Wissen über den Kunden als Mensch sei nur beim Verkäufer allein gut aufgehoben. Gleichgültig, wie man darüber denkt: „Eigenschaften“ können durch Augenblicksereignisse stark beeinflußt werden und zu einem anderen Verhalten führen, als der Verkäufer es bisher vom Kunden gewohnt war! Ein Finanzamtsbescheid, eine gesalzene unerwartete Rechnung, der abrasierte Kotflügel auf der Fahrt ins Büro, Ärger mit dem Chef usw.

Und in eine solche „gespannte“ Lage platzen Sie dann hinein als Verkäufer!

Fazit: Bei jedem Kundenbesuch muß der Kunde wieder „neu“ beobachtet, „neu“ beurteilt, „neu“ behandelt werden, weil Tageseinflüsse das an sich dem Verkäufer vertraute Verhalten verändern können.

Neben vielem anderen ist auch das einer der faszinierenden Punkte im Verkäuferdasein. Nichts ist Gleichmaß, nichts Routine! Alles ist im Fluß! Alles kann sich täglich verändern, wird zum Neuland! Immer wieder! Und genau hier zeigt ein Spitzenverkäufer seine Fähigkeit, flexibel auf Veränderungen in der Sache oder beim Menschen „Kunde“ zu antworten! Er besitzt die Eigenschaft, sich Veränderungen, egal welcher Art, schnell und gekonnt anpassen zu können. Er kann sich auf den „Stuhl des Kunden setzen“ und Ärger, Enttäuschung, Unmut und Sorgen des Kunden nachempfinden. Er versteht, was der Kunde „zwischen den Zeilen“ sagt. Er sieht in der Gestik und Mimik, in der Körpersprache des Kunden, die momentanen „Veränderungen“ gegenüber seinem charakteristischen Verhalten. Die SPV-Antennen (zuhören, sehen, fühlen, spüren, riechen) sind ausgefahren! Spitzenverkäufer sind feinfühlige Menschen.

Aber Spitzenverkäufer sind eben „nur Menschen“ und machen auch Fehler! Alles andere wäre blauäugig. Und Checklisten sind gute Helfer, damit nichts vergessen wird, was wichtig ist, wichtig für den „Umgang mit Kunden“.

1. Checkliste

„Kunden-Umgangsregeln“

- *Das Gespräch beginnt schon vor dem Gespräch*

Die gute Vorbereitung ist mitentscheidend für den erfolgreichen Ausgang eines Gesprächs.

- *Blickkontakt*

Beobachten, kommunizieren, den Kunden hypnotisieren, suggerieren.

- *Positive Grundhaltung*

Was immer der Kunde für ein Typ ist und egal, welches Verhalten er an den Tag legt: Die SPV-Haltung ihm gegenüber ist *positiv*! Der SPV signalisiert dem Kunden: Ich mag dich! G. Keller sagt: „Wer Menschen für gut hält, wertet sie auf!“ Lächle – und die Welt lächelt zurück!

- *Aktiv zuhören*

Auch das ist eine von mir vielzitierte Binsenweisheit, auf die immer wieder hingewiesen werden muß! Ich kenne kaum einen Einkäufer, der nicht den Mangel an „Zuhörfähigkeit bei Verkäufern“ beklagt!

- *Hilfen geben*

Es gibt Kunden, die suchen (meist „versteckt“) Unterstützung und Hilfe oder Bestätigung beim Verkäufer! Ein Spitzenverkäufer fühlt das, ist darauf sensibilisiert. Er ist Freund und Helfer und hat Verständnis für die Lage des Kunden, der unter Erfolgsdruck steht wie er selbst. Darum bestärkt er den Kunden darin, die richtige Entscheidung getroffen zu haben, wenn es um den Auftrag geht. Er liefert ihm flankierend unterstützende Argumente für seine Entscheidung.

„Hilfen geben" heißt aber auch nichts anderes als „immer für den Kunden da sein!" Ihm *dienen*!

- *Der „Partner" Kunde*

Jeder Kunde verdient menschlichen und partnerschaftlichen Respekt, verdient Achtung! Freundlichkeit, Sympathie und ein aufmerksames Verhalten strahlen auf den Verkäufer zurück. Partnerschaft setzt Selbstbewußtsein und ein vorurteilsloses, tolerantes Verhalten voraus. Und Partnerschaft schließt Zielstrebigkeit, Zähigkeit und standhaftes Verhalten genauso ein wie Geduld!

- *Begeisterung und Charme*

Das sind zwei überragende Wirkungsmittel, die ein Spitzenverkäufer mit „begeisterndem Charme" oder „charmanter Begeisterung" einzusetzen versteht. Wohldosiert! Wohltemperiert!

- *Verkaufsrhetorik*

Die Fähigkeit ist dazu da, Menschen zu überzeugen und zu gewinnen! Sie ist nicht dazu da, Menschen mit Worten zu erschlagen! Verkaufsrhetorik muß immer auf den betreffenden Kunden „abgestimmt" sein!

- *Vertrauen und Offenheit*

Ohne Kundenvertrauen läuft nichts! Damit ist eigentlich alles gesagt! Ein Verkäufer wird nicht (nur) an dem gemessen, was er sagt, sondern nur an dem, wie er handelt! Offenheit nimmt ein Spitzenverkäufer wörtlich! Ohne blauäugig oder naiv zu sein, macht er, wenn es der Entwicklung des Gespräches nützt, auf Schwächen im eigenen Angebot aufmerksam. Er ist auch offen, was Komplimente angeht. Seine „Liebenswürdigkeiten" sind ehrlich gemeint! Aufgesetztes, Übertriebenes, Schleimiges, das ist nicht sein Fall! Ein SPV verzichtet auf kumpelhaftes, distanzloses Schulterklopfen.

Das schafft mehr Freunde als falsche, unehrliche „Verbrüderungen"!

● *Kompetenz haben und zeigen*

Ein Spitzenverkäufer ist für seine Kunden *der* kompetente Fachmann mit großer Entscheidungsbefugnis. Sein Wort gilt! Gleichgültig, ob es sich dabei um Preisfragen, Lieferfragen oder ... oder ... handelt: Der Kunde weiß, was ein Spitzenverkäufer sagt, ist verbindlich und bedarf keiner laufenden, nervtötenden Rückfragen und Rückversicherungen. Das erleichtert auch dem Kunden *seine* Entscheidungen!

● *Gefühl und Verstand*

Ein Spitzenverkäufer „fühlt", wann er den Verstand ansprechen muß, und ist „rational" klug genug, oft an Gefühle des Kunden zu appellieren!

Bei so manchem angeblichen „Verstandesmenschen" (der das auch noch mit Nachdruck immer wieder betont!) ist es besonders reizvoll herauszufinden, was ihn zum „Bauchmenschen" machen kann! Ein Spitzenverkäufer versteht zu „verbalisieren", d.h. er versteht, was „gemeint", nicht was gesagt wurde!

● *Humor*

„Humor ist der Knopf, der verhindert, daß einem der Kragen platzt", meint Ringelnatz. Humor ist eine schlagkräftige, aber nicht verletzende Waffe, die aus dem Herzen (nicht aus der Leber!) kommt. Man kann nicht „in Humor machen", und der „Witzeerzähler" beweist damit noch lange nicht, Humor zu besitzen. Humor ist auch die Kunst, sich über sich selbst lustig zu machen, sich nicht wichtig zu nehmen, sondern einfach „wichtig zu sein"! Wer Humor besitzt, kann, in ein Lächeln verpackt, dem Kunden diese oder jene (auch unangenehme) Wahrheit sagen. Humor und Taktgefühl bedingen einander. „Takt ist die Fähigkeit, andere so darzustellen, wie sie gerne sein möchten.“ Eine kluge Erkenntnis, die wir Abraham Lincoln verdanken. Und Wilhelm Busch sagt: „Humor und Geduld ergeben eine unwiderstehliche Mischung.“ Ein guter Ratschlag für einen SPV!

- *Empathie*

„Sich auf den Stuhl des Kunden setzen können“, sich in seinen Gedankengängen zu bewegen und den Kunden verstehen lernen, das beherrscht ein Spitzenverkäufer. Er kann Kundendenken und das eigene Verhalten, die eigenen Aussagen, sinnvoll in Beziehung zueinander setzen.

- *Aggressivität*

Ein Spitzenverkäufer ist „angriffslustig“, aber immer der Situation und dem Kunden angepaßt! Das ist wie im Fußball. (Sie haben sich, liebe Leser, in der Zwischenzeit damit abgefunden, daß ich diese Sportart favorisiere. Danke!) Einmal muß nur mit einer, das andere Mal mit zwei oder drei Spitzen angegriffen werden! Aber Angriff ist die beste Garantie für einen Auftrag!

- *„Knigge pur“*

Jeder Spitzenverkäufer beherrscht den Knigge moderner Prägung. Begonnen bei der dezent-eleganten Kleidung bis hin zu guten Tischmanieren. Sie sind ein unerläßliches Rüstzeug für den Umgang mit Kunden. Bei der „Klamottenfrage“ fällt mir eine Geschichte ein, die sich bei einem großen Architektentreffen zugetragen hatte. Zwei meiner Verkaufsleiter waren wie Feuer und Wasser – der eine erzkonservativ, mit dunkelblauem Blazer und der üblichen grauen Flanellhose, weißem Einstecktuch und dezenter Krawatte – der andere ultramodern, mit Lederjacke, Jeans, Lederkrawatte und langen Haaren. Beide waren erfolgreich! Ältere Architekten lobten meinen konservativen VL ob seiner seriösen Art und Kleidung! Jüngere Architekten bezeichneten den

„Ledermann“ als duften, fach- und sachkundigen Typen, das zeigten allein schon seine legeren Klamotten!

Was tun? Ich denke: Wichtiger noch als die Frage der „Verpackung“ (Kleidung) ist wohl, was darunter steckt: die Verkäuferpersönlichkeit!

● *Die Schau/„Show“*

Natürlich ist ein Spitzenverkäufer auch Showman, Entertainer und Schauspieler! Schon während ich das schreibe, klingt mir der Protest mancher Einkäufer in den Ohren, die das nicht mögen!

Zum Glück aber gibt es viel mehr Einkäufer/Kunden, die sich von einer gekonnten Verkäuferinszenierung faszinieren und anregen lassen. Der Spitzenverkäufer muß immer zwischen den zwei Extremen wählen. „Gott sei Dank, endlich mal keine Routine, kein 08/15-Geschwätz, keine Allerweltsformulierungen, sondern Pepp, Spritzigkeit, Einfallsreichtum“, so mögen es die einen, „nüchtern, sachlich, ohne Gedönse“ die anderen.

„Wie es euch gefällt“, meint Shakespeare! Und ein Spitzenverkäufer hat auch ein sicheres Gespür dafür, *wo* und *was* angebracht und nützlich für den weiteren Gesprächsverlauf ist:

die gekonnte Schau – wenn möglich – „kein Theater“ – wenn nötig! Eines läßt sich allerdings ein Spitzenverkäufer nicht entgehen, gleichgültig, um welchen Kundentyp es sich handelt:

den Unterschied aufzuzeigen zwischen einem Klassemann und verkäuferischem Mittelmaß. „Schaut her – ich bin's“, bleibt in jedem (Kunden-)Fall seine Maxime!

● *Small talk*

Über den „Small talk“ laufen viele Geschäfte. Ein Spitzenverkäufer kann sich angeregt mit einem Kunden über viele Themen unterhalten, z.B. über seine Hobbys, über seine sonstigen Interessen, über Privates oder Familiäres, sofern der Kunde diesen „intimen" Themenkreis anspricht. Aber ein Spitzenverkäufer weiß auch, daß hier „das richtige Maß" das Maß aller Dinge ist. Gerade beim Small talk zeigt ein Spitzenverkäufer seine überragende Stärke, sein Einfühlungsvermögen, seine Sensibilität. Gerade hier kann er Verstand und Gefühl, Wissen und Können besonders zum Klingen bringen!

Wissend – aber nicht allwissend –, selbstbewußt, unaufdringlich, fein, dezent, charmant, humorig, taktvoll, mit Stil!

Beim Small talk kann man viel erfahren. Nicht durch penetrantes, inquisitorisches Fragen, sondern auch hier in erster Linie durch Zuhören!

Speziell beim Small talk verkauft der Spitzenverkäufer sich selbst! Ich meine, mit absoluter Natürlichkeit gewinnt er! Und mit Charme kann er einem Kunden das Gefühl vermitteln, „so wunderbar zu sein wie er das möchte".

Aber, ein SPV hat ständig seine Antennen ausgefahren, die ihm auch signalisieren: „Genug Small talk", zurück zur „Sachlichkeit", zum Geschäft!

● *Quidquid agis prudenter agas et respice finem*
„Was du tust, tue es vorsichtig und bedenke das Ende". (Liebe Leser, ich hab eine Schwäche fürs Lateinische! Wahrscheinlich darum, weil ich mich auf der „Penne" mit dieser Sprache so erbittert herumgeschlagen habe, wurde eine Art Haßliebe daraus!) Paßt dieser Gedanke denn überhaupt zu unserem, immer aggressiv nach vorwärts stürmenden SPV? Er paßt! Denn die Regel lautet: aggressiv, wenn irgend möglich – vorsichtig, das „Ende (den Auftrag) bedenkend", wenn nötig!

2. 16 Kundentypen – und wie man mit ihnen umgeht

Ich weiß: **Die Beschreibung von „Kundentypen“ ist kühn, denn es gibt kaum einmal einen Kundentypus „in Reinkultur“.** Meistens besitzen sie auch noch Eigenschaften und Merkmale, die nicht hier erfaßt sind. Das muß in Kauf genommen werden, denn die meisten Menschen sind ambivalent und keine sog. Archetypen. Abgesehen davon kann der Augenblick und die Situation, in der sie sich befinden, ihr Verhalten beeinflussen und verändern! Und selbstverständlich setzt auch ein Einkäufer/Kunde seine „schauspielerischen“ Fähigkeiten punktuell einmal ein, die aus ihm einen anderen Typ machen können. Dennoch, das Grundmuster prägt, und darum stecke ich die einzelnen Kunden auch in bestimmte „Schubladen“, in denen sich 16 sehr ähnliche Kundentypen wiederfinden. Dabei gehe ich davon aus, wenn *Sie* die Schublade ziehen, daß *Sie* unverändert sorgfältig den Kunden beobachten und *Ihre* Beurteilung danach praktisch mit den Erkenntnissen mixen, die *Sie* aus den einzelnen Kundentypenbeschreibungen ziehen. Erst dieses abschließende Bild macht „den Kundentyp“ zum Zeitpunkt *Ihres* Gesprächs dann aus.

Kundentyp 1: Der Selbstbewußte, Erfolgsorientierte

K-Verhalten: Hier steht dem Spitzenverkäufer ein ähnlicher Typ in vielerlei Beziehung gegenüber, wie er selbst einer ist! Er ist zäh und hartnäckig im Verfolgen seines Ziels, „das Produkt mit dem größtmöglichen Nutzen für sein Haus zu günstigen Konditionen und sonstigen Serviceleistungen“ einzukaufen.

Für ihn zählen die Fakten, die seinen Bedürfnissen und Wünschen – nutzenorientiert – entsprechen und ihm fach- und sachgerecht vorgestellt werden. Er liebt auch die „Schmeichelei", aber nicht immer den Schmeichler!

SPV-Verhalten: Liebenswürdig, höflich und selbstbewußt! Fundierte Informationen geben, offen sein, d. h. nicht nur die Jubelseiten des Produkts vorstellen, sondern auch auf Nachteile (Vorwegnahmetaktik) und Schwachstellen aufmerksam machen. Glaubwürdigkeit ist gefragt! Kompetenz und Entscheidungsfreude! Es muß schnell gelingen,die „gleiche Wellenlänge" herzustellen. Kluge Fragen kommen an, insistierende werden abgeschmettert. Zeigen, daß man sich auf das Gespräch vorbereitet hat und kompetentes, souveränes Verhandeln des Kunden sehr schätzt.

Kundentyp 2: Der Schweigsame

K-Verhalten: Er läßt den Verkäufer reden und reden und schweigt meistens. Häufig hat er, was ihn nicht einfacher macht, eine fest vorgefaßte Meinung bzw. Vorstellung von einer für ihn brauchbaren Lösung. Er ist clever, fachlich auf der Höhe und beobachtet den Verkäufer kritisch. Er prüft im stillen: Ist der Verkäufer seriös, vertrauenswürdig, fachlich-sachlich auf Draht? Er diskutiert wenig, hört zu, läßt den Verkäufer kommen. Verkäufertricks kennt er als geschulter Einkäufer auch.

SPV-Verhalten: Ein Spitzenverkäufer stellt sich schnell auf diesen Kundentyp ein und weiß: Keine Schau, sondern Seriosität und Tatsachen sind gefragt! Ehrliche Partnerschaft herausstellen, gezielte öffnende Fragen, in jedem Fall gut zuhören – und, wenn es sein muß – auch schweigen. Das fordert den Kunden! Logik und Rationalität sind genauso gefragt wie Offenheit. Gerade „der Schweiger" weiß Offenheit über Einsatzmöglichkeiten, Materialfragen, Serviceleistungen etc. zu schätzen und versteht, zugegebene kleine Schwierigkeiten richtig einzuordnen. Liebenswürdigkeiten hört auch dieser Kundentyp gerne, wenn sie nicht zu dick aufgetragen sind, sondern ehrlich gemeint – und ehrlich klingen! Gegen „Druck" wehrt sich der Kunde auf seine Art: Er kauft nicht! Dieser Kundentyp schätzt es, auf einen gut vorbereiteten Verkäufer zu treffen.

Kundentyp 3: Der Sicherheitssucher

K-Verhalten: Ihn interessieren in erster Linie Berichte, Analysen, Gutachten, Garantien etc. Kann der Verkäufer hier nichts bieten, hat er wenig Erfolgschancen, auch wenn sein Produkt im Grunde das (die) Kundenproblem(e) löst! Dieser Kundentyp studiert mit Akribie alle verfügbaren Unterlagen, die ihm der Verkäufer überläßt. Er ist mißtrauisch, vorsichtig, ja ab und zu sogar ängstlich! Er entscheidet nur zögernd, und in einem „Entscheidungsteam" ist seine Meinung nicht so sehr gefragt. Rhetorische Brillanz macht ihn eher mißtrauisch.

SPV-Verhalten: Fundierte Informationen geben, keine Behauptungen! Alles muß bewiesen werden! Die Vorlage von neutralen Testunterlagen, von Zertifikaten, TÜV-Untersuchungsberichten (bei technischen Produkten), Referenzschreiben, Referenzen, Prüfberichten usw. ist zwingend geboten. Objekte besichtigen auch! Wichtig ist: Verständnis für sein Sicherheitsdenken zeigen (es steht in der Bedürfnisskala ganz oben!), ruhig und abgeklärt argumentieren, Kontrollfragen stellen, ob alles akzeptiert bzw. verstanden und angenommen worden ist. Sachlich, höflich, aber auch bestimmt bleiben, wenn der Kunde „Ja, aber ..." sagt.

Kundentyp 4: Der Pedantische

K-Verhalten: Er will, darin ähnelt er auch dem Sicherheitsdenker, alles ganz genau wissen und erklärt bekommen.

Die Unterlagen müssen geordnet, sauber und übersichtlich sein. Er studiert sie genau. Lässigkeit und Lockerheit sind „nicht seine Stärken", darum mag er sie auch nicht beim Gesprächspartner. Der abgedroschene Gag vom „Vorführeffekt" (wenn irgend etwas nicht funktioniert) zieht bei ihm nicht! Sein Schreibtisch ist peinlich aufgeräumt und geordnet, so wünscht er sich auch seine Gesprächspartner.

SPV-Verhalten: Korrekt im Äußeren (Kleidung), korrekt in der „inneren Haltung". Das eigene Tempe-

rament auf Eis legen. Kontrollfragen stellen, Übereinstimmung immer wieder überprüfen. Hier ist Sachlichkeit gefragt, aber auch das gefühlsbetonte Verständnis für die Kundenhaltung. „Wenn ich auf Ihrem Stuhl mit der großen Verantwortung sitzen würde, dann wäre es für mich auch selbstverständlich, die Dinge bis ins kleinste Detail kennenzulernen! Nicht umsonst heißt es doch: Der Teufel steckt im Detail."
Solche verständnisvollen Feststellungen schmeicheln dem Kunden! Allerdings muß seiner „Entscheidungsfreudigkeit" manchmal kräftig „nachgeholfen" werden. „Sie haben die Dinge mit bemerkenswerter Sorgfalt geprüft und für gut befunden (Blickkontakt!). Daraus schließe ich, und das sage ich natürlich mit einem kleinen Augenzwinkern, daß wir jetzt die Gelegenheit bekommen, Sie genauso sorgfältig zu beliefern!"

Kundentyp 5: Der „Ja"-Sager

K-Verhalten: Das ist der Typ von der „gefährlichen" Sorte. Er sagt lächelnd „ja" und meint doch im Innern „nein"!
Er hofft, mit diesem Verhalten den Verkäufer abwimmeln zu können. Sein Tenor: Ich bin ja völlig positiv eingestimmt auf dich, Verkäufer, und auf dein Produkt. Nur heute wird nicht gekauft! Zumindest nimmt er sich das vor!

SPV-Verhalten: Festnageln! Die vielen Ja zwingen dazu! Aber da der Kunde „ja" sagt und „nein" meint, hilft oft die direkte Frage: „Sie stimmen mir zwar immer zu, aber ich merke, Sie haben doch noch Vorbehalte! Darf ich erfahren, welche? Und warum?“ Jetzt muß er in irgendeiner Form Farbe bekennen. Da er sein „Ja-Gesicht“ nicht verlieren will, kommt es oft doch noch zum Abschluß! Keine Bemerkungen über das merkwürdige Verhalten machen! Mit Empathie operieren, aber auch mit Nachdruck (nicht Hochdruck).

Kundentyp 6: Der Alles- und Besserwisser

K-Verhalten: Seine Standardsätze sind: „Das kenn' ich schon“, „Das weiß ich doch“, „Das ist doch für mich nichts Neues!“ Er reißt – wenn's geht – die Gesprächsführung an sich und „zerreißt“ auch die Verkäuferargumente. Ob dabei die Sachlichkeit und eine realistische, objektive Betrachtung flöten gehen, stört ihn wenig! Er operiert mit erhobenem Zeigefinger und tut so, als wisse er mehr über das Produkt, seinen Nutzen und seine Anwendung als der Verkäufer! Er möchte ihm praktisch die Schau stehlen, weil er „Angst“ hat, als „Doofie“ dazustehen, der irgendwelche fachlichen Schwächen hat. Hinter der Besserwisserei verbirgt er seine Komplexe gegenüber einem Spitzenverkäufer.

SPV-Verhalten: Auch wenn der Kundentyp enervierend ist, gelassen und ruhig bleiben! Drehen Sie einfach den Spieß um und lassen Sie so quasi den Besserwisser Ihr Produkt erklären und bestätigen Sie seine Aussagen! Lassen Sie ihn den „Herrn Lehrer“ spielen, von dem Sie lernen! Das schmeichelt ihm, stärkt sein Selbstbewußtsein! Allerdings kommt dann auch der Zeitpunkt des „Festnagelns“. „Niemand kennt mein Produkt so gut wie Sie. Seinen Nutzen für Ihr Haus haben Sie brillant herausgemeißelt“, (mit einem Lächeln), „es bleibt Ihnen eigentlich nichts anderes übrig, als es jetzt zu kaufen!“ Natürlich wird's nicht immer so locker laufen, aber der Kunde hat sich durch seine Besserwisserei selbst unter Druck gesetzt, den es zu nutzen gilt.

Kundentyp 7: Der „Ja, aber“-Sager

K-Verhalten: Er sitzt auf der Stuhlkante – und wartet nur begierig darauf, dem Verkäufer sein „Ja, aber“ entgegenzuschleudern! Und nach dem Wörtchen „aber“ kommt ein Schwall von „Argumenten“, warum es nicht so geht, funktioniert, falsch ist usw. Sein Grundmuster ist der Widerspruch. Er sagt immer das Gegenteil von dem, was der Verkäufer sagt. „Ja, aber bei mir ist alles anders“ ist der Grundtenor.

SPV-Verhalten: Cool bleiben ist wohl das Wichtigste, denn solch ein Kunde kostet viel Nerven! Im Grunde muß man mit ihm wie mit einem kleinen Kind umgehen, das immer das Gegenteil von dem macht, was es machen soll, und entsprechend argumentieren. Die Vorwegnahmetaktik ist angebracht. Man sagt, warum etwas nicht geht, – und der „Ja, aber"-Sager wird dann plötzlich herausfinden: Es geht doch! Manchmal hilft hier die „Schocktherapie". „Sie können sich das Produkt ja doch nicht leisten ...!" „Sie haben die Funktionsweise offensichtlich immer noch nicht verstanden ...!" „Für alle anderen Kunden ist es das Richtige, nur nicht für Sie ...!" „Solche hervorragenden Referenzen beeindrucken alle Kunden, nur Sie offensichtlich nicht!" Die Schocktherapie ist natürlich riskant, aber ...! Geduld, Zähigkeit, Cleverneß und ein kühles Herz sind ansonsten gefragt.

Kundentyp 8: Der Desinteressierte, Gleichgültige

K-Verhalten: Höchst selten ist er es wirklich! Meistens ist es eine Taktik und Masche, die er mit „brutaler" (oft unhöflicher) Leidenschaft betreibt! Er will den Verkäufer verunsichern, weich machen, ihm zeigen, daß er auf ihn und sein Produkt überhaupt nicht angewiesen ist. Es gibt ja den Wettbewerb. Und im Augenblick braucht er sowieso nichts. Das Lager ist voll usw. Oft will dieser Typ auch nur ausloten, wie standfest der Verkäufer ist und welche Konditionen bei ihm herauszuholen sind. Er läuft während des Gesprächs weg, telefoniert, die Sekretärin unterbricht das Gespräch zigmal (und das gehört alles zur Einkäuferregie). Er will sich nicht unter Verkäuferdruck setzen lassen.

SPV-Verhalten: Sofort durch gezielte Fragen prüfen, ob das Desinteresse echt oder gespielt ist. Überhaupt sind Fragen das probate Mittel, mit

diesem Typ zurechtzukommen. „Was machen wir, was mache ich falsch, daß Sie so desinteressiert sind?" „Wie kommt es, daß ..." und dann nennen Sie Firmen, die jeder kennt, „an unserem Produkt hochinteressiert sind, aber Sie nicht! An unserem Angebot kann es nicht liegen, an was dann?" Humor ist eine goldene Waffe, und wer mit einem Augenzwinkern zeigt, daß die Kundenmasche clever und wirkungsvoll ist... „Kompliment, Herr K., erst jetzt merke ich, Sie sind überhaupt nicht desinteressiert an meinem Angebot, sondern Sie wollen nur mein Stehvermögen testen!"
In irgendeiner Form muß er jetzt reagieren. Behauptet er weiter, desinteressiert zu sein, dann bietet sich die Frage an: „Bitte, was konkret kann Sie interessieren, was konkret sind Ihre Wünsche und Probleme, die das Produkt lösen soll?" Souveränität und Standfestigkeit demonstrieren!

Kundentyp 9: Der Ängstliche, Unsichere, Wankelmütige

K-Verhalten: Wenn ein Kunde „Angst" hat, dann äußert sich das in der Art, wie er spricht (leise, zögernd, gehemmt, stockend, trockene Lippen). Er wirkt unkonzentriert, nervös, sprunghaft, hetzt von einem Thema zum anderen, er fürchtet, vom Verkäufer rhetorisch überfahren zu werden. Sein Selbstbewußtsein ist nicht ausgeprägt, er reagiert manchmal aggressiv, benutzt „billige" Ausreden anstelle guter Argumente, vergißt bewußt Zusagen und Vereinbarungen, wirkt labil.

SPV-Verhalten: Das Selbstbewußtsein des Kunden stärken, Hilfen geben, Vertrauen ausstrahlen, beruhigend wirken, langsam und bedächtig reden, keinen Druck ausüben. Ermutigen Sie ihn, offen auszusprechen, was er befürchtet, Freundlichkeit, ein Lächeln, Verständnis („Ich verstehe Sie gut. Es gibt ja so viele Alternativen."). Sprechen Sie von anderen Kunden, die in ähnlicher Situation wie er waren und mit Ihrer Hilfe eine Lösung fanden, die den Kunden heute noch freut! Alles muß sorgfältig, ehrlich und offen erklärt werden. Geduld! Geduld!

Achten Sie auf jedes kleine Kaufsignal, ohne laufend Abschlußversuche zu unternehmen. Da sperrt er sich! Der Kunde muß subtil, einfühlsam zum Auftrag hingeführt werden. Ihm muß man symbolisch das „Händchen halten". Die Rambo-Art bewirkt dort nichts! „Wenn Sie jetzt an meiner Stelle wären, was würden Sie dann tun?" Und wenn der Kunde mit der Antwort zögert, dann lächeln Sie und sagen: „Richtig! Nachdem alle Fragen und Probleme geklärt sind, dann würden Sie mich auch nach dem Auftrag fragen, oder wäre Ihnen das zu direkt?"

Kundentyp 10: Der Überhebliche, Arrogante, der Angeber

K-Verhalten: Er haut auf die Pauke, gibt sich „reich" und selbstbewußt. Sein Outfit geht vom schnellen, teuren Wagen über die maßgeschneiderten Anzüge bis hin zu saloppen Jeans-Klamotten und der Rolex-Uhr. (Ob das immer alles auch bezahlt ist, bleibt sein Geheimnis.) Er tritt überlegen und lässig auf. Rhetorisch ist er stark. Oft hat er tatsächlich auch etwas auf dem Kasten – oder er kann geschickt so tun. Er gehört zur Schikkeria, will immer im Mittelpunkt stehen und bewundert werden. Er entscheidet sich schnell, wenn man ihm Konzessionen macht und ihm zeigt, daß man sich für ihn zerreißt und akzeptiert: Er ist der Größte!

SPV-Verhalten: Nicht in Opposition gehen und genauso arrogant und überheblich reagieren! Aber auf jeden Fall nicht ins andere Extrem verfallen und devot, kriecherisch auftreten. Höflich, liebenswürdig, selbstbewußt! Natürlich liebt dieser Typ wie kein anderer die Schmeichelei. Geben Sie ihm das Gefühl von Wichtigkeit, von Bedeutung, von Größe! Bewundern Sie sein Fachwissen, seine Allgemeinbildung, seinen guten Geschmack und vor allem auch seine Entscheidungsfreude. (Das kann besonders nützlich sein, wenn's um den Auftrag geht.) Geben Sie ihm nur den kleinen Finger, wenn er die ganze Hand will, und kämpfen Sie wie ein Löwe, sollte er mehr wollen! Seinem Prestigedenken schmeichelt es sehr, wenn Sie ihm klarmachen, daß genau dieses Produkt zu ihm und seiner Lebensart paßt. Sehen Sie sich im Büro um und bewundern Sie Interessantes, das Mobiliar, die moderne technische Ausrüstung, Bilder, was auch immer – aber Vorsicht beim „Bewundern" der bildhübschen Sekretärin. Die „bewundert" er oft selbst! Sätze wie diesen mag er: „Gott sei Dank sitze ich hier einem Kunden gegenüber, der weiß, was er will – und der sich schnell entscheiden kann!" „Unser Produkt paßt hautnah zu dem, was Sie verkörpern: Stil und Format!"

Kundentyp 11: Der Hemdsärmelige, Grobe, Unhöfliche

K-Verhalten: Nomen est omen. Er ist tatsächlich meistens mißgelaunt und unhöflich. Besonders an „Vertretern" und natürlich an seinen Angestellten kühlt er sein „Mütchen". Oft sind es finanzielle, geschäftliche Schwierigkeiten, aber auch Privates, die sein Verhalten prägen. Er ist ein Poltergeist, der „irgendwo" allerdings auch eine freundlichere Seite hat. Sie aufzuspüren ist die Kunst des SPV.

SPV-Verhalten: Er muß herausfinden, ob seine Haltung nur „zeitlich und situationsbedingt" ist oder charakteristisch für den Kundentyp. Auf alle Fälle nimmt auch dem Polterer gleichbleibende Höflichkeit und Freundlichkeit den Wind aus den Segeln. Vermeiden Sie Streit! Handeln Sie flexibel und geschmeidig! Dennoch müssen Grenzen gezogen werden. Denken Sie immer: Der Wettbewerb hat es genauso schwer, vielleicht noch schwerer! Wenn also Sie den Kunden gewinnen, dann ist das ein großer Vorteil und bringt Sie dem Abschluß ganz nah. Wenn er allerdings keine „zivilen" Umgangsformen annehmen will, dann zeigt ihm ein Spitzenverkäufer höflich, aber bestimmt, daß er kein Schuhabstreifer für schlechte Laune ist! Oft ist dieses Kundengehabe auch ein

Zeichen von Unsicherheit und Hilflosigkeit. Hier müssen das Verkäufergespür, das Gefühl stark wirken und den Umgang mit diesem Kunden regeln. Bevor Sie also selbst einmal lospoltern und auf den „groben Klotz auch einen groben Keil setzen", atmen Sie besser nochmal durch.

Kundentyp 12: Der Nervöse, Ungeduldige

K-Verhalten: Er macht einen gehetzten Eindruck, blickt laufend auf die Uhr, seine Körpersprache zeigt deutlich seine Ungeduld (fahrige Handbewegungen, greift sich dauernd an seinen Bart (Kinn), die Augen gehen hin und her). Er spricht schnell und leise, nickt kurz zustimmend, aber immer scheint er „auf dem Sprung zu sein". Hört er eigentlich wirklich zu, was der Verkäufer sagt?

SPV-Verhalten: Nicht nervös werden, keinen Versuch unternehmen, den Kunden „zu beruhigen". Betulichkeit und Trägheit machen den Kunden nur noch nervöser. Wenn z. B. echter Zeitdruck hinter dem Kundenverhalten steckt, besser einen neuen Termin vereinbaren. Gehört aber die Nervosität und Ungeduld zu seinem Verhaltensmuster, dann muß schnell agiert und reagiert werden! Kontrollfragen sind unerläßlich. Man muß wissen, ob er „zuhört". „Es begegnet mir selten, daß ein Kunde, so wie Sie, so schnell die wesentliche Netzpunkte unseres Produkts erfaßt. Darum muß ich Sie jetzt direkt fragen: Gibt es noch einen Hinderungsgrund, um zu einem Abschluß zu kommen?"

Kundentyp 13: Der Liebenswürdige, Bestimmte

K-Verhalten: Dieser Kunde hat Format. Er zeigt sich von der liebenswürdigen Seite. Manieren sind Teil seines Wesens. Er hört aufmerksam zu, gibt sich aufgeschlossen und partnerschaftlich. Gegen Verkäuferdruck ist er allerdings allergisch. „Menschliche Geschichten" können ihn beeindrucken, aber „auf die Tränendrüse drücken" oder die Mitleidsmasche abfahren findet er nicht gut. Verkäufer von Format tun so etwas nicht, ist seine Maxime! Recht hat er!

SPV-Verhalten: Wie Du mir, so ich Dir! Sind Liebenswürdigkeit und Höflichkeit die Selbstverständlichkeiten eines Spitzenverkäufers im Umgang mit jedem Kunden, so sind sie in diesem besonderen Fall ein Vergnügen! Und wenn der SPV noch Charme und Humor zusätzlich einsetzen kann, ist es wunderbar! Allerdings kann auch der liebenswürdigste Kunde nein sagen! Agieren Sie so, als wäre der (Ihr) Auftrag die selbstverständlichste Sache der Welt. Bewahren Sie die Distanz, keine plumpen „Vertraulichkeiten" und zeigen Sie dem Kunden, daß Sie seine liebenswürdige Art zu schätzen wissen. Um so mehr macht Ihnen der Satz Spaß: dem Kunden dienen! Steuern Sie zielgerichtet den Auftrag an!

Kundentyp 14: Der Raffinierte, Ausgekochte

K-Verhalten: Er spielt gerne den einen Anbieter gegen den anderen aus! Er blufft und behauptet auch Dinge, die nicht (immer) der Wahrheit entsprechen. Er spricht von Konkurrenzangeboten, die „sensationell" sind, behauptet auch, sie „schwarz auf weiß" zu haben, bleibt aber meistens den Beweis dafür schuldig. Er reagiert beleidigt (gespielt), wenn man ihn darauf anspricht, und giftet: „Wollen Sie behaupten, daß ich lüge!?" Ihm macht diese Art von Verhandlungsführung Spaß. Er will nur erreichen: besser, preisgünstiger als andere einzukaufen! Er will auch innerhalb seiner Firma als ausgebufft, schlitzohrig, clever und gerissen im Einkauf gelten!

SPV-Verhalten: Kunde ist mit Vorsicht zu genießen! Bewundern Sie seine Geschäftstüchtigkeit, sein Raffinement, seine Cleverneß! Allerdings sollten Sie ihm auch ab und zu mit „einem Augenzwinkern" zeigen, wie Sie seine trickreichen „Spielchen" durchschaut haben. „Ich darf Ihnen das Kompliment machen, wer bei Ihnen nicht höllisch aufpaßt, der wird gnadenlos, und ich denke, das ist legitim, ausgetrickst!" Hört dieser Kundentyp einen solchen Satz, grinst er vergnügt vor sich hin! Allerdings, mit Charme und Humor allein ist er nicht zu packen. Man muß bei ihm Härte und Stehvermögen zeigen, denn er will „etwas herausholen". Geben Sie ihm nur etwas unter dem Aspekt: Gibst Du mir (größerer Lieferumfang), geb' ich Dir (Rabatt oder andere Leistungen). Allerdings: Er läßt es u. U. darauf ankommen und läßt alles platzen, wenn er nicht wenigstens „den kleinen Finger" gereicht bekommt. Dazu muß man sich *vorher* Gedanken machen, was man ihm geben könnte, was letztlich „das eigene Haus nichts kostet“ (Naturalrabatt o.ä.). Ungerupft kommt man bei diesem Typen kaum aus einer Verhandlung.

Kundentyp 15: Der Hartnäckige, Unnachgiebige, Zähe

K-Verhalten: Vordergründig kühl bis unters Herz. Er steckt sich Ziele, ehrgeizige Ziele, die er erreichen will! Er analysiert nüchtern und sachlich das Preis-Leistungs-Verhältnis eines Angebots und versucht dabei, die Leistungen insgesamt (für sich) gegenüber dem Angebot noch weiter zu verbessern. Er hält zäh an seinen Zielsetzungen fest, prüft sorgfältig die Möglichkeiten des Marktes und ist ganz schwer für langfristige Abschlüsse zu gewinnen. Allerdings: Wer einmal erfolgreich mit ihm zusammengearbeitet hat, erhält immer wieder (s)eine Chance. Emotionale Regungen verdrängt er. Wer ihn aber richtig zu packen weiß, findet, „so cool ist er doch nicht, wie er sich immer gibt“.

SPV-Verhalten: Selbstverständlich ist auch dieser Kunde respektvoll, höflich und liebenswürdig zu behandeln. Gerade er, der so kühl bis unter die Haarspitzen wirkt, hat auch seine „emotionalen Schwachstellen“ (z.B. in seinem Interessen- bzw. Hobbybereich). Dort ist ein guter Ansatz, ihn „nachgiebiger“ zu machen. Empathie ist gefragt! Zeigen Sie Verständnis für seine Haltung: „Sie wollen das Optimale für Ihr Unternehmen.“ Setzen Sie ebenfalls Zähigkeit und sachliches Verhalten dagegen. Bieten Sie keine Angriffspunkte in Ihrer Argumentation und sorgen Sie in der Präsentation dafür, daß das Preis-Leistungs-Verhältnis optimal herausgestellt wird! Mit Zugeständnissen vorsichtig sein! Selbstbewußtsein zeigen: „Mein Produkt bringt Ihnen *den* Nutzen, den Sie sich wünschen und zum Ziel gesetzt haben. Das weiß ich und kann es auch beweisen!“ Loten Sie die „zugänglichen“ Seiten bei dem Kunden aus.

Kundentyp 16: Der Individuelle

K-Verhalten: Natürlich sieht er alles durch „seine Brille“. Er hat ganz persönliche Eigenschaften und Eigenarten. Er ist selbstsicher und selbstbewußt. Die Verkäuferargumente interessieren im Grunde wenig. Er macht sich sein eigenes Bild von den Dingen. Seine eigenen Bedürfnisse sind ihm wichtig, sonst nichts. Er wirkt oft unkonzentriert, ja desinteressiert – und überrascht dann doch mit spontanen, eigenwilligen Fragen. Er ist entscheidungsfreudig, wenn ihm etwas gefällt. Dann will er es!

SPV-Verhalten: Ein schwieriger Fall, weil schwer an ihn heranzukommen ist. Man muß seine ureigenen Bedürfnisse und Wünsche herausfinden, dann hat man eine „Argumentationschance“, die ihn interessieren kann. Nicht verkrampfen, wenn's nicht sofort „schlank“ läuft. Locker bleiben! Vielleicht finden Sie in seinem Büro (Bild, Urkunde, Skulptur,

Bürogegenstände) einen Aufhänger oder die Sekretärin weiß einen „Schlüssel" oder Sie bringen einen Artikel mit, der nichts mit dem Produkt zu tun hat, aber ihn tangiert! Versuchen Sie, die Dinge „durch seine Brille" zu sehen (Empathie). Stellen Sie öffnende Fragen: „Was halten Sie ...?" „Wie denken Sie ...?" „Ihre Meinung dazu ist wichtig für mich" (sieben W-Fragen). Lassen Sie den Kunden – über sich – erzählen, wenn irgend möglich (Hobbys, Interessen).

Zeit, die in die Gesprächsvorbereitung investiert wird, ist eine lohnende Investition mit viel (Zeit-)Gewinn!

In allen Dingen hängt der Erfolg von der Vorbereitung ab. Ohne sie muß man mit dem Scheitern rechnen.
Konfuzius (551 v. Chr.)

3. Die Verkaufsvorbereitungen, die ein Spitzenverkäufer trifft

Wovon hängt ein Verkaufserfolg in erster Linie ab? lauten viele Verkäuferbefragungen. **Ein hoher Prozentsatz räumt dabei der „Vorbereitung" den höchsten Stellenwert ein.** Völlig zu Recht! Aber es gibt auch noch eine große Anzahl von Verkäufern (so jedenfalls meine Erfahrung), die sich an diese Regel nicht oder nur selten halten. Sich erst Gedanken über das anstehende Gespräch zu machen, wenn man beim Kunden sitzt und kurz warten muß (es sei denn, der Einkäufer läßt Sie eine halbe Stunde schmoren – und Sie lassen sich das gefallen), reicht nicht aus! Und der lapidare Satz: „Ich kenne meine Pappenheimer", berechtigt auch nicht dazu, sich nicht auf sie vorzubereiten! „Bei wichtigen Gesprächen bereite ich mich selbstverständlich vor", höre ich Verkäufer oft argumentieren. Die Frage ist: Können wir uns „unwichtige" Gespräche, wo die Kosten für ein Gespräch davongaloppieren, überhaupt noch leisten? (Früher nannte man diese Art Gespräche „Höflichkeitsbesuche".) Ein Einkäufer hat für solche „Luftnummern", wo Verkäufer reden, aber nichts zu sagen haben, heute keine Zeit mehr. Ein Verkäufer natürlich auch nicht! Zeit ist kostbar! Zeit ist Geld! Die effektive Verkaufszeit, bedingt durch Staus, längere Anfahrten und Wartezeiten, sinkt ständig. Experten haben ausgerechnet, vom „Gesamteinsatz" bleiben in der Regel nur noch 15 Prozent für die reine Verkaufszeit übrig. Auch wenn es punktuell, auf den Verkäufer bezogen, mehr sein sollte, bleibt für „unwichtige" Besuche kein Raum!

Ein Spitzenverkäufer macht nur „wichtige Besuche", weil er seine Kunden „wichtig" nimmt! Bei jedem Kunden verfolgt er Ziele, und auf dem Weg hin zum Auftrag ist die „gute Vorbereitung" für ihn die halbe Miete! Er verläßt sich nicht darauf, „aus dem Stand" kalt ein „zielgerichtetes" Gespräch zu führen, obwohl er die Klasse dafür hat! Er macht es wie ein Spitzensportler, der auch niemals unvorbereitet in einen Wettkampf geht! Natürlich gilt: Improvisieren können ist gut! Aber vorbereitet sein ist besser! Und ein Spitzenverkäufer beherrscht beides, je nachdem, wann es in der Verkaufsverhandlung notwendig ist!

Vorbereitungs-Checkliste

Nur wer gut vorbereitet ist, kann sich sicher und stark fühlen. Der Anfang (Gesprächsvorbereitung und Gesprächseröffnung) ist schon weichenstellend für den Schluß (Auftrag).

„Verhandlungsplan"

Bei der Gesprächsvorbereitung fungiert der Spitzenverkäufer als „Drehbuchautor, Regisseur, Hauptdarsteller und Kritiker" zugleich. Hier inszeniert er „seinen Auftritt", der mit einem Aha-Effekt, mit einem „Muntermacher", mit einer „Hoppla, jetzt komm' ich"-Eröffnung beginnt und mit einem Paukenschlag (= Auftrag) endet! Hoffentlich! „Kritiker" ist er deswegen, weil er in der Vorbereitungsphase das Gespräch – wie bei einer Generalprobe – im Geiste ablaufen läßt, prüft, korrigiert, ändert, streicht, verbessert usw. Er kennt den Ist-Stand beim Kunden und bereitet sich auf den Soll-Stand vor, den er eingeplant hat!

Dabei leistet ihm eine Checkliste, die gleichzeitig auch als Verhandlungsplan eingesetzt wird, beste Dienste:

- Was will ich bei dem Kunden erreichen (Zielsetzung)?
- Wer ist mein Gesprächspartner (Einkäufer, Chef, Betriebsleiter, andere kompetente Gesprächspartner)? Wie sind sie (fachlich/sachlich/menschlich)?
- Was ist bisher bei dem Kunden gelaufen (Aktenstudium – wenn nötig)?
- Was will der Kunde? (Ziele, Wünsche, Bedürfnisse, Probleme = welchen Nutzen, welche Vorteile erwartet er?) Wie sehen seine Kaufmotive aus?
- Wie beginne ich das Gespräch (die „Ouvertüre", Aha-Effekt, Neugierigmacher)?
- Was muß ich den Kunden fragen **(Fragekatalog)**? Welche Informationen brauche ich?
- Welche Nutzenargumente **(Nutzenargumentekatalog)** sind wirksam? Welche braucht er?
  Beispiel bei einem Großkunden: Umsatz-Ist, Vergleiche Vorjahr/kommendes Jahr/Absatz-dito-/Konditionen / Gewinnspannen / Stücknutzen / Warenumschlagshäufigkeit / Wettbewerbsvergleiche / Werbung / Verkaufsförderung/POS (point of sales)/flankierende Verkaufsaktionen (sell out) / Verkaufspreis / Regalgestaltung / Warenpräsentationen / Platznutzung / langfristige Vertragsgestaltung / Wachstum / Zufriedenheitsgrad usw.
- Welche Einwände (Einwandskatalog) kann es geben? Wie begegne ich ihnen?
- Was muß der Kunde noch wissen (Markt, eigenes Haus, Wirtschaft, Gesellschaft, Kultur, Sport etc.)?
- Kenne ich die „private Seite" des Kunden (Hobby, Interessen)?
- Wer mischt noch mit (Wettbewerber)? Meine letzten „Trümpfe" sind ...
- Meine Konditionen (Wettbewerbs-Vergleichslisten/ Plus-Minus-Liste/Kosten-Nutzen-Vergleich).
- Welche „Schrittmacher" habe ich beim Kunden? Wer

sind die „grauen Eminenzen“, die im stillen „das Sagen“ haben? Wer ist ein „Wettbewerbsfan“? Was mache ich?

- Gesprächsdauer ... Min.
- Termin tel./mdlch. vereinbart? Bei wem? Für wann?

Auf meiner Checkliste/Verhandlungsplan stand immer in fetten Buchstaben: „Hör gut zu, laß den Kunden reden, dann weißt du am besten, was du zu sagen hast!“ Der Grund für diesen Satz: Es fiel mir lange schwer, den „Mund zu halten“ und dem Kunden wirklich zuzuhören, bis mich einmal ein Kunde ganz brutal darauf aufmerksam machte. (Vielleicht war das damals die erste Sprosse auf dem Weg zum besseren Verkäufer!)

Die Gesprächseröffnung ist wie ein Aufgalopp auf der Rennbahn. Hier sieht man, „in welcher Form" der Verkäufer ins Rennen geht.

3.1 Die Gesprächsouvertüre (Gesprächseröffnung) und die „Telefonkunst"

Gesprächseröffnung:
Gleichgültig, ob es sich um einen vertrauten Kunden handelt oder um einen neuen, die „Gesprächsouvertüre" ist der erste, wichtige und weichenstellende Abschnitt in einer Verkaufsverhandlung. Nicht umsonst sagen Spitzenverkäufer und Verkaufsexperten: Die ersten drei Sätze sind viel wichtiger als die nachfolgenden zehn! Aber wenn da nicht die lieben Gewohnheiten wären. Hier lauert die „Gefahr" in Form von blanker Routine anstelle von Kreativität. Sehr leicht beginnt ein Gespräch in ausgefahrenen Geleisen, mit langweiligen Allerweltssätzen wie z. B.: Wie geht's? Was macht das Geschäft? Liegt was an? Es fehlen Muntermacher, Aha-Effekte, Neugierdewecker usw.

Bei Neukunden sieht es meistens etwas anders aus. Da geht es ja um den verflixten – schon in einem anderen Kapitel zitierten – **„ersten Eindruck"**. Da steht der Verkäufer auf der Schanze und wird gnadenlos „zerrupft" und mit Wettbewerbsverkäufern (und deren Verhalten/Angeboten) verglichen! Kluge Kunden allerdings werden vor diesen „ersten Eindruck" das Wörtchen **„vorläufig"** setzen. Der bekannte Anthropologe Kröber-Kenneth macht in seinem Buch „Menschenkunde" auf die Merkwürdigkeit aufmerksam: Ein Wissenschaftler stellt an Hand seiner Tests fest: 72 % der ersten Eindrücke sind richtig. Ein anderer fand heraus: 60 % sind falsch! *Was* ist nun richtig?

Da die meisten Kunden an die Kraft des „ersten Eindrucks" glauben, stellt sich ein Spitzenverkäufer darauf ein und macht beim „ersten Eindruck" einen guten Eindruck. Er ist ganz einfach so, wie er ist: natürlich, höflich, liebenswürdig, aufmerksam, einfallsreich und vertrauenerwekkend! Und er zeigt seine Begeisterung über das, was er dem Kunden anzubieten hat.

Kurz: Er zeigt Format!

Noch eine Anmerkung. Ich sagte es schon, ich glaube auch noch an den „zweiten Eindruck", z.B. wenn ich an einen meiner Topkunden denke, dem ich zuerst überhaupt nicht „grün" war, oder an ein paar andere gute Kunden, die mir irgendwann eröffneten: „Am Anfang waren Sie mir zu selbstbewußt, zu sicher, zu erdrückend!" (Kein Wunder, bei 1,86 m und 95 kg.) Wie auch immer, wenn der „erste Eindruck" nicht die Erwartungshaltung des Kunden trifft (und das fühlt man sofort), dann ist das kein Grund zur Resignation. Man nimmt einen neuen Anlauf!

Um das Gespräch wirkungsvoll zu eröffnen, braucht man Ideen und „Aufhänger". In manchem Firmenseminar war ich überrascht und enttäuscht, wie wenig „Aufhängerideen" von Verkäufern produziert wurden.

Spitzenverkäufer haben damit keine Probleme! Und der Herr Geheimrat gibt uns, wie so oft, einen guten Tip: „Greift nur hinein ins volle Menschenleben und wo ihr's packt, da ist es interessant!" Und ein SPV „greift hinein und packt's"!

„Aufhänger" liefern die Wirtschaft allgemein, die Wissenschaft, Geschichte, Kultur, der Sport. Das Kundenhobby, die Interessen des Kunden, das sind alles „Aufhänger" für den „Small talk", das Gespräch am Rande, das so oft Auslöser für den Auftrag ist bzw. sein kann!

Aber auch der rein sachlich/fachliche Bereich bietet viele Möglichkeiten für wirkungsvolle Gesprächsaufhänger: der branchenspezifische Markt, die Situation beim Kunden, die Lage in der eigenen Firma. Hier bietet sich ein reiches Betätigungsfeld von A bis Z an, von Angebot über Argument bis hin zu Zusammenarbeit, Zukunft, Ziel.

Besonders „griffig“ sind Aufhänger „zum Zeigen, zum Anfassen“: Modelle, Muster, das Originalprodukt, Dias, Filme, Videoaufzeichnungen, Fotos, Proben, Ersatzteile usw. Aber auch alles, was man sonst noch „schwarz auf weiß“ herzeigen kann, sind Aufhänger par excellence, z.B. Materialberichte, Prüfzeugnisse, Testergebnisse, Analysen, Kosten-Nutzen-Berechnungen, Referenzen, Listen, Dankesbriefe von Kunden, Tabellen, Statistiken, Plus-Minus-Tabellen, Vergleiche, Presseberichte, PR-Unterlagen, Werbegeschenke, POS (point of sales).

Die verbale „Verpackungsform“ liefert zusätzliche Möglichkeiten, die Gesprächseröffnung interessant zu gestalten: z.B. mit Aussagen zu/zur Kostensenkungsmöglichkeiten, technischen Verbesserungen, Arbeitszeitersparnissen, Verbesserungen im Sicherheitsbereich, Erhöhung der Produktivität, Verbesserung der Maschinenleistung, Senkung der Energiekosten, Steigerung der Rendite, schnellerem und höherem Abverkauf durch flankierende Maßnahmen, hohe Lagerumschlagshäufigkeit, Speziallösungen für ..., Tips, Ratschläge, Anregungen, Vorschläge – und umgekehrt: den Kunden um Rat fragen, das, wie schon gesagt, schmeichelt ihm und nützt Ihnen!

Ich kann mich nicht erinnern, einmal keinen „Aufhänger“ für ein Kundengespräch gehabt zu haben.

Gesprächseröffnungsbeispiele

„Das muß ich sofort loswerden, Herr ... Das Problem, das Sie mir bei meinem letzten Besuch schilderten, ist doch nicht ‚unlösbar‘, wie Sie glaubten. Im Gegenteil. Unsere Techniker haben Möglichkeiten gefunden, die Sie genauso begeistern werden wie mich. Sie vorzustellen, dazu brauche ich 15 Minuten Zeit ...“

Immer nach der Begrüßung:

„Darf ich unser Gespräch mit einem Paukenschlag beginnen?

In vier Monaten starten wir eine große Verkaufsförderungskampagne für unsere wichtigsten Kunden, die wir natürlich vorher in allen Einzelheiten mit dem Kunden abstimmen wollen. Nur deswegen bin ich heute hier, Herr ..."

„Natürlich können Sie mir jetzt böse sein, wenn ich Sie direkt frage: Wie hoch waren im letzten Jahr Ihre Energiekosten? Aber ich kann einen guten Beitrag leisten, wie sie gesenkt werden können, und darüber werden Sie sich bestimmt freuen ..."

„Heute bin ich in ganz wichtiger Mission hier, Frau ..., denn ich möchte Sie in einer wichtigen Sache um Ihren fachmännischen, oder darf ich sagen Fachfrau-Rat bitten" ...

„Ich bin richtig stolz darauf, was ich durch einen Zufall entdeckt habe und was Ihnen Freude machen wird (schwenkt ein Büchlein). Das wird Sie als passionierten Jäger besonders interessieren. Es ist ein Büchlein aus dem Jahre 1896 mit dem Titel: Jägerlateinisches ..."

„Das Allerwichtigste zuerst, Herr ... Ich habe hier einen persönlichen Brief unseres Geschäftsführers an Sie mit der Einladung zu einer Werksbesichtigung besonderer Art. Bitte, lesen Sie ..."

„Wenn ich dieses Modell hier einfach kommentarlos auf den Tisch stelle, Herr ..., was denken Sie dann? Darf ich die Antwort selbst geben: Was will mir der Mensch jetzt wieder verkaufen? Und Sie haben recht. Das denke ich tatsächlich, denn ich weiß, hier bringe ich Ihnen viel Nutzen, den Sie für Ihr Haus gebrauchen können ..."

„Wenn ich jetzt einfach zu Ihnen sage: Mit unserem Produkt erhöhen Sie im nächsten Halbjahr Ihren Umsatz um ca. 20%, dann denken Sie wahrscheinlich, der Kerl spinnt. Darum möchte ich jetzt – auch mit Ihrer Hilfe – den Beweis für meine Behauptung antreten ..."

„Hier habe ich eine echte Überraschung für Sie mitgebracht: einen zusätzlichen Beweis für die Güte unseres Produkts – zwei voneinander völlig unabhängige Gutachten, die beweisen, daß ..."

„Das muß ich Sie zuerst fragen: Kennen Sie den Artikel aus der Zeitschrift ..., die sich mit genau den Fragen beschäftigt, die sich um die Wirtschaftlichkeit bestimmter Maschinen – eine davon gehört in unser Programm – drehen und die Sie so sehr interessieren? Das Ergebnis wird Sie erstaunen ..."

„Nun warte ich geradezu begierig darauf, daß Sie mich sofort fragen: Was haben Sie denn in dem geheimnisvollen Koffer drin?" ... (Und der Kunde wird natürlich fragen, und der SPV kann seine Produkt-Vorführ-Show abfahren.)

„Ahnen Sie, Herr ..., was in der Rolle hier drin ist. (Kunde schüttelt den Kopf.) „Sie sagten einmal zu mir: ‚Verkäufer sind sehr vergeßlich, wenn sie etwas versprochen haben!' Ich hatte Ihnen bei meinem letzten Besuch zwei große Poster versprochen, die Ihnen so gut gefallen haben. Hier sind sie!"

3.2 „Telefonkunst" – die Telefon-Checkliste

Die Deutsche Bundespost empfiehlt: „Ruf mal wieder an" und hofft dann, daß gequasselt und gequasselt wird. Im Geschäftsleben gilt die Devise: *Fasse dich kurz, denn Zeit ist Geld!* Jeder weiß: Das Telefon ist ein „unpersönliches", aber dafür sehr schnelles und unerläßliches „Transportmittel" für alle Arten von Informationen etc., und die Stimme ist dabei das einzige Wirkungsmittel! Was – und vor allem auch *wie* etwas gesagt wird, hat am Telefon dieselbe Bedeutung wie in der Verkaufsrhetorik allgemein. Automatisch fällt auch hier „die oder der an der anderen Strippe" ein (Vor-)Urteil! Die Stimme (= Partner) wirkt sympathisch – oder nicht! Es ist also notwendig, daß mancher Verkäufer, der von der Natur stimmlich nicht so gesegnet ist (feine Umschreibung für eine piepsige, hohe, kratzige oder Flüsterstimme), sich mit seiner Stimme „beschäftigt". Helfer für die „Kunst am Telefon" sind außerdem: eine positive, freundliche Stimmung (Stimme und Stimmung liegen nah beeinander); am Telefon lächeln, das „sieht" (spürt) der Kunde; sich im Stuhl beim Telefonieren „herumflegeln", auch das wirkt sich auf das Gespräch aus. Am besten ist, wenn man beim Telefonieren steht, „Haltung einnimmt"!

(Es muß ja nicht sofort in militärisches „Hackenschlagen" ausarten!) Und noch etwas ist wichtig: Viel zu viele Gespräche erfolgen *spontan*! Der intuitive Griff zum Telefon ist verführerisch! Man vernachlässigt dabei eine der wichtigsten menschlichen Regeln (der legendäre IBM-Chef Watson hat sie als obersten Grundsatz für seine Mitarbeiter formuliert): *denke!*

Denken, das heißt, vorher überlegen: Warum – mit wem – wegen was – wie telefoniert werden soll. Das stichwortartige Ausfüllen einer Checkliste hilft, die Gedanken zu ordnen und Zeit zu sparen! Natürlich höre ich schon wieder die Protestierer: „Wegen einem simplen Telefonat so viel Aufwand!" Denen kann ich nur empfehlen: Nicht schon den Kopf schütteln (= geht nicht!), bevor man es nicht probiert hat!

3.2.1 Telefon-Checkliste

- Warum anrufen? Ziel des Anrufs?
- Mit wem sprechen?
- Brauche ich einen „Aufhänger"?
- Was habe ich zu sagen (Informationen, Argumente, Beweise, Preise usw.)?
- Was muß ich fragen (nach Kundenwünschen, Bedürfnissen, Informationen, Problemen oder ...)?
- Welche Hindernisse (Einwände) sind zu erwarten?
- Wie begegnen?

- Was brauche ich an Unterlagen (Terminkalender, Schreibblock, Preisliste, Prospekte ...)?
- Wer muß mitinformiert werden?

Und auf meiner Telefon-Checkliste war fett eingedruckt:
Denke – lächle – sei positiv motiviert – empathisch und „Fasse dich kurz“!

Beispiel 1
Wenn das stichwortartige Ausfüllen der Checkliste durchgeführt ist, erst dann ist der Griff zum Telefonhörer „erlaubt“. Dann wird die Nummer gewählt (oder Sie „lassen wählen“), nochmal tief durchgeatmet, ein freundliches Gesicht aufgesetzt – und dann kann's losgehen: „Einen schönen guten Tag, Herr Maier, hier spricht Helmut Schneider von der Firma Baldhauf GmbH. Ich habe Ihnen einige wichtige Informationen über Kostensenkungsmöglichkeiten zu geben und möchte Ihnen dabei auch bildlich vorstellen, *wie* diese Möglichkeiten funktionieren. Wir hatten uns bei meinem letzten Besuch bereits darüber unterhalten. Paßt Ihnen ein Termin am Freitag um 11.20 Uhr oder am darauffolgenden Montag um 14.10 Uhr?“

Klarer Fall: Wenn es sich „nur“ um eine Terminvereinbarung handelt, dann genügt es, zu „denken“, das heißt, sich Gedanken über die Formulierung zu machen (Zettel genügt). Aber ansonsten ... siehe oben!

Beispiel 2
Die „störrische, auf Abwimmeln programmierte“ Sekretärin (nach Tagesgruß, Namensnennung etc.). „Würden Sie mich bitte mit Herrn Klein verbinden, oder können Sie mir direkt einen Gesprächstermin bei Herrn Klein nennen, Frau Pietsch?“

Sekretärin: „Um was handelt es sich denn?"
SPV: „Es geht um wichtige Informationen für Herrn Klein, die auch für Ihr Haus von großem Nutzen sind!"
Sekretärin: „Das können Sie doch auch mir sagen, und ich gebe es an Herrn Klein weiter! Er hat sehr wenig Zeit."
SPV: „Verzeihung, Frau Pietsch, aber können Sie wie Herr Klein über viel Geld Ihrer Firma entscheiden? Darum geht es nämlich unter anderem auch!"
Sekretärin: „Herr Klein ist zur Zeit in einer Besprechung!"
SPV: „Da will ich ihn natürlich nicht stören, aber Sie als seine kompetente rechte Hand können mir doch sicher auch einen Gesprächstermin mit Herrn Klein nennen! Aus meiner Sicht wäre Mittwoch, der 9. 3. um 11.10 Uhr – oder der Freitag danach um 9.25 Uhr ..."
Sekretärin (unterbricht): „Da macht Herr Klein die Post! Sie müssen sich schon nach dem Terminkalender von Herrn Klein richten!"
SPV: „Bitte, aber dann nennen Sie mir jetzt einen konkreten Termin! Bitte, Frau Pietsch!"
Sekretärin: „Es geht in drei Wochen, vorher ist nichts zu machen! Am Montag, den 28. März um 15.00 Uhr!"
SPV: „Da habe ich zwar einen Termin, aber ich werde umdisponieren! Danke für Ihre Freundlichkeit, Frau Pietsch, und auf Wiedersehen am Montag, den 28. März um 15.00 Uhr. Und sagen Sie bitte Herrn Klein, ich werde seine Zeit max. 30 Minuten in Anspruch nehmen. Ein „Kosteneinsparungsgespräch" braucht Zeit. Einen schönen guten Tag noch darf ich Ihnen wünschen, Frau Pietsch. Auf Wiedersehen!"

Beispiel 3
Drei wichtige Telefoninfos und eine überraschende „Kundenreklamation".

SPV: „Einen schönen guten Morgen, Herr Kling. Hier spricht Heinz Gründel von der Reisner AG. Haben Sie für zwei wichtige Informationen drei Minuten Zeit für mich?"

Kunde: „Hab' ich, Herr Gründel."

SPV: „Fein, Herr Kling. Damit Sie bequem disponieren können, möchte ich Sie jetzt schon informieren, daß die Reisner AG am Samstag und Sonntag, den 14./15. Februar, mit unseren Kunden und Freunden den Tag „der offenen Reisner-Türen" feiert. Selbstverständlich erhalten Sie noch die schriftliche Einladung und das Programm, das für Sie viel fachlich Interessantes bietet. Für die Damen haben wir ein hübsches Programm mit einer Modenschau usw. zusammengestellt, und die Kleinen haben ihren Spaß beim Karussellfahren, Torwandschießen, anderen Gewinnspielen usw. Aber das steht alles im Programmheft. Natürlich würde sich unsere Geschäftsleitung und selbstverständlich ich mich besonders freuen, wenn Sie mit der Familie und ihren Freunden kommen würden! So, das war die erste Information. Die zweite ist, ab 1. März führen wir einen ‚Rund-um-die-Uhr-Dienst' ein, um sie noch besser und wirkungsvoller betreuen zu können! Auch diese Information erhalten Sie selbstverständlich schriftlich."

Kunde bedankt sich überschwenglich und sagt dann: „Da bekomme ich gerade einen Zettel gereicht, Herr Gründel, der mich ärgert! Ihre Lieferung, die heute um 9.00 Uhr hier sein sollte, ist bis jetzt, um 11.30 Uhr, immer noch nicht eingetroffen!"

SPV: „Das bedauere ich natürlich sehr! Ich kümmere mich sofort darum, warum das nicht – wie bisher immer – geklappt hat! Ich melde mich in spätestens zehn Minuten wieder, Herr Kling."

SPV (zehn Minuten später): „Guten Tag, Herr Kling, darf ich direkt zur Sache kommen!"

Kunde: „Bitte, Ihr Fahrer ist immer noch nicht da."

SPV: „Ich habe mit ihm über Funk gesprochen. Er steckt in einem Unfallstau. Er hat versucht, uns hier zu erreichen, damit wir Sie informieren. Aber er ist leider nicht durchgekommen. Und ich kenne Herrn Schneid seit Jahren als zuverlässigen, pflichtbewußten Fahrer. Darum zweifle ich keine Sekunde an dem, was er sagt."

Kunde: „O.K.! Aber wann glaubt er, daß er hier sein kann?"

SPV: „Danke zuerst einmal für Ihr Verständnis, Herr Kling. Er schätzt, daß er bis spätestens drei Uhr in Ihrer Firma ist."

Kunde: „Später darf er auf keinen Fall kommen, weil sonst die Lagerarbeiter Feierabend haben."

SPV: „Ich gebe das sofort an unseren Fahrer weiter. Und melde mich dann nochmal, sobald er aus dem Stau raus ist! Damit nichts schief läuft! Einverstanden, Herr Kling?"

Kunde: „In Ordnung."

SPV: „Dann sage ich auf Wiederhören, Herr Kling, und nochmals danke für Ihr Verständnis!"

Mit einem Kunden telefonieren ist keine „Nebensächlichkeit", sondern erfordert persönliches Engagement, einen liebenswürdigen Ton, Sachlichkeit, präzise Informationen oder Angaben und Kürze! Und nochmal: Erst denken – dann telefonieren!

4. Wie motiviert ein Spitzenverkäufer Kunden? Oder: Kundenbedürfnisse und Kundenkaufmotive

Erinnern sie sich noch an den Herzbergschen Satz: „Motivation ist – was Leute wollen“? Analog dazu sagt ein Spitzenverkäufer: *„Kundenmotivation ist, herauszufinden, was Kunden wollen!“*

Was macht er also? Er versteht es, einen Kunden zu „öffnen“, schaltet Hirn und Herz, Verstand und Gefühl auf Empfang, sieht und hört gut hin, wenn der Kunde direkt oder versteckt über seine Bedürfnisse, Wünsche, Probleme, spricht, und stellt subtile Fragen!

Wenn ein Kunde sich z. B. ein ganz spezifisches Produkt vorstellt, das seinem Bedürfnis nach „Sicherheit“ Rechnung trägt, dann kann ein Verkäufer die tollsten Produktargumente abfahren. Wenn Sie nicht das Sicherheitsbedüfnis (Kundennutzen) des Kunden stark tangieren, sind sie wertlos!

Beispiel 1

SPV: „Ich habe Ihnen aufmerksam zugehört, auch was Sie zwischen den Zeilen sagten. Es ist doch richtig, daß das Bedürfnis nach „Sicherheit“ für Sie von größter Wichtigkeit ist und nur das Produkt für Sie in Frage kommt, das hier 100prozentige Sicherheitslösungen anzubieten hat!“

K: „Das stimmt! Ich fordere aber nicht nur Sicherheit im rein materialtechnischen und funktionalen Bereich, sondern genauso, was z. B. alle wirtschaftlichen und abwicklungstechnischen Fragen angeht.“

SPV: „Können Sie das noch im einzelnen präzisieren, damit gerade in den für Sie so entscheidenden Punkten nichts offen bleibt?“

Der Kunde formuliert jetzt detailliert, „auf was es ankommt“, und der SPV kann mit derselben Akribie auf die einzelnen Punkte eingehen und scheut sich auch nicht, auf einen möglichen „Schwachpunkt“ hinzuweisen – wenn nötig.

Kundenmotivation setzt Ehrlichkeit voraus. Und ich habe es nie erlebt, daß sie sich – auf Dauer – nicht bei jedem Kunden bezahlt gemacht hätte! Bei jedem!

Es gibt auch unter den Kunden „intrinsisch“ motivierte Einkäufer, sprich: Sie wollen von sich aus kaufen und ein bestimmtes Produkt für einen bestimmten Zweck haben. Und wenn der Verkäufer ein entsprechendes Angebot hat, dann bedarf es nur noch eines kleinen psychologischen und argumentativen Schubses in Richtung seines Kaufmotivs (Gewinn, Prestige, Wirtschaftlichkeit, Ästhetik, Bequemlichkeit, Sicherheit usw.) und der Abschluß (Auftrag) ist sicher!

Die meisten Leute, die in ein Einzelhandelsgeschäft gehen, sind „intrinsisch motiviert“. Sie haben ein **Bedürfnis**, daraus entwickelt sich ein **Beweggrund** (Motiv) und ein **Wunsch** (Ziel), und der vom Verkäufer aufgezeigte **Nutzen** (Umwandlung von Produktmerkmalen in Kundennutzen) löst **Befriedigung** und **ein bestimmtes Verhalten** aus mit dem Ergebnis: **Der Kunde kauft!**

Das Produktmerkmal/Servicemerkmal/Preismerkmal (siehe auch III. 8.2) usw. wird auch umgewandelt in „Kundennutzen“ ... „Das bedeutet für Sie ...“ „Das bringt Ihnen ...“ „Das nützt Ihnen ...“ „Dadurch gewinnen Sie ...“ „Damit erreichen Sie ...“ „Sie erzielen damit ...“ „Sie sichern sich dadurch ...“ „Sie verdienen so ...“

Beispiel 2

Auf einer Dienstreise nach Berlin wollte ich mir u. a. einen Anzug kaufen. (Das sind die Freiheiten, um die Verkäufer so beneidet werden.) Ich ging in ein bekanntes Herrenmodegeschäft, das – bis auf einen Schneider – nur bildhübsche Verkäuferinnen einsetzte! Als „sparsamer Schwabe“ hatte ich keineswegs geplant, mir den teuersten Anzug zu kaufen und bekam ihn doch ins Hotel geschickt! Ich wollte ursprünglich auch keine Hemden und Krawatten und kaufte doch je fünf Stück! „Schuld“ daran war die clevere, geschickt fragende und einfühlsam operierende Verkäuferin. Sie hatte schnell herausgefunden, was meine Bedürfnisse bzw. Kaufmotive waren: Ästhetik, Prestige, Qualität und „männliche Eitelkeit“. Mit einem Gemisch aus „stoffbezogener“ Sachlichkeit und Nutzenargumentation, weiblichem Charme und dezenter Schmeichelei war sie höchst erfolgreich! Sie verkaufte mir praktisch den vierfachen Betrag meiner ursprünglichen Finanzplanung. Natürlich merkte ich die Absicht der Dame (mehr zu verkaufen!), war aber keineswegs „verstimmt“. Sie war eine Spitzenverkäuferin und wußte ganz einfach, wie man einen Kunden (wie mich) zu behandeln hat.

Beispiel 3
Ausgangslage:

Kunde und Verkäufer (Hersteller) haben schon unverbindliche Gespräche miteinander geführt, und der Kunde kennt in etwa das Leistungsvermögen und den Nutzen der Herstellerprodukte!

Eines Tages bittet der Kunde zu einem Gespräch, das er so eröffnete: „Ich habe hier ein großes Problem!“ Eine ideale Eröffnung für einen Spitzenverkäufer. Er antwortet: „Danke, daß Sie mich als Problemlöser ansprechen. Jetzt kann ich Ihnen beweisen, daß unser Haus und ich uns jede erdenkliche Mühe geben, Kundenprobleme erfolgreich zu lösen! Bitte schildern Sie mir das Problem in allen Einzelheiten. Ich höre aufmerksam zu und unterbreche nur, wenn ich gezielte Fragen habe. Einverstanden, Herr K.?“

Und dann schildert der Kunde sein Problem. Er will sein Lieferprogramm in einem wichtigen Detailpunkt produkttechnisch, funktionell, ästhetisch auf einen Komfortstand bringen, den der Rest der Branche nicht besitzt! Dazu soll einerseits die bereits vorhandene Produktpalette des Herstellers beitragen, und auf der anderen Seite sollen bestimmte Maßeinheiten (es handelt sich um Fenster) neu gebaut werden.

Zum „Bedürfnis- und Problempaket" gehörten außerdem noch: attraktive Konditionen, hohe Serviceleistungen und Serviceextras und ... und ...

Aus den verschiedenen Gesprächen entnahm der SPV folgende Kaufmotive des Kunden: technische Extravorteile, hoher Qualitätsstandard, Prestige und Gewinn, Wirtschaftlichkeit, Bequemlichkeit, Zuverlässigkeit und Sicherheit! Sicherheit! Sicherheit (produktbezogen, abwicklungstechnisch, preislich, vertragsbezogen)!

Der SPV stellte sein Angebot hautnah auf die Bedürfnisse und Kaufmotivskala des Kunden ab und machte den Auftrag (nach Monaten). So einfach ist das!

So einfach ist es natürlich nicht! ***Was* braucht ein Spitzenverkäufer, um als „Kunden-Problemlöser" erfolgreich zu operieren?**

- Das marktgerechte, den Kundenvorstellungen zu 100% entsprechende Produkt und die eigene Begeisterung dafür,
- die treffenden Argumente *für* die Produktanwendung und den Produktnutzen,
- die durchschlagenden Beweise für das, was behauptet wird,
- die stichhaltigen, überzeugenden Argumente *gegen* Kundeneinwände und Bedenken,
- Beweise für die Preiswürdigkeit und das hohe allgemeine Leistungsniveau des Unternehmens,
- die glanzvolle Produktdemonstration,
- Kundenvertrauen,
- Ideen! Ideen! Ideen!,

- die Kunst, das treffende Wort zum richtigen Zeitpunkt zur richtigen Person zu sagen,
- die Fähigkeit, mehr zu schweigen und zuzuhören und, wenn nötig, zu fragen,
- abschließen, wenn alles Nützliche und Vernünftige dem Kunden gesagt, erklärt, bewiesen worden ist
- und „nach dem Auftrag" für den Kunden weiter da sein!

Meistens läuft es aber nicht so ideal wie im Beispiel 3, sondern der Spitzenverkäufer hat das Problem, „die Probleme des Kunden" erst aus ihm herauskitzeln zu müssen!

Beispiel 4

SPV: „In Ihrer Branche haben wir schon viele Produktions- und Betriebskostenprobleme durch den Einsatz unserer Maschinenanlage zur größten Zufriedenheit der Kunden gelöst. Das wissen Sie, Herr K.!"

K: „Ja, ich habe es von Ihnen und auch auf dem Markt schon gehört."

SPV: „Darum bietet sich doch automatisch die Frage an: Sollten wir nicht einmal ausführlich und detailliert über die Einsatzmöglichkeiten unserer Anlage in Ihrem Hause und damit über eine Produktionsstückzahl-Steigerung bei gleichzeitiger Kostensenkung sprechen?"

K: „Das klingt ja ganz gut und schön! Ich kenne im großen und ganzen doch schon die Vorteile Ihrer Anlage."

SPV (lacht): „Herr K., das ist wie bei ‚der Deutschen liebstem Kind', dem Auto. Jeder weiß, daß es fährt. Jeder weiß, man braucht dazu Benzin oder Diesel. Aber die höchst individuellen Wünsche, die jeder in vielerlei Beziehung an das Auto hat, die klären sich doch erst in ausführlichen Gesprächen und der Gegenüberstellung, ‚was ein Kunde will – und was das Auto kann'."

K: „Was hat das Auto auf uns bezogen zu tun?"

SPV: „Was unsere Anlage für Ihr Haus im einzelnen leisten kann oder auch nicht."

K (lacht): „Na, das werden Sie mir ja nicht sofort sagen!"

SPV: „Ich denke, wenn ich mir Ihr Vertrauen erhalten will, dann muß ich Ihnen auch solche Dinge sagen! Vorausgesetzt, es gibt sie!"

K (lächelt): „Na ja, es wird sie nicht geben!"

SPV (lacht): „Das kann ich erst sagen, wenn wir Ihre Wünsche und Probleme exakt kennen und in Einklang mit den Möglichkeiten unserer Maschinenanlage gebracht haben."

K: „Trotzdem macht das den Preis, den ich kenne, um keine müde Mark billiger!"

SPV: „Verzeihung, Herr K. Wenn das Preis-Leistungs-Verhältnis – einfach gesagt – ‚stimmt', und wir werden Ihnen beweisen, daß es stimmt, dann erscheint der Preis doch in einem ganz anderen Licht."

K: „Na schön, aber ich mache Sie darauf aufmerksam, alles, was wir jetzt besprechen, ist absolut unverbindlich."

SPV: „Selbstverständlich, Herr K.! Verbindlich, und da werden Sie mir zustimmen, Herr K., wird erst alles dann, wenn Sie von dem Nutzen unseres Angebots 100prozentig überzeugt sind und wenn wir Ihnen bewiesen haben, daß der Kosten-Nutzen-Faktor zu 100% in Ihrem Sinne für unsere Anlage spricht."

K: „Das klingt sehr griffig, aber ich bleibe dabei, die Kosten sind eminent hoch! Diese Nuß werden auch Sie nicht knacken können!"

SPV: „Bitte, lassen Sie sich und Ihre Mitentscheider von der Richtig ..."

K (unterbricht, leicht pikiert): „Was heißt hier ‚Mitentscheider'? Ich trage im Einkauf alleine die Verantwortung, auch bei hohen Beträgen!"

SPV: „Natürlich, Herr K. Aber bei einem Objekt, das über 3/4 Millionen ..."

K (ärgerlich): „Was soll das? Auch dann, Herr V."
SPV: „Entschuldigung! Ich wußte gleich, das war eine sehr unglückliche Frage von mir!"
K (winkt ab): „Schon gut!"
SPV: „Danke! Auch ich habe die entsprechende Kompetenz. So haben wir im Vorfeld einen ganz wichtigen Faktor bereits abgeklärt."
K: „Mir ist es auch *viel* lieber, einen kompetenten Gesprächspartner zu haben, der nicht wegen jedem Prozentpunkt Rabatt immer wieder rückfragen muß! Aber wie gesagt, ich fürchte, es kommt nicht dazu, Herr V."
SPV (ignoriert): „Würden Sie mir jetzt einmal ganz detailliert schildern, welche Anforderungen Sie an die Anlage ..."
K: „Da muß ich Sie unterbrechen, Herr V. Da bin ich nicht der richtige Gesprächspartner für Sie. Und ich weiß nicht ..."
SPV: „Ich sollte sicher zuerst mit dem Betriebsleiter ..."
K: „Jawohl! Mit ihm und seinen Technikern sollten Sie zuerst sprechen."
SPV: „Würden Sie mich bitte avisieren, Herr K.?"
K: „Jetzt sofort? Das hat doch noch Zeit!"
SPV (lacht): „Sie wissen doch Herr K. ‚Schmiede das Eisen, solange es ...'"
K (lacht und telefoniert): „Nein, heute geht es nicht, aber nächste Woche am Mittwoch um 14 Uhr."
SPV: „Tut mir leid, da bin ich schon ausgebucht. Aber aus meiner Sicht biete ich an: Montag, den 14. 10. um 15.00 Uhr oder Dienstag, 15. 10. um 11 Uhr vormittags."
K (gibt Terminvorschläge weiter): „Also dann am Dienstag um 11 Uhr."
SPV: „Fein, ich werde mich auf das Gespräch gut vorbereiten. Dafür haben wir einen besonderen Checklisten-Fragekatalog entwickelt."

K (blickt auf die Uhr): „O.k. Aber nochmal: Das Ganze ist völlig unverbindlich! Auch wenn der Betriebsleiter ... Lassen wir das."

SPV: „Keine Frage! Sie allein haben die Kompetenz. Aber ich weiß jetzt schon, unser Angebot wird Sie bestimmt voll und ganz überzeugen."

K: „Wir werden sehen. Ich wäre mir da nicht so sicher!"

Eines wußte der Spitzenverkäufer jetzt schon: Der Betriebsleiter war sicher auf seiner Seite, denn die kleine Andeutung zum Gesprächsende signalisierte zumindest dessen Interesse an einer neuen Anlage. Der avisierte „Checklisten-Fragekatalog" ist bei stark erklärungsbedürftigen Produkten und zwangsläufig auch bei vielen Fragen an den Kunden mehr als hilfreich. So gesehen stimmt in einem solchen Fall sicher nicht, was ein Verkaufstrainer bei Interviews herausgefunden hat: Verkäufer stellen in der Regel nicht mehr als sieben Fragen während eines Verkaufsgesprächs!

> Ein Spitzenverkäufer stellt so viele Fragen, bis er alles Wissenswerte über die Kundenwünsche, Bedürfnisse und Probleme erfahren hat. Und er versucht weiter, alles über seine Gesprächspartner, mit denen er es im Laufe von Verhandlungen zu tun hat (menschlich und fachlich) in Erfahrung zu bringen (Freunde und Gegner, graue Eminenzen und Coaches).

4.1 Großkunden-Bedürfnisse und (mögliche) -Kaufmotive

Hier ist z.B. der schon oft erwähnte „Key-Account-Manager" angesprochen. Er muß sich mit den speziellen Kundenbedürfnissen und Kundenwünschen auseinandersetzen und die Kaufmotive seiner Kunden (wie schon gesagt, kann es sich dabei um einen einzigen Großkunden handeln!) ausloten. Seine Vorschläge beschränken sich dabei nicht nur auf das Produkt (von den Produkteigenschaften bis hin zur großkundengerechten Verpackung), sondern ranken sich um das weite Feld des Marketing-Mix und der Hilfestellungen und

(mögliche) Kaufmotive	**Großkunden-Bedürfnisse**
	● Produkte, Qualität, Leistung, Produktentwicklung, Innovation
Gewinn	● Preise, Konditionen, Preis-Leistungs-Verhältnis
Ansehen	● Umschlagshäufigkeit (Handel)
Sicherheit	● Logistik, Lieferzuverlässigkeit
	● Serviceleistungen: kunden-spezifische Extras
Wirtschaftlichkeit und Nutzen	● Werbung, allgem./Werbung am POS (Handel)
	● Verkaufsförderung/„sell in“- und „sell out“-Aktionen
Bequemlichkeit	● Kundenzielgruppen-Orientierung (aus der Sicht des Großkunden und Beachtung durch den Hersteller) Was muß getan werden?
Aussehen	● Angebots- und Liefer-/Vertragswesen (langfristige Abnahmeverträge)
Extra-Vorteile	● Reklamationen/großzügige Reklamationsbearbeitung
	● Flächenrentabilität (Handel)
	● Kooperation über den Verkauf hinaus
Waren-Plus	● Zukunftsorientierung
Behandlungs-Plus	● Mitarbeiterschulung

Abb. 11: Kaufmotive und Bedürfnisse

Vorschläge, die er dem Kunden für die Vermarktung machen kann. Renditeberechnungen, Leistungsvergleiche, Kosten-Nutzen-Analysen, Wettbewerbsuntersuchungen, Marktuntersuchungsdaten, die für den Kunden nützlich und wichtig sind, gehören genauso dazu wie die Erarbeitung von Werbekonzepten und Verkaufsförderungsmaßnahmen, die dem Kunden flankierend helfen, richtige Entscheidungen zu treffen!

Der Spitzenverkäufer des Produktherstellers („K-A-M“) operiert hier praktisch „Großkunden-unternehmensberatend“. Je wirkungsvoller und effizienter er und seine Firma das tun, um so eher ist die Chance zu einem langfristigen Kundenbindungs- und Kooperationsvertrag gegeben. Wobei Kooperation sich auf alle Unternehmensfelder erstreckt!

Selbstverständlich können Branchen, Firmen und Einkäufer noch andere Kundenbedürfnisse und Kaufmotive haben, als hier dargestellt. Herauszufinden – welche –, ist eine „Spitzenverkäuferaufgabe“ par excellence!

Zuerst heißt es verkaufen = den Kunden gewinnen. Dann kommt das Wichtigste: den Kunden halten!

5. „Für seine Kunden immer da sein"

Wer dauerhafte Erfolge beim Kunden erzielen will, muß die Bereitschaft mitbringen, *immer* für seine Kunden da zu sein! Wörtlich genommen! „Dem Kunden dienen" ist die vornehmste Aufgabe eines Spitzenverkäufers. Es ist ein Erfahrungswert: „Begeisterte Kunden" ziehen – in der Regel – 15 neue Kunden nach sich. Unabhängig davon weiß ein SPV: Einen Kunden auf Dauer „halten", das ist Verkaufskunst, weil im gnadenlosen Verdrängungswettbewerb „der Wechsel" fast genauso häufig die Regel ist wie die viel beschworene „Kundentreue".

Für „seine Kunden da sein" bedeutet im einzelnen:

- alle Kompetenz haben = entscheidungsfähig und entscheidungsfreudig sein,
- 110 % !!!-kundenmotivert und -orientiert zu arbeiten!
- Helfer, Freund, Berater und Partner, aber nicht „Gegner, Feind oder Sieger" über den Kunden sein!
- „Dem Kunden dienen" (um gute Gewinne mit ihm zu machen!), d. h.:
  Jederzeit (wörtlich genommen) für ihn Zeit haben! Spitzenverkäufer verstehen ihre Verkaufsaufgabe als einen „Rund-um-die-Uhr-Dienst" am Kunden. Für SPV ist das „Außergewöhnliche" das Selbstverständliche!
- Einsatz und Engagement „über den Tag hinaus" praktizieren, d. h.: Der Verkauf beginnt nach dem Verkauf!
- Kreativ und einfallsreich, objektiv, offen und ehrlich sein.
- Vertrauen geben – und Vertrauen genießen!

- Ein Spitzenverkäufer erweist seinen Kunden einen Dienst, aber er „dienert“ nicht.
- Ein SPV macht Umsatz mit seinem Kunden und für seinen Kunden (sell in – sell out)!

Und noch einmal: Ein Spitzenverkäufer ist rund um die Uhr für seine Kunden präsent und macht sich unentbehrlich. Nur wer seinen Kunden dient, kann durch sie verdienen! – Ich gebe, damit du gibst!

Beispiel 1
Es war Samstag abend so gegen 7 Uhr. Meine Frau und ich wollten gerade zu einer Einladung starten, als das Telefon klingelte. Meine Frau hob noch mahnend den Zeigefinger – da hatte ich schon abgehoben. „Sie haben auf Ihrer Visitenkarte den großkotzigen Satz stehen: Ich bin immer für Sie da!“ schnarrte eine unangenehme Stimme, „nun können Sie das richtig unter Beweis stellen!“ Na, Servus! Tatsache war: Ein sehr arroganter, unsympathischer, aber leider bedeutender Architekt (A-Kategorie, die Kontaktstufe zu ihm war 3 minus! und die bisher gemachten Umsätze waren noch schlechter!) wollte wegen eines wichtigen Projekts, daß ich sofort die Pläne einsehe und ihm – noch heute – ein Angebot über Lichtdome und Lichtkuppeln ausarbeiten sollte, bei ihm im Privatbüro. Meine Frau reagierte enttäuscht, aber verständnisvoll, als ich dem arroganten Pinkel zusagte, in einer Stunde bei ihm zu sein.

Der Architekt empfing mich mit der Bemerkung: „Ich hatte zuerst zwei Wettbewerber von Ihnen angerufen, mit denen ich bisher Geschäfte machte, aber die Herren hatten am Samstag abend keine Zeit für Kunden! Jetzt können Sie's mir und Ihren Wettbewerbern zeigen! Sie haben alle Chancen!“ grinste er. „Auch wenn ich hier die Rolle des Lückenbüßers spielen soll“, (diese Bemerkung konnte ich mir nicht verkneifen), „danke ich Ihnen für die Chance. Ich werde sie nutzen! Bitte, schildern Sie mir die Ausgangslage und das oder die Probleme, die es dabei gibt." Kurz vor 2 Uhr Sonntag morgen hatte ich den ersten großen Auftrag über rd. DM 180000 von diesem „Typ" in der Tasche. Und später folgten weitere lukrative. Ich hatte einen arroganten Kunden gewonnen (der auch – nach einigem Suchen – „nette Seiten" hatte!), nur weil ich auf eine Party verzichtete. Zum Trost schenkte ich meiner Frau ein neues Kleid, und sie fragte mich prompt darauf: „Wann ruft der nächste Kunde am Samstag an?"

Beispiel 2
Einer der wichtigsten Händlerkunden in meinem Verkaufsgebiet klagte, daß die Hersteller zwar viel Produktschulung betreiben, aber nichts in Richtung Verkaufspsychologie, Taktik und Technik im Verkauf, Umgang mit Kunden zu bieten haben. Nun war das auch im Markt unüblich, aber es war, bezogen auf mich, doch ein Wink mit dem Zaunpfahl. Ich bot ihm an, seine Verkäufer, kostenlos natürlich, zu trainieren. „Am Samstag, wenn's geht!" Nach der ersten Schulung rief er an: „Meine Leute sind begeistert und würden auch noch den Sonntag vormittag dranhängen, wenn ..." Das machten wir dann vierteljährlich! Weitere Händler argumentierten plötzlich ähnlich! Schließlich schulte ich – in bestimmten Abständen – insgesamt zwölf der wichtigsten Händlerkunden im Verkaufsgebiet! Allerdings freitags von 14–22 Uhr. Mit dem Samstag/Sonntag war auf die Dauer meine Frau nicht einverstanden. Und ich war froh darüber!

6. Kunden-/Einkäufertricks und Spitzenverkäuferreaktionen

Grundsätzliches

Selbstbewußte Kunden (Chefs/Einkäufer/weitere Entscheidungsträger) und Persönlichkeiten stützen sich auf die „gleichen Säulen“ wie ein Spitzenverkäufer und werden, eben auf der anderen Seite des Schreibtisches sitzend, genauso motiviert!

Das Ergebnis ist darum in der Regel ein selbstbewußtes, partnerschaftliches Einkäuferverhalten.

Aber gleichgültig, um welchen Einkäufertyp es sich handelt (gleichgültig auch, ob männlich oder weiblich!), irgendwann greift *jeder* doch einmal in seine ganz „persönliche Trickkiste“ hinein, um gerade dem Spitzenverkäufer zu zeigen, „was eine Harke ist“. Nicht umsonst gibt es Einkäuferseminare, die zwar die „Partnerschaft mit dem Verkauf“ als Leitmotiv lehren, aber auch die kleinen flankierenden „Nadelstiche“ nicht vergessen, die einem Verkäufer versetzt werden können, wenn's um die Durchsetzung von Einkäuferinteressen geht!

Verkaufsverhandlungen sind im Normalfall friedliche (selten „streitbare“) Interessenverhandlungen. Trotzdem werden nicht nur „partnerschaftliche Umarmungen“ ausgetauscht, sondern ab und zu zeigt der Einkäufer auch seine Zähne und Muskeln! Ganz besonders, wenn er einen „durchtrainierten Salesprofi“ vor sich hat, der „am Ball“ (beim Kunden) alles kann und die Taktik und Technik des Verkaufsgeschäfts wie ein Spitzenprofi der Bundesliga beherrscht! (Hier schreibt ein Fußballfan!) Und diese „Lust“, ebenfalls die eigenen Profiqualitäten zu zeigen, ist natürlich auch beim Einkäufer riesengroß! Da reizt, Partnerschaft hin oder her, der Griff in die Trickkiste allemal!

Schließlich hat der Einkäufer immer *ein Ziel* vor Augen: für seine Firma eine an den Firmenbedürfnissen, Problemen und Wünschen orientierte optimale Lösung in Produktleistung, Serviceleistung und Preis herauszuholen! Und dafür ist ihm „so manches Mittel recht“ (honni soit qui mal y pense)!

Außerdem muß der Verkäufer Verständnis für so manche Kunden-/Einkäuferhaltung und -handlung haben, denn es gibt etliche Punkte, die einem Einkäufer im Umgang mit seinem Partner „aufstoßen“, wie Umfragen immer wieder beweisen:

- Immer noch wird auf der Verkäuferseite zu viel „geschwätzt“ und zu wenig Faktisches, Nützliches gesagt,
- unvorbereitet in ein Gespräch gegangen!
- Zu wenig informiert (der Verkäufer ist der wichtigste Informationsträger!) bzw. werden Informationen gegeben, die nicht interessieren, und die interessanten werden vergessen (Regel: Infos so viel wie nötig, aber den Einkäufer wirklich interessierende, so viel – und so gut – wie möglich!);
- es wird zu viel behauptet und zu wenig bewiesen;
- der Verkäufer ist von seinem Produkt und dem, was er darüber sagt, nicht überzeugt und zeigt das (gewollt oder ungewollt) deutlich;
- auf die persönliche Bekanntschaft wird sich zu sehr verlassen;
- alle Verkäufer nennen sich „Problemlöser“. Wenige sind es;
- es gibt zu viel Anbiederei und plumpe Vertraulichkeit und zu wenig Sensibilität und echte Hilfsbereitschaft,
- zu wenig Kompetenz,
- zu abgedroschene Gags, Witze, Kalauer und Sprüche, Rechthaberei und Besserwisserei,
- zu wenig gezielte, vernünftige Fragen;

- viele Verkäufer reden zu viel und hören zu wenig aufmerksam zu;
- Kundenpflege – dem „Kunden dienen“ – schreiben viele Verkäufer immer noch klein!

Aber was hat dieser Katalog hier mit der Haltung eines Spitzenverkäufers zu tun? *Nichts!* Denn er macht solche Fehler – in der Regel – nicht! Trotzdem halte ich es für richtig und nützlich, wenn der SPV sich diese Mängel hin und wieder einmal vor Augen führt, denn: **Nobody is perfect!**

Einkäufertricks und Spitzenverkäuferreaktionen

1. Trick: Die älteste, dämlichste, aber leider immer noch praktizierte Masche ist: der „Weichkocher“. Man läßt den Verkäufer warten und warten ... 1/2 Stunde! Was soll's! Und wenn der Einkäufer dann „gnädig“ erscheint, dann macht er noch sofort darauf aufmerksam: „Ich habe aber nur ein paar Minuten Zeit!“ Ziel ist: „weichkochen“, den Verkäufer „gefügiger“ gegenüber Rabattwünschen o. ä. machen und zeigen, wie bedeutend man selbst ist!

Reaktion: Das läuft bei einem Spitzenverkäufer einmal. Das erste und zugleich letzte Mal. Ein SPV kommt nie unangemeldet und ist pünktlich!

Und das kann er auch von seinem Gesprächspartner erwarten! Nach fünf, maximal acht Minuten Wartezeit meldet er sich höflich, aber bestimmt. Wie lange er noch warten müsse, zumal auch er Termine hätte – und er sei gewohnt, diese pünktlich einzuhalten! Ich hatte immer eine zweite Visitenkarte parat. Auf der stand:

- Um ... Uhr hatten wir einen abgestimmten Termin. Jetzt ist es ... Uhr!
- Ihre Zeit ist kostbar – aber meine auch! Danke für Ihr Verständnis!

2. Trick: Der Einkäufer „telefoniert Ihnen etwas vor". Das heißt, er führt in kurzen Abständen interne Gespräche oder Ferngespräche (die *alle* fingiert sein können). Der Einkäufer will damit seine Wichtigkeit zeigen und den Verkäufer nervös machen – oder gar hinausekeln.

Reaktion: Spätestens nach dem dritten Telefonat bemerkt der SPV: „Verzeihung, ich muß wohl etwas falsch machen?" Ekf: „Wieso?" SPV: „Weil es mir noch nie passiert ist, daß ich meinen Kunden nicht fesseln konnte! Ich merke das, sonst würden Sie doch nicht dauernd telefonieren!"

Oder: SPV: „Verzeihung, aber Sie telefonieren andauernd! Offensichtlich langweile ich Sie! Bitte, sagen Sie mir warum?"

Oder: SPV: „Verzeihung, Herr K. Sind Sie an unserem Gespräch nicht mehr interessiert?" Ekf: „Wieso meinen Sie das?" SPV: „Ganz einfach, weil Sie laufend telefonieren!"

3. Trick: Die Sekretärin kommt in kurzen Abständen ins Zimmer und unterbricht das Gespräch jedesmal mit einem anderen Anliegen. (Auch das kann abgestimmt sein, um den Verkäufer zu verunsichern.)

Reaktion: „Darf ich einmal eine etwas ketzerische Frage stellen, Herr K.?" Ekf: „Bitte sehr!" SPV: „Steht eigentlich unser fest vereinbarter Gesprächstermin nicht im Terminkalender Ihrer Sekretärin?" Ekf: „Ich verstehe Ihre Frage nicht!" SPV: „Die Antwort ist einfach: weil die Dame uns laufend unterbricht! So kann kein konstruktives Gespräch, das ja genauso in Ihrem Interesse liegt, zustande kommen!"

4. Trick: Der Verkäufer wird sofort mit Vorwürfen überfallen – ihm einen richtigen Schuldkomplex einzujagen.

Es gibt zwei Arten:

a) Die Vorwürfe sind berechtigt!
b) Sie sind nicht berechtigt, sondern basieren auf Gerüchten: „Ich habe gehört, daß ..."

Reaktion: Auch wenn es nicht besonders höflich ist, sofort mit der „Vorwurfs-Türe" ins Haus zu fallen, selbst wenn der Kunde recht hat, so reagiert ein SPV souverän (= ohne Schuldkomplexe zu bekommen!), aber verständnisvoll. Er bedauert: „Das tut mir wirklich leid, Herr K. Ich werde sofort, das verspreche ich Ihnen, alles in die Wege leiten, damit so ein Lapsus nicht wieder vorkommt! Das hätte mir nicht passieren dürfen, denn letztlich trage ich die Verantwortung bei allem, was in Richtung Kunde passiert." (Es soll schon vorgekommen sein, daß der Einkäufer dann seinen Vorwurf selbst abgeschwächt hat!)

Beginnt der Einkäufer das Gespräch mit dem Satz: „Hören Sie mal, ich habe gehört, daß die Firma Meier viel bessere Konditionen bekommt als wir!", dann reagiert ein SPV, der in seinem Bereich eine ausgewogene, vernünftige und konstante Preispolitik betreibt, so: „Danke, daß Sie mir das direkt sagen, denn Sie wissen ja selbst, wie gefährlich Gerüchte sind und wie schnell sie sich fortpflanzen!" Ekf: „Schöner Satz, der mir aber gar nichts sagt." SPV: „Ich kann den Vorwurf auch direkt so beantworten: Er stimmt nicht! Er ist nicht wahr, Herr K. Und ich beweise es Ihnen sofort! Aber bitte, sagen Sie mir zuerst einmal, *wer* hat denn dieses falsche, unzutreffende, dumme Gerücht in die Welt gesetzt?"

An Hand von Fakten kann ein SPV so ein Gerücht schnell ad absurdum führen. *Nur:* Der SPV triumphiert hinterher nicht. Er zeigt Verständnis und lächelt: „Ich weiß nur zu gut – aus eigenem Erleben –, wie schnell man auf ein Gerücht hereinfallen kann."

5. Trick: Der Einkäufer stellt Behauptungen über besondere Wettbewerbsleistungen auf, die nicht stimmen. Er will damit neue, zusätzliche Konzessionen erzwingen und sehen, ob der Verkäufer ihm irgendeine Leistung vorenthält.

Reaktion: Oberstes Gebot: Ein SPV kennt exakt, was der Wettbewerb wirklich zu bieten hat! Ist das nicht der Fall, dann fehlen ihm Fakten und er muß sich in rhetorische Floskeln retten.

„Haben Sie diese Wettbewerbsleistungen wirklich schwarz auf weiß!" Ekf: „Nein, aber soll ich an dem Wort eines Ihrer Konkurrenzkollegen zweifeln?" SPV: „Das will ich keineswegs unterstellen! Nein! Aber, Sie wissen auch aus eigenem Erleben, ‚nur was ich schwarz auf weiß habe, kann ich getrost nach Hause tragen'. Unser Angebot an Sie enthält alle Leistungen in Mark und Pfennig und das, was wir darüber hinaus für Sie tun, schriftlich!" Ekf: „Da kann ich auch sagen, Papier ist geduldig!" SPV: „Geduldig – in einer seriösen Geschäftsbeziehung, Herr K.? Das haben Sie bestimmt nicht ernst gemeint!" Ekf: „Na, ja." SPV: „Ich beweise Ihnen, daß sich mein Mitbewerber, ich formuliere es mal vorsichtig, einfach geirrt hat, als er von ..." und dann zählt der SPV die Leistungen auf, die *nicht* stimmen!

6. Trick: Der Einkäufer zieht einfach – anstelle von 2% bei Barzahlung – 4% Skonto ab mit der Begründung, das mache er bei allen Kunden so.

Reaktion: SPV: „Wenn jeder *Ihrer* Kunden mit Ihnen genauso verfahren würde, dann könnten Sie sich ausrechnen, wann Sie pleite sind!"

Ekf: „Nun übertreiben Sie mal nicht!"

SPV: „Die Rechnung ist einfach. Wir kommen dabei auf einen Millionenbetrag pro Jahr. Aber das ist nicht einmal das Entscheidende. Ich behandle alle meine Kunden gleich fair. An der Preispolitik unseres Hauses gibt es nichts zu rütteln! Bitte, sagen Sie mir einen triftigen Grund, *warum* ich Sie bevorzugen und einen gleichgelagerten guten Kunden, wie Sie es einer sind, bewußt benachteiligen soll?" Ekf: „Es ist mir egal, wie Sie darüber denken, ich handle eben so." SPV: „Was würden Sie sagen, wenn Ihnen einer Ihrer Kunden so eine lapidare Antwort geben würde?" Ekf: „Ich würde sagen, dann lassen wir es eben dabei. Einmal ist keinmal."

SPV (lacht): „Sie argumentieren wirklich verdammt geschickt, Herr K. Wir können es drehen und wenden wie wir wollen, aber ich habe bei Ihnen ein Guthaben von DM 475,00. Und ich werde Sie bei unserem nächsten gemeinsamen Geschäft daran erinnern. Auf alle Fälle darf ich Sie bitten, die Buchhaltung sofort zu informieren, Abzüge nur analog zu unseren Zahlungs- und Lieferbedingungen zu behandeln und abzurechnen, und ich werde unser Gespräch Ihnen und der Geschäftsleitung und Ihrer Buchhaltung schriftlich bestätigen. Es könnte ja sein, einer unserer Kunden erfährt, daß bei uns angeblich ‚einmal keinmal' ist!"

7. Trick: Der Einkäufer „überfällt" (meist als Bluff) den SPV mit der Bemerkung: „Ich habe ein Angebot bekommen, das stellt Ihres weit in den Schatten, mein Lieber!"

Reaktion: „Haben Sie es schriftlich vorliegen, Herr K.? Dann können Sie es mir ja zeigen, und wir können nüchtern und sachlich vergleichen, was mein Angebot hat und das Wettbewerbsangebot nicht – und umgekehrt!"

Ekf: „Was soll das denn: zeigen! Glauben Sie mir nicht?"

SPV: „Natürlich, aber ich weiß aus Erfahrung, erst der nüchterne, sachliche Vergleich und die Beantwortung der Frage: *Was* steckt tatsächlich hinter einer Zahl und Leistung?, machen ein objektives Bild, Herr K." Ekf: „Ich habe den Vergleich schon angestellt! Und wenn Sie nicht auf das Angebot einsteigen, dann werden wir nicht ins Geschäft kommen!"

SPV: „Sie setzen mich jetzt unter Druck, ohne auf meine Bitte eingegangen zu sein!"

Ekf: „Ich sagte Ihnen ja, ich habe verglichen, wir brauchen das nicht noch einmal zu tun!"

Hier ist ein kritischer Punkt erreicht, denn der Kunde hat zu 99,9% kein schriftliches Angebot – er „blufft" höchstwahrscheinlich! Würden Sie jetzt weiter insistieren, könnte der Kunde „sein Gesicht verlieren".

SPV: „Darf ich folgenden Vorschlag machen?" (Kunde nickt.) „Das Ihnen vorliegende Angebot ist gegenüber meinem angeblich um 1200 DM billiger. Ich sage Ihnen Punkt für Punkt, welche Vorteile und welchen Nutzen wir Ihnen für diese 1200 DM Differenz bieten! Dann können Sie vergleichen und urteilen, was wirklich realistisch hinter diesem Wettbewerbsangebot – ich bedauere immer noch, daß Sie es mir nicht zeigen wollen – wirklich steckt! Sind Sie damit einverstanden?"

Auch hier ist wieder ein kniffliger Punkt, falls der Kunde ablehnt, weil er den Verkäufer unverändert weiter „unter Druck" setzen will.

Ekf: „Nein, ich bin nicht einverstanden, aber ich möchte eigentlich heute noch entscheiden, und wenn Sie den Auftrag wollen, müssen Sie auf das Angebot einsteigen!" SPV: „Ich mache Ihnen einen anderen Vorschlag, Herr K. Sie überdenken noch einmal alles, und ich auch! Gilt das Angebot des Wettbewerbs nur bis heute, dann passe ich! Ich bedauere allerdings, daß Sie mir keine objektive Vergleichschance gegeben haben, ohne die Sie sicher auch nicht auf ein Wettbewerbsangebot einsteigen würden, das so ungewöhnlich im Markt ist und mich zwangsläufig sehr skeptisch macht! Ich schlage darum vor, wir besprechen alles nochmal zu einem neuen Zeitpunkt."

Der Kunde wird darauf eingehen, weil er merkt, daß der SPV auch „unter Druck" keine Konzessionen macht, sondern dann auf einen Auftrag verzichtet! **Ein Spitzenverkäufer kann – wenn es sein muß – glasklar auch NEIN sagen!**

8. Trick: Ähnlich ist die Taktik, Zeitdruck vorzutäuschen, das heißt: Der Einkäufer muß/will „heute noch schnell entscheiden". Hier operiert der Ekf mit überhöhten Forderungen und tut so, als würde er dem Verkäufer den Auftrag gerne geben, allerdings nur, wenn dieser sich schnell entscheidet und die (überhöhten) Forderungen akzeptiert!

Reaktion: „Es ist weder für Sie noch für mich nützlich, unter Zeitdruck Entscheidungen zu treffen. Darf ich darum vorschlagen, wir besprechen alles noch einmal zu einem neuen Zeitpunkt!“ Der Ekf merkt, „unter Zeitdruck“ läßt der SPV nicht mit sich verhandeln bzw. lassen sich keine Zugeständnisse erzwingen, vorausgesetzt, sein Angebot ist wirklich interessant. Der Ekf lenkt wieder ein.

9. Trick: Der Einkäufer will seine Zahlungs- und Lieferbedingungen durchdrücken!

Reaktion: Eine solche Kundenforderung muß kritisch geprüft werden, oftmals steckt hier „der Teufel im Detail“, d. h. es werden Leistungen verlangt, die praktisch indirekte Rabatte darstellen. Wird auf den Vorschlag eingegangen, dann müssen die „versteckten“ Leistungen – in Mark und Pfennig – offengelegt werden! Es sind Rabatte! Und sie müssen bei der „offiziellen Rabattstaffel“ Berücksichtigung finden.

10. Trick: Der Einkäufer operiert mit „rhetorischen Übertreibungen“, um dem Verkäufer eine Art von Schuldkomplex einzureden oder ihm ein Gefühl der Verpflichtung zu vermitteln!

Ekf: „Ich sagte noch zu unserem Chef, wenn Herr B. das zusagt, dann können wir uns 100prozentig darauf verlassen. Und jetzt diese Enttäuschung! Wie stehe ich denn gegenüber meinem Chef da, wenn die Lieferung erst gegen 19 Uhr hier eintrifft – und nicht wie versprochen gegen 12 Uhr!“

Reaktion: „Sie können sich vorstellen, wie sehr ich das bedauere und mich auch gerne bei Ihrem Chef dafür entschuldige! Nur, Sie kennen die traurige Wahrheit ja aus dem Radio und Fernsehen. Durch einen schlimmen Unfall war die Autobahn mehrere Stunden gesperrt. Unser Fahrer konnte dadurch nicht einmal Ihre Firma anrufen“.

Ekf: „Trotzdem, ich habe bei unserem Chef behauptet, auf Herrn B. ist Verlaß, komme was da wolle! Sie glauben ja nicht, wie sauer der war!“

SPV: „Wie gesagt, ich entschuldige mich gerne bei ihm!“

Ekf: „Nein, das ist nicht nötig. Geben Sie uns noch einen

– sagen wir mal – Entschädigungsrabatt, dann sieht die Sache schon wieder anders aus!“

SPV (lacht): „Das kann ich mir denken, Herr K. Aber gegen ‚höhere Gewalt‘ ist nun einmal kein Kraut – auch kein „Entschädigungsrabatt“ – gewachsen. Das wissen Sie auch, denn es könnte auch einem Ihrer Fahrer passieren!

Außerdem bin ich sicher, wenn wir ein neues Geschäft miteinander machen, dann werden Sie mich an diesen bedauerlichen Vorfall ganz sicher wieder erinnern!“ Ekf: „Da können Sie sich drauf verlassen!“

11. Trick: Der Einkäufer bricht die Verhandlung einfach ab, weil er sein Ziel, größere Konzessionen im Rabattbereich o. ä., nicht erreicht hat und gibt dem Verkäufer „Bedenkzeit“ bis zum zweiten Gespräch. Seine Hoffnung ist, der Verkäufer kommt in das neue Gespräch kompromiß- und zugeständnisbereiter wieder!

Reaktion: Die Verhaltensregel ist einfach: Es werden keine (neuen) Konzessionen gemacht, es sei denn, der Kunde macht Zugeständnisse im Bereich des Lieferumfangs. Standfestigkeit ist gefragt. Sie unterstreicht die eigene Glaubwürdigkeit. Außerdem würde der Kunde bei einem „Umfallen“ diese Möglichkeit immer wieder ausnutzen!

12. Trick: Der Einkäufer operiert mit der „Hilfslosigkeitsmasche“: „Nun sagen Sie mir einmal, Herr V., was würden Sie in meinem Fall tun, wenn Sie ein tolles Angebot bekämen und natürlich gerne Ihrem alten Freund – das sind Sie – den Auftrag zukommen lassen würden, aber bei dem Angebot in einen Gewissenskonflikt kommen?“

(Ziel ist, bessere Konditionen herauszuholen.)

Reaktion: „Wenn es ein so tolles Angebot ist, Herr K., dann würde ich höchstwahrscheinlich zugreifen!“ Natürlich ist diese Antwort riskant, wenn der Einkäufer nicht blufft! Tut er's – was der SPV unterstellt –, dann wird er nach diesem provokanten Satz irgend etwas „Einlenkendes“ von sich geben. Hat der Einkäufer tatsächlich „schwarz auf weiß“ (und dem SPV gezeigt!) ein besseres Angebot vorliegen, dann muß man sich natürlich damit auseinandersetzen, d. h. über die Differenzsumme (eigenes/Fremdkapital) detailliert sprechen und beweisen, daß der Kunde für diesen Differenzbetrag auch einen entsprechenden Nutzen durch entsprechende andere Vorteile etc. erhält!

13. Trick: Der Einkäufer kündigt an, er hätte sich für das Gespräch viel Zeit genommen und wiederholt mit Sturheit, Penetranz und Ausdauer immer wieder seine überzogenen Forderungen.

Reaktion: Hier ist es besser – nach einer angemessenen Zeit – selbst „Zeitnot" zu signalisieren und das Gespräch abzubrechen und zu vertagen, als „entnervt" auf die überzogenen Wünsche des Kunden einzugehen. Hier gilt die Regel: Gelingt dem Kunden, sich einmal auf diese Art und Weise durchzusetzen, dann wird er das immer und immer wieder versuchen! Merkt er aber, die Masche zieht nicht, wird er sie – in der Regel – auch aufgeben.

14. Trick: Der Einkäufer dreht den Spieß um und lobt den SPV über den grünen Klee in der Hoffnung, daß die Schmeicheleien Wirkung zeigen, d. h. der SPV zu Zugeständnissen, höheren Rabatten, sonstigen Konditionsverbesserungen, weiteren Serviceleistungen usw. bereit ist.

Reaktion: Kaum jemand kann behaupten, gegen Lob und Liebenswürdigkeiten gefeit zu sein – auch kein SPV, obwohl der natürlich sofort den Braten riecht! Selbstverständlich suchen Einkäufer ebenfalls nach „Schwachstellen" beim SPV, um sie zu nutzen. Aber ein kluger Spitzenverkäufer stellt sich taub (auch wenn es schwerfällt) gegenüber dem Charme und den Nettigkeiten eines Einkäufers und entgegnet:

„Danke für die Freundlichkeit, Herr K. Sie bringen mich mit Ihrem Lob direkt in Verlegenheit. Aber das ist für mich ein weiterer Ansporn, mich noch mehr als bisher um Ihre Belange zu kümmern, Ihnen noch bessere Informationen als bisher zu liefern. Mit einem Wort: Ihnen noch mehr Nutzen als bisher zu bringen!"

Jetzt haben Sie sich höflich bedankt, aber dem Kunden keine „Pralinen" wiedergeschenkt, was er erwartet hatte. Klarer Fall: Der Kunde kann auch direkt reagieren und sagen: „Fein, wenn Sie das alles zukünftig tun wollen. Aber vergessen Sie nicht, dabei auch das Wichtigste ins Auge zu fassen: bessere Preise und Rabatte." Jetzt hat der SPV wieder den schwarzen Peter. SPV: „Sie haben natürlich recht! Das Kosten-Nutzen-Verhältnis muß stimmen. Aber die vielen Geschäfte, die wir schon erfolgreich abgewickelt haben, beweisen ja, daß es stimmt!"

15. Trick: Der Einkäufer argumentiert: „Wir haben immer gut zusammengearbeitet, aber wenn Sie sich weiter so stur stellen (z. B. gegenüber einem höheren Rabatt etc.), dann ist die Harmonie unserer Zusammenarbeit ernsthaft gestört!"

Reaktion: „Natürlich bin auch ich sehr froh, daß unsere bisherige Zusammenarbeit so wunderbar harmonisch war. Und daran soll und darf sich auch nichts ändern! Nur, Harmonie ist immer abhängig von beiden Partnern. Und ich bin sicher, Sie voll und ganz überzeugen zu können, daß die vermeintliche Störung schlicht und einfach auf einem Mißverständnis, auf einem Irrtum beruht!"

16. Trick: Der Einkäufer erteilt – „so gut wie" – den Auftrag, schränkt aber ein, daß die endgültige Entscheidung erst am ... fällt. Ein neuer Termin wird sofort vereinbart.

Das Ziel ist: Beim neuen Termin soll der Verkäufer zu „Nachbesserungen" gezwungen werden mit der Begründung, daß sich die Gesamtsituation total geändert habe. Dem Verkäufer werden neue Konditionen genannt, auf die er einsteigen soll, wenn er den endgültigen Auftrag erhalten will.

Reaktion des SPV: neu verhandeln mit dem Ziel, die bereits ausgehandelten Konditionen etc. unverändert einzusetzen, es sei denn, der Kunde erhöht den Lieferumfang o. ä. Wird hier nachgegeben, dann wird der Einkäufer diese Gangart immer wieder einschlagen, weil er merkt: Der Verkäufer ist ein „Umfallertyp“.

18. Trick: Der Einkäufer bestätigt die Verkaufsverhandlung schriftlich (eine endgültige Entscheidung ist noch nicht gefallen) und läßt dabei kleine Konzessionen trickreich einfließen, die der Verkäufer so *nicht* gemacht hat. Der Einkäufer setzt auf die „Querleser“, die keine Zeit haben.

Reaktion: Er liest *jeden* Kundenbrief sorgfältig, abgesehen davon, daß er – in der Regel – wichtige Gespräche von sich aus bestätigt!

Er beantwortet den Brief sofort und widerspricht bestimmt, aber höflich: „Bei den Punkten a/b/c/d/e ist Ihnen ein kleiner Irrtum unterlaufen, den wir korrigieren dürfen. Besprochen wurde folgendes: ...“ Dann folgt die korrekte Aufzählung. Telefonisches Nachfassen – nach dem eigenen Brief – ist empfehlenswert, weil sich auch die Situation beim Kunden tatsächlich geändert haben könnte.

19. Trick: Der Einkäufer überrascht mit dem Wunsch: „Nennen Sie mir Wettbewerber.“ Das Ziel ist, dem Verkäufer Angst zu machen, ihn einzuschüchtern, um bessere Konditionen herauszuholen. Ziel kann auch sein: Der Einkäufer will wirklich einen Wettbewerber einschalten. Nur: Jeder „gute Einkäufer“ kennt die Branche = Wettbewerber!

Reaktion: Der SPV muß pfeilschnell prüfen, wie wichtig ihm die Zusammenarbeit mit dem Kunden ist. Das Risiko erhöht sich bei der Nennung, je schwächer die bisherige Kooperation war. Man nennt dann am besten „Allerweltswettbewerber“. Kennt man den Kunden, dann ist sicher die Frage angebracht: Warum?

Da Angriff bekanntlich die beste Verteidigung ist, macht der SPV deutlich, daß auch der Wettbewerb seine bisherige Haltung nicht beeinflussen kann, weil das eigene Angebot eine optimale Lösung des Kundenproblems in Produkt und

Konditionen darstellt! So betrachtet, sieht der SPV einem möglichen Wettbewerbsangebot gelassen entgegen. Abgesehen davon nennt der SPV in jedem Fall Wettbewerber, deren Angebot dem eigenen von vornherein schon unterlegen ist.

Es ist eine knifflige Situation. Aber ein Spitzenverkäufer wird sie souverän meistern und seinem Kunden auch nicht die Spur von Unsicherheit zeigen. Das ist das Wichtigste.

19. Trick: Bei Gruppengesprächen mit mehreren Teilnehmern, die aus unterschiedlichen Bereichen kommen, entwickelt auch der Einkauf (wie umgekehrt der Verkauf) eine bestimmte Vorgehensstrategie, um die eigenen Wünsche und Ziele besser durchsetzen zu können. Dabei übernehmen oft ein oder zwei Teilnehmer die Rolle des Advocatus Diaboli, der Miesmacher, „Wettbewerbslober", um gezielt die Verunsicherungstaktik auf die Spitze zu treiben. Möglicherweise werden die „stillen Helfer" und „Schrittmacher" des Verkäufers bewußt beim Verhandlungstermin weggelassen. Geschäftsberichte werden analysiert, um z.B. Preiserhöhungen abschmettern zu können, oder es wird deutlich gemacht, daß zu viel Gewinn gemacht wird(!), was der Kunde selbstverständlich nicht einsieht!

Reaktion: Das beste und das einzig wirkungsvolle Mittel ist die intensive, gute Vorbereitung auf das Gespräch und die Erstellung eines eigenen Verhandlungsplans! Außerdem sollten bereits vor dem Gespräch so viele Informationen wie möglich über den Kunden, seine Absichten, Wünsche, Bedürfnisse, Ziele, über die „stillen Helfer" bzw. Schrittmacher, die der SPV in Unternehmen des Kunden hat, eingeholt werden.

Und während des Gespräches gilt: Augen auf, Ohren auf, alle Teilnehmer gut beobachten, um schnell herauszufinden, ob durch Blickkontakt oder Körpersprache Zeichen für/gegen ... gegeben werden.

20. Trick: Nicht zuletzt operieren Einkäufer immer wieder mit dem Allerweltseinwand: „Sie sind zu teuer!" Kein Kundenargument wird mehr strapaziert; strapaziert auch dann, wenn der Einkäufer – im Grunde – an Preis und Leistung nichts auszusetzen hat! Es ist eine Spielart, um den Verkäufer zu verunsichern, ihn mürbe zu machen, ihm Preiszugeständnisse zu entlocken! Und wenn ein Einkäufer merkt, daß er es mit einem „Umfaller" zu tun hat, dann reitet er natürlich die Preismasche bis zum „geht nicht mehr"!

Umgekehrt gibt er auch relativ schnell auf, wenn sein Gegenüber ein „gestandener Spitzenverkäufer" ist.

Reaktion: Ein Spitzenverkäufer merkt aufgrund der Kundenargumentation sehr schnell, ob der Einkäufer gute, echte, sachliche Gründe für seine Behauptung hat (die es natürlich geben kann!) oder ob hier wieder in die Trickkiste gegriffen wurde!

SPV: „Wir sind zu teuer, sagen Sie, Herr K.! Dann bitte sagen Sie mir auch, warum Sie das annehmen und mit wem und was Sie unseren Preis denn vergleichen!?" Ekf: „Ich sehe mir nur die Preise auf dem Markt an, das genügt!" SPV: „Da haben Sie natürlich recht! Einer ist immer der Billigste!" Ekf: „Stimmt – und der ist auch interessant!" SPV: „Wenn ich mir Ihr Lager ansehe, denke ich daran immer mit Bewunderung, denn ‚Billigheimer' finde ich auf dem Lager Ihres Hauses keine!" Ekf (grinst): „Was denken Sie, wie ich die alle im Preis gedrückt habe!" SPV (lacht ebenfalls): „Das kann ich mir gut vorstellen, schließlich haben Sie auch bei uns einen optimalen Preis erzielt!" Ekf: „Der Preis ist nicht schlecht, aber er könnte noch besser sein." SPV: „Aus Ihrer Sicht ist das natürlich ein verständliches Argument, nur wissen sie genausogut wie ich, wann eine Zitrone ausgepreßt ist! Nein! Sie werden mir (lächelt) zumindest im stillen zustimmen. Den Nutzen, den Sie im Verhältnis zu den Kosten aus unserem Produkt ziehen, ist optimal! Unsere gemeinsame, erfolgreiche geschäftliche Beziehung ist der beste Beweis dafür! Darf ich Ihnen jetzt etwas zeigen, was Sie interessieren wird?"

Damit ist das Thema „zu teuer“ abgehakt. Der Einkäufer gibt auf, weil er, wie der SPV vermutet hat, im Grunde mit dem Preis-Leistungs-Verhältnis, das er geboten bekommt, zufrieden ist.

Natürlich sind die „Spitzenverkäuferreaktionen“ keine 100 %-Erfolgsgarantie! Auch ein SPV wird da und dort „Federn“ lassen müssen! Aber ein Spitzenverkäufer „kämpft“ darum, für jedes gemachte Zugeständnis an den Kunden ein Zugeständnis vom Kunden zu bekommen! Das ist er schon seinem Selbstwertgefühl schuldig. Gelingt das nicht, auch wenn er alles versucht hat, dann gilt für ihn die „LCL“-Regel (love it – change it – leave it): „Vergiß es!“

Besser, Sie fragen einem Kunden ein (taktvolles) Loch in den Bauch, bevor Sie ein großes Informationsloch im Kopf haben.

Wer fragt, zeigt Interesse an seinem Kunden. Und wer gezielt fragt, will seine Probleme lösen!

7. Spitzenverkäufer sind neugierig und fragen und fragen ... ihre Kunden ...

Sie wissen: Es gibt keine gute Kommunikation zwischen Ein- und Verkauf – ohne Fragen. **Fragen sind die Wegbegleiter erfolgreicher Verkaufsgespräche!**

Dazu liefert der Volksmund einige sehr seltsame (um nicht zu sagen dumme) Anmerkungen. „Am vielen Fragen erkennt man den Narren" ist eine, und die andere lautet: „Es gibt keine dummen Fragen – es gibt nur dumme Antworten!" („Wenn Du eine weise Antwort willst, muß Du vernünftig fragen", Goethe.) Selbstverständlich gibt es dumme Fragen, als Schwabe würde ich sogar sagen „saudumme", und wenn darauf die Antworten entsprechend ausfallen (nichtssagend, bissig, spitz, zynisch, ironisch, sarkastisch - oder eben auch dumm), darf es niemanden wundern!

Ohne Fragen kommt kein ergiebiges Verkaufsgespräch mit Aussicht auf einen Abschluß zustande. Am geschickten Fragen – erkennt man den klugen Kopf!

7.1 Moderne Frageregeln

- Wer fragt, führt das Gespräch.
- Fragen liefern Informationen, Meinungen, Ansichten, Motive, Erkenntnisse, Wünsche, Bedürfnisse, Urteile, Ziele, Probleme, Wissen über ...

- Fragen „öffnen“ einen Kunden, bringen ihn zum Nachdenken – und zum Reden.
- Fragen verhindern die eigene Vielrederei und den Monolog!
- Fragen zwingen zum aktiven Zuhören bei den Antworten.
- Fragen vermitteln ein Gefühl von Interesse am Kunden als Mensch und Gesprächspartner.
- Fragen helfen, Kaufhindernisse aufzudecken.
- Fragen sind Stützen für die eigene Argumentation, schaffen Denkzeit und erhellen Einwände.
- Fragen mindern den Verkaufsdruck auf einen Kunden.
- Fragen halten ein Gespräch in Gang und helfen, „Verlegenheitsmomente“ – auf beiden Seiten – zu überbrücken.
- Gezielte Fragen verkürzen das Gespräch (= Zeitgewinn).
- Fragen, die Fachwissen, Markt- und Branchenkunde und das Wissen um den Kunden selbst verraten, schaffen Vertrauen.
- Fragen geben immer wieder die Initiative an den Verkäufer zurück.
- Fragen erleichtern jede Art von Themenwechsel.
- Gut gefragt ist halb verkauft.
- Die „neue Höflichkeit“ heißt: Fasse dich kurz! Sowohl im Gespräch allgemein als auch bei Fragen. Kurze, knappe, zielgerichtete Fragen sind „gefragt“.
- Kein Fragenbombardement auf einmal, kein Fragenbündel, sondern eine Frage nach der anderen, Schritt für Schritt vorwärts fragen!
- Fragen müssen so formuliert sein (Wortwahl), daß sie sofort vom Kunden verstanden werden. Schlimm wäre, wenn immer eine „Kontrollfrage“ (Habe ich mich klar ausgedrückt?) jeder Frage hinterhergeschickt werden müßte!
- Wer taktlos fragt, gräbt sich sein eigenes Grab! Auch so

manche andere „heimtückische“ Frage sollte besser „ungefragt“ bleiben! (Plumpe, dumme, komplizierte, aufdringliche, simple Fragen sind gemeint.)

- Fragen erfordern Empathie, Einfühlungsvermögen. Versetzen Sie sich erst in die Lage des Kunden, und dann formulieren Sie die Frage, dann fragen Sie richtig!
- Schmeckt Ihnen die Kundenantwort nicht, dann sollte Ihre nächste Frage deswegen nicht vorwurfsvoll klingen.
- Lassen Sie dem Befragten Zeit zum Nachdenken!
- Den „Oberlehrer-Zeigefinger“ mag kein Kunde (auch kein Leser! – Ob mir das immer gelungen ist?).
- Ideal ist die Aufstellung eines **„Fragenkatalogs“**. (Es gibt eine Fülle an Standardfragen – und jedes Gespräch erweitert den Fragehorizont. Das schlägt sich im Fragenkatalog nieder, der laufend ergänzt und erweitert werden muß.)
- Fragen kann man nach Kundenproblemen, Kündenwünschen, Bedürfnissen, Zielen, Kaufmotiven, Erfahrungen, Meinungen, nach dem Kundenurteil, nach spezifischen Kundenvorstellungen (heute-morgen-Zukunft), nach technischen Details, Anwendungen, Fragen des Marktes, der Firma, der Organisation, nach dem Kundenhobby, seinen Interessen usw. usw., und man kann den Kunden auch um Rat fragen!
- Helfer beim Fragenkatalog sind die berühmten „W-Fragen“: wer-was-wann-wie-warum-wozu-womit-wofür-wiewen?
- Spitzenverkäufer fragen elegant, nicht inquisitorisch, und sie denken nach, *bevor* sie fragen! Sie haben ihren branchenbezogenen Fragenkatalog im Kopf, der dann leicht durch notwendige Augenblicksfragen angereichert werden kann.
- Spitzenverkäufer wissen *und* handeln danach (im Gegensatz leider zu manch anderem Verkäufer): Fragen setzt automatisch „aktiv zuhören“ (= verstehen – auswerten, reagieren) und neue Fragen stellen voraus!

7.2 Fragearten

Informationsfragen	Taktische Fragen
● offene Fragen ● geschlossene Fragen	● direkte/indirekte Fragen ● rhetorische Fragen ● Alternativfragen ● motivierende, stimulierende Fragen ● herausfordernde Fragen ● Gegenfragen ● Fangfragen ● Suggestivfragen ● reflektierende Fragen ● Bestätigungsfragen ● Kontrollfragen ● „Schlüsselfragen“ sie können aus allen Fragearten gespeist werden (siehe Beispiele)

Abb. 12: Informationsfragen und taktische Fragen

Beispiele
Offene Informationsfrage (auch identisch mit der direkten Frage, die zielgerichtet ist!)
Hier stehen die berühmten Ws am Anfang des Fragesatzes.

Wer in Ihrem Hause muß noch befragt werden? Was hat Ihnen an unserem Angebot besonders gut gefallen? Wie ist jetzt der letzte Stand der Dinge? Wo muß noch etwas ergänzt und optimiert werden? Welche Mitbewerber sind noch im Gespräch? Wann fällt nun die endgültige Entscheidung? Warum wollen Sie sich dieses Referenzobjekt nicht ansehen? Wieso glauben Sie, daß das nicht funktioniert?

(Die indirekte Frage dagegen ist oft keine, d. h. hat nicht die grammatikalische Frageform.)

Geschlossene Informationsfrage (kann z. B. auch identisch mit einer Kontrollfrage sein.)
Die geschlossene Informationsfrage beginnt meistens mit einem Tätigkeitswort (Verb oder Hilfsverb) und die Antwort ist ein Ja oder ein Nein.

Haben Sie das auch so gesehen? Können Sie mir noch weitere Informationen geben? Wollen Sie die Ware bis zum ... geliefert haben? Gibt es noch eine offene Frage? Müssen Sie auch noch mit Ihrem Chef darüber sprechen? Wünschen Sie ein schriftliches Angebot oder genügt ein Richtwert?

„Schlüsselfragen" (auch diese Frageart kann identisch mit anderen, hier aufgeführten sein.)
Das Wichtigste an diesem Fragetyp ist der „weichenstellende" Charakter. Danach weiß man, wo es lang geht, in welche Richtung!

Frage an den Architekten: Bauen Sie einen Flachdach-Bungalow oder ein Haus mit einem Satteldach? Was ist Ihr alles entscheidendes Kaufmotiv? Was ist bei einer Zusammenarbeit für Sie ganz persönlich von besonderer Wichtigkeit? Wann soll dieses Projekt realisiert werden? Welche Zielgruppen wollen Sie ansprechen? Wie groß ist Ihr Budget? Wer (Anwender/Benutzer) soll später damit arbeiten? Wie groß ist Ihre Familie (Frage nach einem Elektroherd)? Haben Sie schon Erfahrungen mit Kunststoffbahnen gesammelt? Wer wird später mit dem Produkt arbeiten (Anwender/Benutzer)? Wann soll das Projekt genau realisiert werden?

„Schlüsselfragen" bei der Angebotsverfolgung am Telefon

- Haben Sie unser Angebot pünktlich erhalten?
- Wurden alle Produkte in Ihrem Sinne berücksichtigt?
- Bestehen noch offene Fragen zu irgendwelchen Detailpunkten?

- Welche Aussichten haben wir Ihrer Meinung nach, den Auftrag zu bekommen?
- Wann treffen Sie Ihre letzte Entscheidung, und was können wir noch ergänzend tun, um sie Ihnen zu erleichtern?
- Welche Mitbewerber sind noch im Gespräch?

Rhetorische Frage
Sie ist eigentlich nur dazu da, um Aufmerksamkeit zu wekken, einen Aha-Effekt zu erzeugen. Der Fragesteller gibt sich nämlich die Antwort sofort selbst! Neben dem, was gefragt/gesagt wird, ist wichtig, *wie* es gesagt wird!

– „Was sind eigentlich die Hauptprobleme dieses Vorhabens? Die Hauptprobleme sind doch die Fragen nach Sicherheit, Sicherheit und immer wieder Sicherheit!"

– „Was ist der Preis? Der Preis ist doch nichts anderes als der Gegenwert für die Summe erbrachter Leistungen!" Die Wirkung einer rhetorischen Frage liegt einzig und allein in der Art, wie sie vorgetragen wird, und – was noch viel wichtiger ist – in ihrem sparsamen Einsatz! Zweimal gebracht kann schon einmal zuviel sein!

Alternativfrage
Wie der Name sagt, bietet sie Wahlmöglichkeiten.

– Möchten Sie lieber das oder das? Heute oder morgen? Jetzt oder später? Vormittags oder nachmittags? Modern oder altmodisch? Gut oder schlecht? Ästhetisch oder häßlich? Stark oder schwach? Hell oder dunkel? Billig oder preiswert? Vorteil oder Nachteil? Wichtig oder unwichtig?

– Kaufen Sie – oder kaufen Sie nicht? Möchten Sie kleine Kartons oder große im Zwölferpack? Wünschen Sie ein sportliches Auto oder eine Familienlimousine? Arbeiten Sie im Betrieb vorwiegend mit Hydraulik oder Pneumatik?

Motivierende/stimulierende Frage
Erinnern Sie sich noch an den Satz von Herzberg? „Motivation ist – was Leute wollen." Eine motivierende Frage ist eine Frage, die den Kunden zum Nachdenken anregt, „etwas zu tun". Darum ist es sicher nicht falsch, wenn der Kunde gefragt wird:

- Haben Sie schon darüber nachgedacht, daß ...
- Ziehen Sie auch in Ihre Betrachtungen mit ein, wie ...
- Könnten Sie sich auch vorstellen, was ...

Eine Frage, die zum Nachdenken zwingt, macht auf einen vielleicht bisher noch nicht berücksichtigten Aspekt aufmerksam. „Bitte bedenken Sie auch, wie hoch der Reingewinn bei erhöhter Lagerumschlagshäufigkeit wird, wenn ..."

Herausfordernde Frage
Diese Frageform kann – versteckt – in einem Satz stecken. Es muß (ähnlich wie bei der indirekten Frage) kein Fragesatz sein, der „herausfordernd" auf den Kunden wirkt. Vorsicht: Hier kann schnell etwas ins Auge gehen, verletzend wirken, ja sogar beleidigend! Wenn Sie beispielsweise sagen: „Sie könnten ganz genauso viel umsetzen wie Ihre Konkurrenz, wenn Sie sich mehr anstrengen würden.", dann ist das zwar herausfordernd, aber auch beleidigend!

Gegenfrage
Sie sind dann wirkungsvoll, wenn der Kunde die Dinge recht einseitig sieht. (Gegenfragen können den Charakter von herausfordernden Fragen annehmen.)

Sagt der Kunde: „Das ist doch in der Praxis überhaupt so nicht möglich. Wieso glauben Sie denn so etwas?" *oder:* „Glauben Sie denn wirklich, das ist preiswert? Was ist preiswert Ihrer Meinung nach?" *oder:* „Das ist doch kein Argument! Was wäre denn Ihrer Meinung nach ein gutes Argument?“ oder: „Das sehen Sie viel zu einseitig! Wie sehen Sie es denn aus der Kundensicht?“ *oder:* „Das hat mich aber überhaupt nicht überzeugt! ... Welcher Beweis könnte das tun?“

Fangfrage
Sie gehört in die Rubrik schlechte Dialektik. Ein Spitzenverkäufer setzt sie nicht ein, aber kennt sehr wohl ihre Wirkung.

Aus der Antwort zieht der Fragende andere Rückschlüsse als der Befragte selbst. „Ich kann mir vorstellen, daß Ihre Fahrzeuge insgesamt im Jahr drei Millionen Kilometer zurücklegen?“ (Es geht hier um den Benzin- und Ölverbrauch.) „Bei meinem letzten Besuch gab ich Ihnen doch einen Artikel über uns, da stand unter anderem ...“ (und was vom Verkäufer zitiert wird, stimmt nicht. Der Hintergrund ist: Man will nur sehen, ob der Artikel tatsächlich auch gelesen worden ist!)

Suggestivfrage
Sie suggeriert dem Kunden etwas ein, und darum liegt auch hier in der Beschränkung der Meister! Wenn Sie bei jedem zweiten Argument dranhängen: „Sie geben mir doch recht, daß ...“ *oder:* „Sicher sind Sie auch der Meinung, daß ...“ *oder:* „Das ist doch auch bestimmt Ihre Ansicht, daß ...“, dann laufen Sie Gefahr, der Kunde fühlt sich manipuliert! Es kann Ihnen dann passieren, daß der Kunde mit der sogenannten „Ja, aber“-Technik operiert oder einfach nein sagt, wo ein zustimmendes Ja vom Verkäufer erwartet wurde. Dem Kunden geht diese Art der Fragerei auf die Nerven – und er reagiert „genervt“.

Reflektierende Frage
Hier wiederholt der Verkäufer eine Kundenaussage in Frageform. Ziel: Kontrolle, ob die Aussage richtig verstanden wurde – und „Umformulierung“.

Kunde sagt: „Damit bin ich überhaupt nicht einverstanden!“

SPV: „Habe ich Sie richtig verstanden, daß diese Lösung noch modifiziert werden muß?“

Kunde: „Ja – und wie!“

SPV: „Würden Sie das bitte präzisieren! Wo – wie?“ oder

Kunde: „Aber das ist doch viel zu aufwendig und kostspielig!“

SPV: „Ich verstehe Sie richtig, wenn ich sage: Sie sind mit dem Kosten-Nutzen-Verhältnis noch nicht ganz einverstanden?“

Kunde: „Das ist ziemlich zahm formuliert!“

SPV: „Dann, bitte, sagen Sie ruhig scharf und präzise, womit Sie nicht einverstanden sind – und warum.“

Bestätigungsfragen
Sie ähneln sehr stark der rhetorischen Frage, nur erwartet hier der Fragesteller eine Antwort, eine Bestätigung. Außerdem ist sie auch stark an Kontrollfragen angelehnt.

Kontrollfragen
Der Name sagt's: Sie dienen der Kontrolle ... „Habe ich mich verständich ausgedrückt?“ ... „Sie wollen die Ware also bis zum ...“ „Haben Sie bis zu diesem Punkt noch irgendwelche Fragen?“ ... „Kann ich davon ausgehen, daß wir bis hierher volle Übereinstimmung erzielt haben?“ ... „Sind Sie mit diesem Vorschlag einverstanden?“ ...

Der Einsatz der verschiedenen Fragearten ist ein wunderbares Instrumentarium, um den Kunden zu „führen“ und um alle Informationen zu bekommen, die ein SPV braucht, um das Kundenproblem zu lösen – und abzuschließen.

Ein kluger Kopf hat herausgefunden: Ein Verkäufer stellt im Laufe einer Verhandlung sieben Fragen (wenn er sie verdoppelt, erhöht sich auch seine Erfolgsquote um 18 %!). Ob sieben Fragen – oder siebzig:

Ein Spitzenverkäufer fragt so viel wie nötig, so intensiv wie möglich und so lange, bis er weiß, was er wissen muß, um den Auftrag zu machen!

Man brauche gewöhnliche Worte und sage ungewöhnliche Dinge.
A. Schopenhauer

Nur vom Nutzen wird die Welt regiert.
F. Schiller

8. Wie Spitzenverkäufer ihre Kunden überzeugen – Verkaufsrhetorik und Nutzenargumentation

8.1 Verkaufsrhetorik

Wer Kunden begeistern, überzeugen und gewinnen will, muß die Fähigkeit besitzen, „in sie hinein – und nicht nur an sie dran zu sprechen".

Darum weiß ein Spitzenverkäufer auch, wie wichtig es ist, *wie* man etwas zu einem Kunden sagt (das ist manchmal noch wichtiger als – *was* man zu ihm sagt). Gekonnte Verkaufsrhetorik wertet die eigene Person auf und verleiht den eigenen Zielen und Wünschen mehr Nachdruck! Sie ordnet die eigenen Gedanken und hilft dem Gesprächspartner, Problemlösungen, Vorschlägen und Ideen leichter zu folgen!

Natürlich kennt ein Spitzenverkäufer die Wirkungsmittel (intuitiv oder angelernt), das rhetorische Instrumentarium, um seine Kunden rational oder emotional eindringlich zu packen, zu fesseln, zu faszinieren und in Richtung Auftrag zu überzeugen! („Wenn ihr's nicht fühlt, ihr werdet's nie erjagen, wenn es nicht aus der Seele dringt und mit kräftigem Behagen die Herzen aller ‚Kunden' zwingt", hätte abgewandelt, der Seelenverkäufer Faust sagen können!)

Worte, und wie man sie wirkungsvoll einsetzt und gebraucht, sind das wichtigste Handwerkszeug eines SPV. Er kennt sich in seinem „rhetorischen Werkzeugkasten" blendend aus, ohne selbst ein Blender zu sein!

Denn genau diese Befürchtung, dieses Vorurteil, schleppen etliche Chefs, Einkäufer oder sonstige Entscheidungsträger mit sich herum. Die stimm- und wortgewandten Verkäufer sind ihnen suspekt. (Von der dubiosen Rhetorik mancher Politiker will ich hier nicht reden!) Zwei Gründe stehen dafür:

1. Wenn mancher Kunde in sein eigenes rhetorisches Schatzkästlein kritisch hineinschaut – Hm – hm – äh – äh – ui – äh – oh –, muß er auf den SPV sauer werden. Denn bekanntlich ist der Neid der Begleiter des Ruhms.
2. Umgekehrt kann sich so mancher Verkaufs-Wortakrobat (oft auch ins eigene Geschwätz verliebt) „nicht zurücknehmen“, bremsen – und sich gedanklich und sprachlich seinem Kunden „anpassen!“ Es ist eine Kunst, mit einem Minimum an Worten ein Maximum an Substanz zu erreichen!

Klar ist auch: Wenn der Kunde signalisiert, kein rhetorisches Feuerwerk abzubrennen, ist es unklug, das zu ignorieren. Wer rasend schnell spricht, wenn der Kunde bedächtig und langsam agiert und redet, erreicht schwer „die gleiche Wellenlänge“ mit ihm. Aber wenn der Kunde „Pfeffer“ hat, erreicht ein Verkäufer mit Trägheit – in Worten und Taten – keine große Wirkung!

So gesehen ist die Verkaufsrhetorik ein berufsbedingtes Instrument. Und je nachdem, *wie* der Verkäufer darauf zu spielen versteht (Virtuose oder Stümper!), können damit Harmonie und ein großartiger Schlußakkord oder Mißtöne und ein Tonsalat erzielt werden!

Viele Menschen bilden sich auf ihr umfangreiches Wissen etwas ein – „wenn sie eingebildet sind“. Aber wie oft können solche „Experten“ ihr Wissen nicht in eine klare, verständliche, überzeugende Sprache umsetzen. Schade! Peter Rosegger sagt es treffend: „Wissen ist Macht, wie falsch gedacht. Wissen ist wenig. Reden und Können ist König.“

Spitzenverkäufer sind meistens rhetorische Naturtalente.

Und ich kenne viele, die ihr Talent klugerweise durch Seminare, Bücher etc. weiter optimiert und gesteigert haben! Denn trotz der vorher gemachten Einschränkungen habe ich, sowohl im Umgang mit Kunden, aber vor allem auch ganz allgemein im Berufs- und Privatleben die Erfahrung gemacht: Wer mit dem Wort, wer mit Sprache und Stimme souverän und gekonnt umgeht, ist stark und kann daraus großen Nutzen ziehen. Auch das ist ein wichtiger Baustein für den Erfolg eines Spitzenverkäufers. Und es ist kein Trost, daß es viele Menschen gibt, die auch nicht auf den Kopf gefallen sind, bei denen es aber so klingt, sobald sie den Mund aufmachen!

Verkaufsrhetorik definiere ich so:

- am richtigen Ort = Kunden- bzw. Verkaufsbüro, neutraler Ort,
- zur richtigen Zeit = abgestimmter Termin („ohne" läuft heute wenig),
- mit der richtigen Person = Entscheidungsträger (Chef, Einkäufer oder ... oder),
- mit dem richtigen rhetorischen Instrumentarium = Stimme, Modulation, Pausentechnik, Gestik, Mimik, Körpersprache
- das Richtige sagen = „Verkaufssprache", d. h. Inhalt, Aussage, Satzbau, Wortwahl, Gliederung, Formulierung, Sie-Standpunkt und Fragen, Urteile, Appelle.

Bleiben wir bei der „Verkaufssprache".

Was heißt: **Jeder Verkäufer muß in der Sprache sprechen, „die dem Kunden vertraut ist, die er versteht."** Das heißt natürlich nicht, daß ein Spitzenverkäufer jetzt „schwäbisch schwätza muaß" oder „hessisch babble", nur weil ihm als Gesprächspartner so ein Landsmann (Landfrau??) gegenübersitzt! Und er muß auch kein TV-Deutsch à la Dagmar Berghoff zelebrieren (obwohl Hochdeutsch immer wünschenswert ist). Nein! Er muß so sprechen, daß ihn der Kunde inhaltlich und phonetisch gut versteht und sich damit auch identifizieren (auf einer Wellenlänge liegen) kann. Und es muß „unter die Haut" gehen, je nachdem, wie die Situation es erfordert! Ich weiß, eigentlich ist das auch wieder eine Binsenweisheit! Aber es ist mir schnurzegal, denn mir sind in 40 Jahren draußen viele Verkäufer begegnet, „die pflegen nicht das Wort – sondern nur die Einbildung, mit dem Wort gepflegt umzugehen."

„Verkaufssprache" bedeutet auch: gebräuchliche, gängige, dem Kunden vertraute (Umgangssprache) Worte im Gespräch einzusetzen und „exotische", schwer verständliche, in der Umgangssprache nicht benutzte Worte wegzulassen. Wer einen großen Wortschatz besitzt, muß deswegen keineswegs auf „Farbigkeit" und Abwechslung verzichten. Nur Wortarmut kann dazu zwingen!

Das gilt auch für die Lust, (zu) viele Begriffe aus dem Wirtschaftsleben nur noch in „neudeutsch" zu formulieren. (Chauvi? Nein! Realist!) Nicht jeder Kunde – und auch nicht jeder Verkäufer (ich erlebe das immer wieder in Firmenseminaren) – kann mit Single sourcing, Crash coaching, Differential advantage, Global purchasing usw. usw. sofort etwas anfangen. Das gilt es zu berücksichtigen, denn leider haben wenige Kunden (Verkäufer dito) den „Mut" zu fragen: Bitte, was heißt das denn?

Der Hang zu Fremdwörtern (um Bildung zu demonstrieren) muß gebremst werden. Die deutsche Sprache ist reich an Worten.

Allerdings gibt es **Fremdwörter**, die einfach „das treffende Wort" darstellen. (Nichts ersetzt z.B. das Wort Charme – auch nicht „Anmut", oder würden Sie einen charmanten Mann einem „anmutigen Mann" gleichsetzen?)

Im Verkauf kommt es auf jeden Satz, auf jedes Wort an. Darum:

Vorsicht bei Formulierungen. Oft kann ein einziges Wort

die Sachlage verfälschen, verändern, hindern, hemmen, verdunkeln, bremsen, mißverständlich machen, irritieren. Umgekehrt wird sie dadurch klar und deutlich, wirkt erhellend, deckt auf, ermutigt, baut auf, vertieft, gewinnt, überzeugt!

Kurze Sätze (sog. Explosivsätze mit max. 15–20 Wörtern) sind gefragt, weil sie leicht verständlich sind, im Gedächtnis haften bleiben und besser formuliert werden können.

Die Hauptwörterkrankheit

Wer irgendeine „Handlung" schildert, sollte sich der Verben bedienen. Als Cäsar die Schlacht bei Zela gewonnen hatte, sagte er kurz und knapp: Veni-vidi-vici! Ich kam – sah – und siegte. ((Eine echte Spitzenverkäufer-Maxime!!!) Die Neigung, Handlungen in Hauptwörtern auszudrücken, läßt die Dinge in der Schwebe, vage, unbestimmt. Hauptwörter mit der Endung „ung" (Handlung, Wandlung, Hoffnung, Eignung, Begegnung, Verwendung, Verdrehung, Erledigung usw.) in ein Verbum umgewandelt zwingen klar zu sagen, wer handelt und was getan wird (handeln, wandeln, hoffen, eignen, verwenden, verdrehen, erledigen usw.). Ein Beamter wollte in einem Schriftsatz schreiben, daß man für irgend eine Ausgabe einen höheren Betrag hätte vorsehen müssen. Er formulierte: „Hier wäre eine höhere Vorsehung dringend am Platz gewesen."

Logik

Jede Aussage muß den Denkgesetzen gehorchen! Sie sollte logisch sein, d.h. folgerichtig, präzise, konsequent, schlüssig und keine Trugschlüsse, sondern Wahrheiten zutage fördern. Wahrheit = Übereinstimmung von Aussage und Tatbestand! Ein Verkäufer muß darauf achten, daß sein Sprechdenken konsequent funktioniert. Wer am Ende eines Gedankengangs etwas anderes sagt, als er am Anfang behauptet hat oder „woanders" endet, als er ursprünglich wollte, wirkt nicht überzeugend, löst Zweifel aus, wird unglaubwürdig!

Gefühlsappelle

Nicht nur glasklare Logik ist Teil der „Verkaufssprache", sondern auch der Appell an das Gefühl! Er zeigt dem Kunden, daß man sich in seine Gefühlwelt versetzen kann und versteht, warum er in einer bestimmten Form agiert oder reagiert. Gefühlsappelle machen „menschlicher", ohne in Gefühlsduselei auszuarten. (Ein Verkäufer repräsentiert nicht den Caritasverband, sondern eine Firma, die vom Verkauf lebt!)

Hier gilt – wie in allen Teilen der Verkaufsrhetorik – die eiserne Regel: Maß halten! Vernünftig = wirkungsvoll dosieren!

Der „Sie"-Standpunkt

Der Kunde steht im Mittelpunkt! Darum ist es viel wirkungsvoller, „empathischer" zu sagen: „Sie ziehen den Nutzen aus einer Sache", als: „Ich habe für Sie das und das gemacht!" Das ist für den Kunden selbstverständlich!

Er fragt nicht, wie man zu einem Ergebnis gekommen ist, sondern ihn interessiert nur das Resultat! Also Sie ... Sie ... Sie und nicht „ich". (Letztlich mißt uns der Kunde an unseren Taten, nicht an unseren Worten!)

Beispiele (gut/besser)

Verk.: „Unser Material läßt sich leicht verarbeiten!"

SPV: „Ihre Mitarbeiter werden sich freuen, denn unser Material können sie sehr leicht verarbeiten."

Verk.: „Mit diesem Produkt haben wir unseren Umsatz beträchtlich gesteigert (Handel)!"

SPV: „Sie werden mit diesem Produkt Ihren Umsatz, genauso wie unsere anderen Partner, ganz wesentlich erhöhen. Da kann ich Ihnen beeindruckende Zahlen nennen!"

Verk.: „Wir haben unsere Regale platzsparend konstruiert."

SPV: „Sie gewinnen mit unserer Regalkonstruktion einen Zusatznutzen durch die Raumersparnis."
Verk.: „Wir haben eine sichere Verpackung gewählt."
SPV: „Sie können 100prozentig sicher sein, diese bewährte Verpackung bringt nichts um!"

Es gibt Formulierungen, die gehören auf den Müllhaufen:

„Nun geben Sie mal acht!" ... „Passen Sie mal auf!" ... „Hören Sie mal zu!" ... „Lassen Sie sich mal sagen!" ... Wen würde es wundern, wenn ein Kunde darauf antwortet: „*Ich* passe immer auf, denn *ich* bin, im Gegensatz zu Ihnen, ein höflicher Mensch!"

„Ich habe Ihnen doch schon oft gesagt, daß ..." Da hört der Kunde den Pauker heraus, den er nicht leiden konnte.

„Das müssen Sie doch endlich einsehen (verstehen, akzeptieren, glauben)!" Kein Kunde muß etwas! Man kann ihn höchstens darum bitten!

„Sie haben mich natürlich völlig falsch verstanden!" Da fehlt nur noch der Nachsatz: Sie blöder Hund!

„Sie müssen schon entschuldigen" klingt reichlich süffisant.

„Das habe ich so nie gesagt!" Da fühlt sich der Kunde doch als Lügner. Und wenn der Verkäufer es tatsächlich nie so gesagt hat, dann formuliert ein SPV: „Da habe ich mich sicher mißverständlich ausgedrückt!" oder: „Das hätte ich sicher besser formulieren müssen!"

Ellenlange Schachtelsätze sind Geburtshelfer der Unsicherheit!

Der Kunde hat das Satzende nicht richtig verstanden, weil er den Satzanfang schon längst wieder vergessen hat!

Selbstverständlich dürfen „Redefluß und Rhythmus" nicht abgehackt klingen und wirken! „Pingelig" braucht allerdings niemand zu sein, wenn doch mal so ein Satz formuliert wird. Aber er sollte die Ausnahme von der Regel sein.

Phrasen, Schlagworte, billige, hochtrabende Floskeln gehören „ge-out-et". Es sei denn, ein SPV setzt sie gezielt ein, um sich z. B. „über sich selbst, die Branche, den Wettbewerb, die eigene Firma lustig zu machen."

Nochmal: Verkaufsgespräche müssen nicht brottrocken, fade, langweilig, ohne Pfeffer, nicht spritzig und witzig sein. Im Gegenteil. Schlagfertigkeit und Humor sind wunderbare Florettwaffen, die treffen, aber nicht verletzen! Ein paar Beispiele gefällig? Bitte sehr: „Es gibt leider Firmen, die scheuen die Kosten für Verkäuferschulungen mit der durchschlagenden Begründung: Das Geld geben wir lieber unseren Kunden als Rabatt!"

Immer wieder werden Verkäufer durch sibyllinische Verkaufsformeln und Kürzel (z. B. „MPM") neugierig gemacht. Meist verbirgt sich dahinter nur „alter Wein in neuen Schläuchen", was schon manchen Verkäufer zu der ironischen Feststellung verleitete: „Eigentlich mache ich alles wie bisher! Nur warum ich jetzt dabei auch noch einen Kopfstand machen soll, leuchtet mir noch nicht so ganz ein!" ... „Wenn ich aus so manchem Verkaufsseminar komme, dann rätsele ich immer darüber nach, warum ich bisher so viel verkauft habe!" ... „Sprich, damit ich dich sehe" ist ein wunderbarer Satz. Aber manche Verkäufer lieben eben das Versteckspiel! ... „Nun erzählen Sie einmal alles, was Sie über das Produkt wissen. Es wird sicher nicht lange dauern", meinte der arrogante Verkaufsleiter zu seinem Verkäufer. „Ich werde erzählen, was wir beide zusammen wissen, und es dauert genauso lang", antwortete der Verkäufer! (Auszüge aus meinem Buch: „Scharf gewürzt") Ein letzter Gag: „Sie sind verdammt clever", sagte der Verkäufer zu seinem Verkaufsleiter. „Das kann man leider von Ihnen nicht sagen", meinte der. „Warum lügen Sie denn nicht genauso wie ich?" So – jetzt ist's aber genug, lieber Leser!

„Plastisch" sprechen heißt, bildhaft und anschaulich sprechen. (Die Preise können fallen, steigen, klettern, springen, sinken, stolpern, wackeln, schwanken, purzeln, davonlaufen, rennen, sich überschlagen, verrückt spielen, stagnieren usw.)

„Ich möchte meinen“, „ich würde sagen“, „ich würde das so nicht glauben wollen“ usw. Mit dieser Art Konjunktive sollte äußerst sparsam umgegangen werden, auch wenn Sie darin Vorteile sehen, sich nicht festgelegt zu haben. „Offen gesagt“, „seien wir doch mal ehrlich“, „um ehrlich zu sein“ sind blöde Formulierungen! Der Kunde muß sich doch fragen: War der Verkäufer bisher nicht ehrlich und offen?

Über den Einsatz von sog. „Redefiguren“ streiten sich die Experten. Ich finde sie – sparsamst und gezielt eingesetzt – o.k.! Beispiel „Hyperbel“ = Übertreibung. „Verzeihung Herr Kunde, aber da schießt der Wettbewerb doch mit Kanonen nach Spatzen ...“ „Klimax“ = Steigerung. Wir wollen unsere Kunden durch Leistung überzeugen, gewinnen und dauerhaft an uns binden. „Metapher“ = Gleichnis. Dieses Produkt des Wettbewerbs war nur eine Sternschnuppe.

Natürlich weiß ich, diese Wunschliste von **„Verkäufersprachregeln“** ist nicht immer so astrein umzusetzen. Das ist nicht so schlimm, denn manchmal muß sie vielleicht sogar situations- und kundenbedingt durchbrochen werden. Aber ich finde das wunderbar! Im Verkauf gibt es eben kein stures, starres „Nur so und nicht anders“ – Schema. Es gibt nur die Gewißheit: Jedes Kundengespräch birgt eine neue Faszination in sich, eine neue Herausforderung! Und Spitzenverkäufer wissen darum und handeln danach! Auch das zählt zu den „Geheimnissen“ ihrer Verkaufserfolge (auch wenn es sich wieder einmal um eine Binsenweisheit handelt). Könner beachten sie! Die anderen reden nur immer davon.

Über die oben aufgeführten Regeln hinaus gehören zur „Verkaufssprache“ auch noch *Fragen*. Sie sind die „VIP“ in einer Verkaufsverhandlung. (Siehe auch III.7) Sie liefern Informationen, die der Verkäufer durch aktives Zuhören allein nicht bekommen hat, aber braucht, um Aussagen zu machen, Urteile zu fällen und Appelle an den Kunden zu richten, d.h. zu handeln, etwas zu tun, zu kaufen! In diesen Elementen stecken natürlich „Fehlerquellen“. Wer ungezielte, taktlose, dumme oder falsche Fragen stellt, bekommt entsprechende Antworten. Wer Aussagen bzw. Argumente formuliert, die keine Interessen, keine Wünsche des Kunden ansprechen und seine Probleme nicht lösen helfen, erreicht wenig oder gar nichts! Wer oberflächliche Urteile fällt und mit den (Kauf-)Appellen an den Kunden nicht wohldosiert umgeht (sondern den Kunden damit erschlägt), schafft keine Basis für eine gute Kommunikation, die zum Kauf führt und eine langfristige Beziehung zum Kunden sichert!

Bleiben wir noch bei den „Informationen“. Für den Kunden ist der Verkäufer der Informationsträger Nr. 1. Dabei speisen die externen Info-Quellen (Markt, Wettbewerb, die Wirtschaft allgemein, regional/überregional, Politik, Kultur, Sport, Wissenschaft, Gesellschaft) den Informationsdurst eines Spitzenverkäufers. Und ein SPV entwickelt hier einen „Mordsdurst“! Die Informationen wandern ins eigene Haus, werden dort angereichert, selektiert und kommen als Feedback wieder an den Verkäufer zurück. Das ist der Idealfall!

Häufig, so meine traurige Erfahrung über die Jahre hinweg, funktioniert das Informationswesen in der Praxis nicht oder nur unbefriedigend. Aber ein Spitzenverkäufer läßt sich nicht für dumm verkaufen. Nicht in der eigenen Firma, geschweige denn beim Kunden. Er „holt sich, was er braucht“, um seinen Kunden optimal dienen zu können!

Durch die „Verkaufssprache“ prägen sich Informationen etc. leichter in das Gedächtnis ein, werden aufgenommen, sortiert, mit anderen Infos verglichen oder verbunden, ausgewertet, gespeichert oder vergessen.

Die „Verkaufssprache“ ist klar und präzise und, wenn irgend möglich, kurz und knapp, ohne deswegen abgehackt zu wirken.

„Verkaufssprache" ist niemals langweilig und fade, sondern lebendig, witzig und spritzig. Sie ist informativ und vor allem wahr! Ohne rhetorischen Schnickschnack! „Verkaufssprache" muß überzeugen! Ein SPV feilt konstant an seinen Formulierungen, denn „Gutes kann immer noch besser gemacht werden".

„Verkaufssprache" fördert den Dialog (durch Fragen und den Austausch von Argumenten, Meinungen, Urteilen und Appellen).

Zur Verkaufsrhetorik gehören noch: Stimme – Pausentechnik – Mimik – Gestik und Körpersprache.

Die Stimme

Was kann nicht alles mit der Stimme erreicht werden!? Sie ist ein wunderbares, biegsames und dynamisches Instrument, das der/die Könner (in) voll zum Klingen bringt, um den Kunden in eine bestimmte Stimmung zu versetzen (weil er selbst von dieser Stimmung erfüllt ist!). Da kommt, wie es immer so schön heißt, „alles rüber".

Tiefgang, Tiefenwirkung = „dynamisches Sprechen" ist:

- Wechsel im Sprechtempo (schnell – langsam),
- Wechsel der Lautstärke (laut – leise),
- Wechsel der Stimmlage (hoch – tief),
- Wechsel der Klangfarben (hart – weich – schmeichelhaft).

Gerade im Einsatz der variantenreichen Klangfarben und Zwischentöne zeigt sich die Überlegenheit des gesprochenen über das geschriebene Wort. Jedermann empfindet eine wohltönende, sonore Stimme überzeugender und angenehmer als ein helles Organ oder schrilles Gekreische. Ein Verkäufer kann den nachfolgenden Satz monoton herunterleiern, auch temporeich herunterrasseln und erzielt doch kaum „Tiefenwirkung".

„Herr K., mein Ziel ist, Sie persönlich von der Güte und Leistungskraft unseres Produktes durch eine ungefärbte Kosten-Nutzen-Rechnung voll zu überzeugen. Und ich weiß, Sie lassen sich, weiß Gott, kein X für ein U vormachen!"

Ein Spitzenverkäufer legt in diesen Satz seine ganze **„Sprechdynamik"** hinein, setzt **Wirkungspausen** und macht so aus diesem „Statement" eine 100 % überzeugende, glaubwürdige, interessante und neugierig machende Aussage, auf die der Kunde *nur positiv* reagieren kann. An der eigenen Stimme kann man feilen – wenn nötig. Und „dynamisches Sprechen" übte nicht nur besagter Demosthenes (größter griechischer Redner, 300 v. Chr.), sondern auch die Spitzenverkäufer Müller, Meier oder Schulze usw. (Und noch mehr Politiker hätten es nötig – zu üben!) Der uralte Spruch „Der Ton macht die Musik" hat unverändert seine Berechtigung. Und den wunderschönen Satz des griechischen Philosophen Sokrates: „Sprich – damit ich dich sehe", ziert nicht umsonst jedes Buch über Rhetorik. Die Stimme hängt unmittelbar auch zusammen mit der Persönlichkeit. Sie transportiert unser Inneres nach außen. Unsere Stimme ist „unbestechlich". Sie verrät, wenn wir Angst haben, unsicher sind, das Selbstvertrauen fehlt. Unsere Stimme signalisiert aber auch Kraft und Stärke, Selbstbewußtsein, Sicherheit, Vertrauen, Mut, Überzeugung, Zuversicht, Suggestion, Tiefenwirkung. (Es lebe die Hauptwörterkrankheit!) Haben Sie nicht auch diesen oder jenen Kunden (geschweige denn Schauspieler) oder Kollegen allein schon wegen seiner Stimme in bester Erinnerung? Vom „Tiefgang" so mancher Frauenstimmen will ich gar nicht reden!

„Dynamisches Sprechen" setzt deutliches Sprechen voraus: keine Endsilben verschlucken, alle Endkonsonanten deutlich aussprechen, keine Vokale auslassen (lebn, gebn, nehmn – sondern leben, geben, nehmen, usw.). Sind der

Endkonsonant vom einen und der Anfangskonsonant vom darauffolgenden Wort gleich, dann setzt man zwischen den Wörtern ab (nicht undank – sondern „und Dank"). Zusammengesetzte Wörter werden „etwas" abgetrennt (er-obern, über-all, un- endlich, ver-ehren), ausgenommen sind Wörter mit den Buchstaben l, m, n, r, s, da wird zusammengezogen (nicht voll-laufen, sondern vollaufen), und St und Sp am Wortanfang werden wie „Scht" und „Schp" gesprochen. Als Inlaut bleiben s-t und S-p.

Ein G am Anfang und als Inlaut wird als sog. Sprenglaut gesprochen. (Die „janz jute Jegend" ist eben keine „ganz gute Gegend".) Das g bei einem „ng" darf nicht wie ein „k" klingen. Sonst „sank" Placido Domingo, aber er „sang" nicht. Und jeder kennt (Schnell-)Sprecherübungen:

Wenn mancher Mann wüßte, wer mancher Mann wäre, gäb' mancher Mann manchem Mann manchmal mehr Ehr'... Früh in der Frische fischen Fischer frische Fische frisch ... Der Potsdamer Postkutscher putzt den Potsdamer Postkutschenkasten ... Brauchbare Bierbrauer brauen brausendes Braunbier.

Wer wirklich noch mehr über Phonetik wissen will – in jeder guten Buchhandlung gibt es „Den kleinen Hey – Die Kunst des Sprechens". Dieses Büchlein macht nicht nur den Sprechprofis, sondern auch „Spitzenverkäufer-Naturtalenten" viel Spaß. Ich weiß, wovon ich rede!

Zum deutlicheren Sprechen gehört flankierend, „langsamer" zu sprechen. Wer langsamer spricht, kann all das, was oben gesagt wurde, leichter umsetzen. Und der Kunde kann das Gehörte besser verdauen. (Die Denk-Versteh-Geschwindigkeit ist von Kunde zu Kunde unterschiedlich.) Letztlich empfindet der Kunde auch: Es geht Sicherheit und Ruhe vom Gesprächspartner aus! Aber damit kein Mißverständnis aufkommt: Die Variationen im Sprechtempo sind deswegen nicht „out". Nein! Sie sind unverändert „mega in" – nur „langsamer". Alles klar?!

Pausentechnik

Wer annimmt, diese Technik sei nur beim „Reden halten" angebracht, der irrt. Sie ist genauso nützlich bei jedem normalen Verkaufsgespräch. Pausen geben dem Sender und Empfänger, SPV und Kunde, die Möglichkeit, Gesagtes besser zu verstehen. Darüber hinaus verraten die Pausenbezeichnungen, was man mit ihnen anfangen und erreichen kann. Wer pausenlos quasselt, dem geht die Luft aus. Er braucht dringend eine „Atempause". (Allein schon deswegen ist ununterbrochen reden von Übel.) Eine „Überlegungspause" brauchen sowohl Kunde als auch Verkäufer. Dramaturgisch wichtig ist die „Spannungspause", die *vor* einem Wort oder Satz die Aufmerksamkeit erhöhen soll. Umgekehrt ist eine „Wirkungspause" ein Unterstreichungsmittel *nach* einer Aussage: Das Gesagte soll nachklingen und nachwirken! Bleibt noch die „Verlegenheitspause". Bezogen auf einen Spitzenverkäufer fällt mir dazu kein Beispiel ein – und das macht mich „verlegen".

Gestik, Mimik und Körpersprache

Über diesem Abschnitt steht die Empfehlung: Sparsam, – wenn auch nicht „geizig" – mit der Geste und Mimik umgehen! Beide müssen zum gesprochenen Wort passen, ineinanderfließen! Und immer muß dabei Blickkontakt zum Kunden herrschen. „Schau mir in die Augen, Kleines!" Jeder kennt den Casablanca-Satz und seine suggestive, eindringliche, überzeugende Wirkung. (Sie sehen, lieber Leser, auch ein SPV hat – trotz des „Tag- und Nachteinsatzes für den Kunden" – noch zwei Stunden Zeit fürs Kino!)

„Ich freue mich sehr", begrüßte der Verkäufer einen Kunden, aber sein Gesichtsausdruck strafte ihn Lügen.

„Was ich Ihnen hier vorführe, ist allererste Sahne", sagte der Verkäufer mit weinerlicher Stimme und einer süß-sauren Miene!

Ein „eingefrorenes Zahnpastalächeln" ist so nichtssagend

wie das „Pokerface“, das an jedem Roulettspieltisch beobachtet werden kann! Ein „todernstes“ Gesicht wird der Verkaufsaufgabe genauso wenig gerecht wie „zuckersüße Freundlichkeit“. Jede übersteigerte Gebärde wirkt abstoßend, unaufrichtig!

Ein Spitzenverkäufer hat den Bogen raus. Er schaut einen Kunden frisch, aufmerksam, interessiert, gespannt, freundlich, d. h. sympathisch an! Er gibt sich einfach natürlich! So wie er ist!

Kontrollieren Sie Ihre Körpersprache. Wenn Sie z. B. mit dem Kugelschreiber spielen, dann schließt der geschulte Einkäufer messerscharf: Der Verkäufer ist nervös! Und er fragt sich: Warum wohl? Die Hand in der Hosentasche signalisiert dem Kunden: Entweder ist der Verkäufer unsicher oder arrogant. Wer die Hände in die Hüften stemmt, will imponieren, sich überlegen zeigen. Verkäufer, die die Beine um die Stuhlfüße wickeln, suchen Halt, wollen sich irgendwo festklammern. Die Mundwinkel hochziehen zeigt dem Kunden: Mein Gesprächspartner ist arrogant, zynisch, fühlt sich überlegen. Dagegen freut er sich, wenn Sie vorgebeugt auf der Stuhlkante balancieren, denn das bedeutet Aufmerksamkeit und Zustimmung. Und wer dem Kunden die Hand gibt, braucht nicht zu demonstrieren, daß er „Schraubstöcke“ hat. Das ist nur ein Zeichen von Rücksichtslosigkeit und Angeberei. Kräftig, aber nicht übertrieben die Hand zu drücken, zeugt von Aufrichtigkeit und Sicherheit. Gibt jemand dem Kunden lasch (und womöglich noch „feucht“) die Hand, weiß der Kunde, „der ist zu beeinflussen“. Und wenn die Hand kaum berührt wird, dann bedeutet das in der Kinesik: Gleichgültigkeit und ein verschlossenes Wesen! Ich sagte es schon einmal:

Sich mit der Körpersprache eingehend zu beschäftigen lohnt sich!

Zusammengenommen:

Ich wüßte keine bessere Zusammenfassung zum Thema „Verkaufsrhetorik“ als ein Zitat von Friedrich Nietzsche:

„Das Verständliche an der Sprache ist nicht das Wort selber, sondern Ton, Stärke, Modulation, Tempo, mit denen eine Reihe von Worten gesprochen wird – kurz, die Musik hinter den Worten, die Leidenschaft hinter der Musik, die Person hinter der Leidenschaft. Alles das also, was nicht geschrieben werden kann!“ Aus Überzeugung kann ich aber schreiben, ein Spitzenverkäufer ist mit Leidenschaft – verkaufsrhetorisch – bei seinen Kunden aktiv.

Und wenn alles wie gelackt läuft, perfekt, dann fällt mir der Satz eines Kollegen ein: „Zu viel Perfektion löst Aggression aus!“ Das stimmt! Was soll's also, wenn mal ein Wort, ein Satz, ein Gedanke nicht perfekt formuliert und „rübergebracht“ wurde. Es macht den SPV menschlich! Das gilt auch, wenn Sie unbewußt (oder gezielt) im „Dialekt schwätzen“. Ich habe das ab und zu ganz bewußt gemacht! Die Kundenfeststellung: „Ach, Sie sind ein Schwäble“, lieferte mir oft die Überleitung zum „Small talk“, der ein gutes Hilfsmittel auf dem Weg zum Abschluß ist.

8.2 Argumentation

„Verkaufssprache“ und Argumentation sind untrennbar miteinander verknüpft.

Argumente für eine Ware/Produkt sind unerläßliche Helfer und Schrittmacher auf dem Weg hin zum Auftrag. Früher glaubte man zu „argumentieren“ und betrieb in Wirklichkeit doch nur eine Art von Produktbeschreibung = Prospektwiederholung. Dann fanden kluge Verkaufspsychologen heraus (der Altmeister der Verkaufspsychologie und des Verkäufertrainings, Heinz Goldmann, war so einer!), es nützt und dient der Argumentation *und* dem Kunden, „hinter das Produkt" zu schauen und die Ideen aufzuspüren, die ein Produkt ausmachen. (Es ist eben nicht die simple Zahnpaste, sondern blitzblanke Zähne, Ästhetik, Hygienespaß, Gesundheit, gute Laune, Jugend, Attraktivität usw.) Und damit war man schon beinahe bei dem, was heute mit „Nutzenargumentation" umschrieben wird.

Heute, im Zeitalter der modernen Verkaufspsychologie, die den Kunden 100% in den Mittelpunkt aller Aktivitäten und Anstrengungen von Produkthersteller, Marketing und Vertrieb stellt, im knallharten Verdrängungswettbewerb und Käufermarkt, heißt **„Argumentation"**:

- den Produktnutzen herauszuarbeiten,
- der den individuellen Kundenbedürfnissen Rechnung trägt,
- Kundenprobleme lösen hilft und
- Kaufmotive des Kunden anspricht und
- schließlich Kauflust beim Kunden weckt.

Anders ausgedrückt: Die Produkteigenschaften (Firmeneigenschaften – und wenn nötig auch die Verkäufereigenschaften) müssen so transparent (nutzen-)„übersetzt" werden, daß der Kunde seinen ganz persönlichen Vorteil und Nutzen leicht erkennen kann! Denn der Kunde fragt sich immer wieder: Was bringt es mir? Welche Vorteile ziehe ich daraus, wenn ich dieses Produkt kaufe? Bringt es mir den Nutzen, den ich mir wünsche? Denn: „Nutzen ist, was einer Person Befriedigung bringt – oder dazu verhilft!" Nutzen kann materieller, physischer, psychischer, geistiger Natur sein. Einen Gewinn machen (materiell) ist sicher eines der wichtigsten, „nützlichsten" Bedürfnisse und Kaufmotive! Leichte Arbeitsbedingungen, kein Streß, Sicherheit am Arbeitsplatz (physisch) sind gute Argumente für ein Produkt.

„Nutzen“ konzentriert sich immer auf den Einzelfall und den Partner, der dahintersteht.

Ein SPV ist ein optimaler „Nutzenargumenteverkäufer“! Er hat in der Zuhörphase des Gesprächs hellwach aufgepaßt, auf *was* es dem Kunden ankommt! Er hat sich das „Kundenproblem“ exakt schildern lassen und *Fragen* gestellt, um herauszufinden, *wo* des Kunden Bedürfnisse, seine Wünsche und seine Kaufmotive liegen! Und er hat

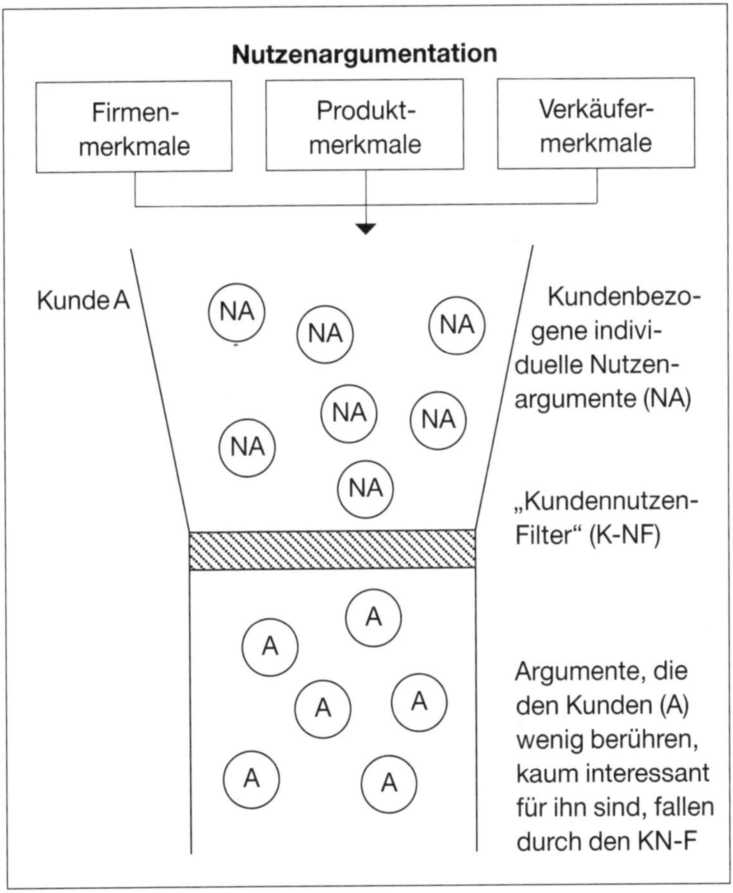

Abb. 13: Nutzenargumentation

seine Nutzenargumentation darauf abgestimmt! Er weiß genau, es nützt wenig, über den Kunden eine Wundertüte an Argumenten – wahllos – auszuschütten, weil den Kunden *nur* die Nutzenargumente interessieren, die seinen Wünschen und Vorstellungen entsprechen und die seine Probleme lösen.

Nicht das Produkt wird gekauft, sondern der Nutzen, den es dem einzelnen Kunden bringt!

Natürlich können sich beim nächsten Kunden die Argumente verschieben, d. h. aus Argumenten (A) können für diesen Kunden „individuelle" Nutzenargumente (NA) werden, – und umgekehrt fallen bisherige Nutzenargumente durch den Kundennutzenfilter. Ein Spitzenverkäufer, der dem Kunden aktiv zuhört (das kann nicht oft genug betont werden) und die Bedürfnisse und Wünsche des Kunden kennenlernt, seine Probleme versteht und lösen kann, weiß, *welche* Nutzenargumente – „maßgeschneidert" – auf den Kunden passen.

Nutzen kann sein: Umweltfreundlichkeit, Zukunftorientierung, Zweckmäßigkeit, gute Konditionen, hohe Rentabilität, schnelle Lieferung, Einkaufsbequemlichkeit, Gewinn, Kostenersparnis, Mehrumsatz, Zeitgewinn, höhere Sicherheit, Design, bessere Logistik, Prestigezugewinn, höherer Lagerumschlag, Arbeitskostensenkung, Maschinenkostenverbesserung, geringerer Materialaufwand, Energiekostenersparnis, Präzisionsverbesserungen, unkomplizierte Abwicklung, hoher Wiederverkaufswert, leichtere Handhabung, einfachere Bedienung, bessere technische Werte, höherer Produktausstoß, geringere Reklamationsanfälligkeit, Solidität, Verkaufshilfen, Schönheit, Ästhetik, Gesundheit, Kraft, Eleganz, Modernität, hoher Unterhaltungswert, leichtere Vermarktung, besserer Service, Kundendienst, optimale Beratung, leichte Austauschbarkeit, kein Risiko, keine Störanfälligkeit, hohe Lebensdauer usw. und *Sie* als Spitzenverkäufer!

Merkmal →	Überleitungsformulierungen →	Nutzenargumentation
Kurze, knappe Darstellung der Produktmerkmale (Maß, Gewicht, physik., chem., biologische Eigenschaften, Material, Zusammensetzungen, spezielle Eigenschaften, Prüfungen, Tests usw.)	Sie gewinnen dadurch ... Sie erreichen damit ... Sie erhöhen dadurch ... So erfüllen Sie ... Das sichert Ihnen ... Sie verbessern so ... Das garantiert Ihnen ... Damit ermöglichen Sie ... Sie errreichen so ... Sie senken dadurch ... Sie fördern dafür ... So sparen Sie ... usw. ↕ „Sie"-Standpunkt	Hierher gehört alles, was – produkt-, firmen-, und verkäuferbezogen – dem Kunden aus seiner Sicht nützt und ihm Vorteile bringt! Das Preis-Leistungs-Verhältnis (Kosten–Nutzen) muß dabei ausgewogen sein. Gute Nutzenargumente gleichen Wettbewerbspreisvorteile aus oder „übertreffen" sie sogar! Gerade dabei zeigt sich auch, wer die Verkaufsrhetorik beherrscht!
↓ Darstellung von spez. Firmenmerkmalen (Image, Werbung, Service, Verkaufsförderung, PR, Kundendienst usw.)		
↓ Verkäufermerkmale		

Abb. 14: Merkmale und Formulierungen zur Nutzenargumentation

Jeder Spitzenverkäufer hat sich einen **Nutzenargumentekatalog** für sein (e) Produkt (e) zusammengestellt, aus dem er die Nutzenargumente abrufen kann, die individuell den Kunden A, B oder C tangieren. Natürlich ist dieser Katalog nichts Statisches! An ihm wird gefeilt, verbessert, ergänzt. Und die Ideen des Augenblicks fließen mit ein. Ein Spitzenverkäufer beobachtet, sieht, hört, fühlt, „riecht" alles, „was so bei seinem Kunden läuft". Er hat seine Sensoren immer ausgefahren, um Veränderungen im Kundenverhalten, in der Kundenmotivation, in der Kundenkaufbereitschaft oder in seinem „Abwehr"-Verhalten festzustellen und entsprechend zu agieren.

Ein sehr simples, „saueres" Beispiel für die „Nutzenargumentation": **Die Produktbeschreibung einer Zitrone lautet:** Ca. 8–10 cm lange Frucht, einem Rugbyball ähnliche Form mit gebuckelten Enden (Warzen). Die Fruchtschale ist grünlich-gelb, grießig gepunktet. Sie enthält Äther, Öl, Bitterstoff. Der Saft in der Frucht ist säuerlich fad und hat 6–8 Kerne. Na ja!

„Nutzenbezogen" sieht das ganz anders aus:
Die Zitrone bringt dem Feinschmecker, der Hausfrau, dem Koch, dem Teefreund, dem Arzt, dem Parfümhersteller, dem Sportsmann, dem Barbesucher, dem Mixdrink- und Bowlenfan, dem passionierten Eisschlecker, dem Ästheten und Sauberkeitsfanatiker Nutzen – Nutzen – Nutzen – durch Eß- und Trinkvergnügen, etwas fürs Auge, für den Magen, für die Gesundheit und Fitneß, Wohlgerüche, Aroma, Kraft, Frische, Sauberkeit, Jugend – und jedem Stillebenmaler ist die Zitrone ein wunderbares Requisit!

Nutzenargumente müssen bestimmte Forderungen erfüllen:

Sie dürfen nicht zu langen Monologen führen! Sondern kurz, knapp, treffend! Sie *müssen* kundenproblem- und bedürfnisorientiert sein! Sachlich, wahr und klar! Beweisbar und unkompliziert, kommunikativ und vertrauensbildend!

Ziemlich viel auf einmal! Aber gerade deswegen macht sich ein Spitzenverkäufer viele Gedanken: *Wie* argumentiere ich so, daß meine Trümpfe stechen? Daß sie unter die Haut gehen, das Gefühl des Kunden ansprechen – oder wenn nötig, an die Ratio appellieren! Denn auch hier begleitet das sog. Eisbergprinzip die Argumentation.

Zusammenfassung zum Thema „Nutzenargumentation“:

Simple Produktbeschreibungen sind für einen Kunden zu wenig! **Ein Spitzenverkäufer liefert nur Kundennutzenargumente, Vorteile, die gezielt dem Kunden dienen!** Und wenn es einmal nicht auf Anhieb gelingen sollte, die Bedürfnisse, Kaufwünsche oder gar Probleme des Kunden scharf zu „orten“, dann hat der SPV immer noch die Möglichkeit, seinen gesamten „Nutzenkatalog im Telegrammstil“ (max. 1–2 gezielte kurze Sätze pro Nutzenargument) vorzutragen. Als scharfer Beobachter sieht, hört, fühlt er (Körpersprache), welches Argument beim Kunden Eindruck macht. Meist stellt der Kunde dann weitere Fragen (oder umgekehrt), die neuen Stoff für Nutzenargumente – oder Möglichkeiten für eigene, das Problem besser erhellende Fragen liefern.

Ein SPV kennt alle Varianten, um Vorteile und Kundennutzen (für Produkt/Firmenleistung/Angebotsleistung und Verkäuferleistung) dem Kunden so praxisgerecht zu servieren, daß er sich damit identifiziert und sie dann als „seine Kaufargumente“ ansieht. Direkte Fragen an den Kunden in diese Richtung scheut kein SPV: „Was ist für Sie der wichtigste Vorteile eines Produkts/einer Leistung, die Sie dann auch kaufen? Welches Kaufmotiv steht bei Ihnen an erster Stelle? Wie sieht für Sie die optimale Lösung Ihres Problems aus? Detailliert, bitte! Wenn Sie wählen könnten, welche(n) Nutzen/Vorteile hätte Ihr ideales Produkt?“ (Kein Kunde gibt als Antwort, es soll das billigste und gleichzeitig beste Produkt sein!) Vielleicht reichen allein schon diese „Schlüsselfragen“ (und die gegebenen Antworten) aus, um eine für den Kunden maßgeschneiderte Nutzenargumentationskette aufzubauen! Natürlich hängt alles vom Einzelfall ab. Aber ist nicht gerade das faszinierend und spannend, wie ein Detektiv vorzugehen, um seinen Kunden den größtmöglichen Nutzen bzw. die Lösung seiner Probleme anbieten zu können?!

Das Gleiche läßt uns in Ruhe, aber der Widerspruch ist es, der uns produktiv macht.

Goethe

Kein Kunde kommt ohne Einwände aus, das ist er schon seinem Selbstwertgefühl schuldig!

HB

9. Wie ein Spitzenverkäufer Kundeneinwänden begegnet

Es gibt einen besonders gängigen, wahrscheinlich allen Verkäufern vertrauten Satz, mit dem das Thema „Einwandstechnik" meistens eingeläutet wird: **Der Verkauf beginnt, wenn der Kunde „Nein" sagt!** Obwohl ausgelutscht, gilt er bestimmt auch noch über das Jahr 2000 hinaus! Und ein zweiter, griffiger Spruch wird auch noch lange strapaziert werden: Einwände sind das Salz des Verkaufs!

Was bedeutet eigentlich aus der Sicht des Kunden ein „Nein"? Nichts anderes als:

- Ich bin noch nicht überzeugt!
- Mir fehlen noch Informationen!
- Was ich bisher gehört habe, reicht mir noch nicht!
- Das befriedigt noch nicht meine Wünsche und meine Kaufmotive und löst noch nicht die angeschnittenen Probleme!
- Also – tu was dafür! Tu mehr!

Daraus zieht ein Spitzenverkäufer den Schluß: Je *besser* ein Verkaufsgespräch vorbereitet und aufbereitet worden ist, je intensiver auf Kundenbedürfnisse einerseits und auf seine Probleme (und deren Lösung) andererseits eingegangen wird, um so weniger Einwände wird ein Kunde ins Feld führen, d. h. er wird sich nur auf wenige sachliche, objektive Einwände beschränken! Es sei denn, der Kunde zählt zu der Kategorie, die aus rein taktischen Gründen „meckert", um dadurch irgendein Zugeständnis herauszuholen. Und „taktische Nörgler“ gibt's natürlich viele!

Häufige Kaufwiderstände

Ganz allgemein betrachtet, haben Kunden in einem Verkaufsgespräch – immer – etwas „einzuwenden“,

- weil sie gegen Veränderungen sind (Ihr Motto ist: Das haben wir schon immer so gemacht, das bleibt auch weiter so.),
- weil sie das Angebot nicht attraktiv finden,
- weil sie etwas gegen die Preise haben,
- weil sie sich vom Verkäufer unter Druck gesetzt fühlen,
- weil ihnen die Art der Beeinflussung nicht schmeckt,
- weil sie schon einmal schlechte Erfahrungen gemacht haben (= „einmal und nie wieder“!),
- weil sie „satt“ – die Läger voll – sind und kein momentaner Bedarf herrscht,
- weil generell der Zeitpunkt nicht paßt!

Auch die folgenden Gründe können – aus der individuellen Kundensicht – „Entscheidungsbremsen“ sein, wobei unterschieden werden muß zwischen objektiven (O), sachlichen Einwänden und persönlichen, personenbezogenen, subjektiven (S) Einwänden.

„Kaufbremsen“ sind:

- mangelnde Überzeugung (Produkt, Preis, Service etc.) S,
- mangelndes Vertrauen (in die Firma/Produkt/Verkäufer) S,
- mangelnde Beweise (*nur* Verkäuferbehauptungen) O,
- mangelnde Mittel O/S,
- mangelnde Extraleistungen O/S,
- mangelnde Sympathie gegenüber dem Verkäufer S,
- mangelndes Firmenimage O/S,

- mangelndes generelles Interesse O/S,
- mangelnde Befriedigung der Kundenbedürfnisse O/S,
- mangelnde Problemlösungsvorschläge O,
- mangelnder Nutzen und echte Vorteile O,
- mangelnde Lieferantenflexibilität O,
- mangelnde Gesprächsvorbereitung O,
- mangelnder Dialog (= Verkäufermonolog) S/O.

Und letztlich fordert ein Verkäufer oft weitere Einwände heraus, provoziert sie ungewollt, weil er glaubt, auf jeden Einwand sofort einsteigen und vor allem zurückschlagen zu müssen! „Peng!" schießt der Kunde, und „Peng!" schießt der Verkäufer zurück! Und schon ist eine wilde „Schießerei" im Gange! Dabei resultieren Einwände oft aus einer gewissen „Hilflosigkeit" des Kunden heraus, aus mangelnden Informationen, aus falschen Interpretationen des Kunden (Argumente, Nutzen, Anwendungen, Produktleistungen etc.). Und seit wann schießt man auf „Hilflose"?

> Kundeneinwände sind nichts anderes als offen gebliebene Fragen, nicht verstandene Verkäuferhinweise und -tips, falsche Auslegung von oder Mangel an Nutzenargumenten! Und letztlich gibt es eine Fülle von Kundeneinwänden, die „eigentlich keine sind" und darum – in der Regel – auch unter den Tisch fallen können! Sollten sie – wider Erwarten – für den Kunden von Wichtigkeit sein, dann wird er sie bestimmt „aufheben" und dem Verkäufer neu servieren!

Einwände müssen analysiert werden (Einwandsart/Bedeutung für den Kunden). Was für ein Einwand ist es (Einwandsart)? Wie wichtig ist er für den Kunden – und wie wichtig erscheint er dem Verkäufer? Wann und wie soll er beantwortet werden? Sofort? Zurückstellen auf „später“? Überhaupt nicht?

Einwandsarten

Ausrede
Kunde: „Wunderbar, lassen Sie mir alle Prospekte hier. Wir prüfen das gelegentlich – und melden uns dann irgendwann wieder.“

Vorurteil
Kunde: „Alle auf dem Markt sagen, Ihr Produkt sei furchtbar kompliziert zu bedienen.“ (Objektiv stimmt das nicht.)

Scheineinwand
Kunde: „Ich will ...“ und dann fordert er unmögliche Leistungen (Produkt/Service etc.) und behauptet, daß der Wettbewerb ... Der Verkäufer weiß 100prozentig: Der Wettbewerb kann keine dieser Forderungen erfüllen!

Boshafter Einwand
Kunde: „Ihre Ersatzteile kosten ein sündhaftes Geld, und als Krönung liefern Sie das Teil dann auch noch unpünktlich!“

Subjektive Einwände
(aus Geltungsbedürfnis, Arroganz, Prestigesucht usw.)
Kunde: „Also, wenn ich in Ihrem Hause anrufe, fehlt es einfach an Aufmerksamkeit. Da sagt doch eine kleine Tippse zu mir, sie behandle alle Kunden gleich und sie kenne mich nicht. Mit einem so guten Kunden (übertrieben!) wie mir springt man nicht so um! Das ist doch eine Frechheit!“

Unausgesprochene (stille) Einwände
Kunde *denkt*: „Werde ich übervorteilt? Kommt der Kundendienst wirklich, wenn ich ihn brauche? Stimmt das denn mit

der geringen Reparaturanfälligkeit? Ist das wirklich ‚der äußerste Preis'? Arbeiten die Monteure tatsächlich so sorgfältig, wie der Verkäufer behauptet?" Spitzenverkäufer *sagt*: „Ich fühle es geradezu körperlich, Herr K. Irgend etwas schleppen Sie noch mit sich herum, was Ihnen nicht schmeckt. Bitte, Herr K., sagen Sie es – auch wenn es für mich oder meine Firma unangenehm sein sollte. Dann erst recht. Nur so kann ich Abhilfe schaffen und Sie zufriedenstellen."

Sachlicher Einwand / Informationsfrage
Kunde: „Verformt sich das Material bei ca. 220 Grad, oder wo genau liegt der Schmelzpunkt?"

Was macht der SPV, *wie* geht er vor, um Kundeneinwände zu neutralisieren, zu entkräften oder zu sagen: „Der Einwand ist wirklich berechtigt!"?

Um einen Einwand analysieren zu können, braucht der SPV „Zeit".

Außerdem soll der Kunde das sichere Gefühl haben, seine Einwände werden ernstgenommen. Darum macht sich der SPV auch punktuell Notizen und denkt an den klugen Satz von Heinz Goldmann: „Eine gewonnene Diskussion ist noch lange kein Verkauf." Sein „Einwandsgespräch" kennt nur ein Ziel, sich alle Auftragschancen durch die Art und Weise, wie man mit ihnen umgeht, zu erhalten. Etliche „Einwände" fallen in jedem Fall durch den Analysefilter in Richtung „ignorieren und zurückstellen" ... „Darf ich die Antwort noch zurückstellen? Im Laufe unseres Gesprächs kommen wir noch automatisch auf das Thema" ... Zurückstellen bedeutet oft nichts anderes als „unter den Tisch fallen lassen". Es sei denn, und dafür hat ein SPV ein „Händchen", es ist ein für den Kunden wichtiger Einwand, der beantwortet werden muß! **Um Zeit für die Einwände zu gewinnen, die beantwortet werden müssen, sind Fragen und sog. „Vorschalt- bzw. Abfangformulierungen" gute Helfer.** Ein Spitzenverkäufer hat sie praktisch abrufbereit im Kopf!

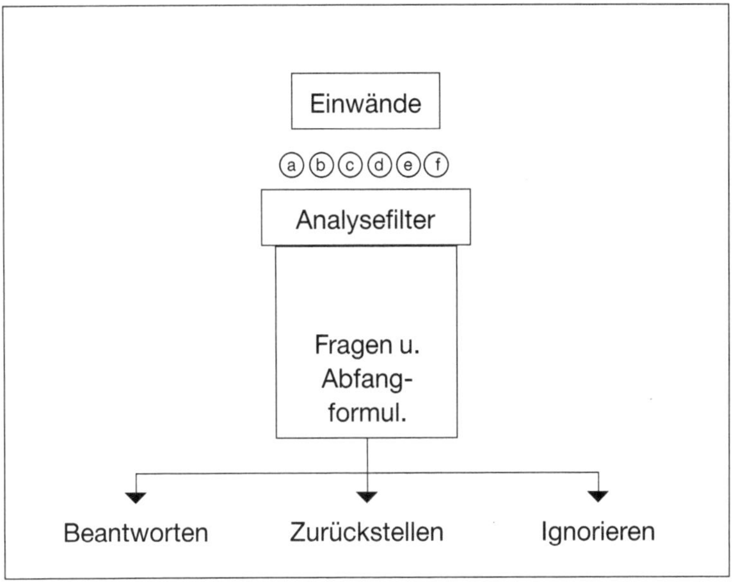

Abb. 15: Einwände

Fragen

„Könnten Sie diese Aussage noch mehr präzisieren? ... Darf ich fragen, von wem Sie diese Information haben? ... Bitte, sagen Sie mir, warum Sie das so sehen? ... Können Sie nicht noch etwas näher darauf eingehen? ... Wieso kommen Sie zu dieser Annahme? ... Haben Sie dafür besondere Gründe, daß Sie das so sehen – und welche? ... Es wäre aufschlußreich, wenn Sie diese Überlegung noch etwas näher erläutern würden? ... Was konkret bringt Sie auf diesen Gedanken?" ...

Fragen Sie nach Ursache und Wirkung (= warum – weil), Zielen und Voraussetzungen (= wozu – womit), Bedingungen und Folgen (= wenn – dann) oder nach dem Vergleich (wieso – so). Stellen Sie Gegenfragen! Oder die einfachste Frage: „Warum?"

Vorschalt- oder Abfangformulierungen

Früher wurde meistens mit der „Ja, aber"-Technik versucht, einen Einwand abzufangen. „Das hat etwas für sich, was Sie da sagen, darüber hinaus aber ..." *Aber* das war reichlich stupide und einfallslos auf Dauer!! Eleganter sind Formulierungen wie: „Habe ich Sie da richtig verstanden? Meinten Sie ... oder dachten Sie ...? ... Das ist eine interessante Bemerkung, die zum Nachdenken anregt ... Natürlich ist das zu verstehen, wenn Sie ..., jedoch bedenken Sie bitte auch ... Ihre Vorbehalte sind verständlich, doch könnte nicht auch ... Das ist ein verführerischer Gedanke, bloß ... Sie haben recht, das ist naheliegend, obwohl ... Selbstverständlich kann man es auch so sehen, jedoch ... Bemerkenswert, was Sie sagen, jedoch alles hat zwei Seiten ... Das Bessere ist manchmal auch der Feind des Guten ..."

Alle sachlichen Einwände *müssen* beantwortet werden. Ansonsten entscheidet die Situation, in der sich der SPV befindet, ob eine Beantwortung zur Erhaltung der Auftragschancen angebracht ist oder ob der Einwand ignoriert werden kann. „Zurückstellen" kann beides bedeuten: wenn nötig, beantworten – wenn möglich, vergessen!

Vorwegnahmetaktik

Gezielte Fragen und Abfangformulierungen federn Einwände ab. Die sog. „Vorwegnahmetaktik" ist ein weiteres Mittel als „Einwandsstopper".

Im Laufe der Verkaufsverhandlung wird ganz locker, wie selbstverständlich, auf eine Schwäche (z. B. im Produkt, Material, Lieferzeit, Service usw.) hingewiesen, weil der SPV den Einwand in dieser Richtung sowieso erwartet. Das schafft Vertrauen („Donnerwetter, der gibt ja mal etwas zu!", denkt der Kunde) und schwächt dadurch automatisch „die Schwäche" ab! Selbstverständlich sorgt der SPV für eine „gute Verpackung" (Sandwichmethode) und hat mit dieser Methode in der Regel auch Erfolg! Der Kunde hält sich nicht lange an diesem Einwand auf, beißt sich nicht fest, was er sonst wahrscheinlich getan hätte!

Nutzenargument
Vorwegnahme/Eingeständnis
Nutzenargument

Beispiel 1

SPV: „Apropos Material, Herr K. Sie wissen, wir verwenden das beste Material von der Firma R & H, das es auf dem Markt gibt. (Kunde nickt.) Der Wettbewerb benutzt zum Großteil andere Materialien. Nur in einem Punkt, da haben wir uns jetzt auch dem Markt angepaßt, bei der Materialstärke."

K: „Warum?"

SPV: „Im Gegensatz zu unseren Wettbewerbern haben wir eigene technische Prüfungen dazu vorher angestellt und das Materialprüfungsamt Dortmund und die TH Aachen beauftragt, die dadurch anstehenden Sicherheitsfragen eingehend zu testen und zu überprüfen. Die Ergebnisse liegen jetzt vor. Selbst eine Materialstärke von 3 mm, und das ist die Antwort auf Ihre Frage, liefert immer noch eine fünffache Sicherheit beim R & H-Material! Durch die Kostenersparnis können wir dafür die Öffnermechanismen noch weiter optimieren, wie ich Ihnen gleich vorführen werde! Die eingesparten Materialkosten sind also wieder Ihnen, unseren Kunden, zugute gekommen! ..."

Beispiel 2

SPV: „Selbstverständlich höre ich gerne, daß Ihnen unsere Problemlösung ausgezeichnet gefällt! Aber, jetzt schränke ich das Lob selber sein, bis auf die Lieferzeit!

Sie ist 14 Tage länger, als Sie das von uns gewohnt sind! Die riesige Nachfrage zwingt uns, obwohl wir schon Überstunden im Rahmen des Möglichen fahren, zu dieser kleinen Zeitverzögerung! Dafür bieten wir Ihnen – quasi als Trostpflaster – auch bei den Konditionen die Verlängerung von 30 Tagen netto auf 45 Tage netto an."

K: „Das mit den 14 Tagen schmeckt mir überhaupt nicht! Das muß ich mir nochmal überlegen."

SPV: „Dann ist schon wieder ein Tag verloren! Und sagten Sie nicht selbst, daß unsere Problemlösung Ihnen ausgezeichnet gefällt? Der Gewinn, den Sie daraus ziehen, ist doch unendlich größer als die minimal längere Wartezeit."

Beispiel 3

SPV: „Ich kann mir vorstellen, wenn ich Ihnen jetzt unseren Preis nenne, sind Sie enttäuscht! Das geht mir fast bei allen Kunden so!"

K (erstaunt): „Na bitte, dann muß doch wohl was Wahres dran sein!"

SPV: „Ja, es ist auch etwas dran! Allerdings völlig anders als Sie annehmen! Denn wenn ich unseren Preis dem Nutzen gegenüberstelle, den ich Ihnen nachweisbar liefere, dann bekommt der Preis eine völlig andere Dimension. Und das ist dran!"

K: „Also mit dem Satz kann ich nicht viel anfangen. Das müssen Sie mir schon näher erläutern!"

SPV: „Gerne! Ich habe Ihnen einen Kosten-Nutzen-Vergleich, abgestimmt auf die von Ihnen geschilderten Probleme – und mit den von Ihnen zur Verfügung gestellten Zahlen, mitgebracht, der zweifelsfrei beweist: Der Einsatz unseres Produkts bringt Sie schon nach einem Jahr in die Gewinnzone, weil unsere Maschine eine Leistung liefert, an die der Wettbewerb auch nicht annähernd herankommt, obwohl er billiger ist! Lassen Sie sich ruhig vom Mitbewerber einen Kosten-Nutzen-Vergleich ausarbeiten. Ich habe das zwar schon mit deren Werten getan, aber bitte! Über den Wettbewerb soll der Wettbewerb selbst reden." (Natürlich hofft der SPV, daß der Kunde auf diesen Kosten-Nutzen-Vergleich verzichtet.)

Was setzt ein Spitzenverkäufer bei Kundeneinwänden ein?
100 %

- Sach- und Fachverstand beim eigenen Produkt und beim Wettbewerbsprodukt,
- das treffende Argument, wenn nötig – die Ignoriertechnik, wenn möglich!
- Selbstsicherheit und Souveränität,
- Gelassenheit,
- höchste Konzentration,
- Blickkontakt und aktives Zuhören,
- Verständnis für den Kunden und Einfühlungsvermögen,
- Vertrauen erhalten,
- Taktik und Technik der Einwandsbegegnung,
- Hirn und Herz,
- Formulierkunst und Rhetorik
- und unverändert die eigene Begeisterung für Produkt, Firma, Service, Preis und das Gesamtangebot!

Wenn Einwände das „Salz im Verkauf" sind, dann hat ein Spitzenverkäufer genügend Mittel, um sie zu entschärfen, zu neutralisieren, ja – in Nutzen umzuwandeln. Auch wenn das manchmal riskant ist. Nicht umsonst heißt es: Wer wagt, gewinnt!

9.1 Die 15 „beliebtesten und gebräuchlichsten“ Kundeneinwände und wie ein Spitzenverkäufer damit umgeht ...

„Zu teuer“

Der Einwand wurde schon an anderer Stelle (siehe „Ekf-Trickkiste“) behandelt. Er steht in der Einkäufer-„Prioritäten“-Skala nicht an erster Stelle. Dennoch wird er mit Vorliebe benutzt, auch wenn es dem Einkäufer – im Prinzip – oft gar nicht um den Preis geht!

Im Beispiel hier ist die Ausgangslage tatsächlich brisant, denn der Einwand „zu teuer“ scheint berechtigt zu sein!

Ausgangslage

Die Firma Bulz (großer Händler) arbeitet seit Jahren mit dem Marktführer (Taltus-Produkte) eng zusammen. Ein Wettbewerber von Taltus hat der Firma Bulz überraschend einen langfristigen und besonders günstigen (Superpreis!) Kooperationsvertrag angeboten.

Der Bulz-Einkäufer bittet den SPV von Taltus telefonisch um ein Gespräch. Er läßt durchblicken, daß sich etwas grundsätzlich geändert hat und es um die zukünftige weitere Zusammenarbeit geht. *Wer* der Wettbewerber ist, der dahinter steckt, sagt der Einkäufer nicht.

Der Spitzenverkäufer der Taltus-Werke merkt sofort, hier muß er sich „warm anziehen“. Entsprechend intensiv sind seine Gesprächsvorbereitungen (Aktenstudium, Umsatzzahlen, Entwicklung. Gab es Ärger? Reklamationen? usw.). An Hand der Marktbeobachtung nimmt der SPV an, der Wettbewerber ist die Firma Köster GmbH. (Was stimmte.) Die Firma liegt im Markt an dritter Stelle. Eine „Stärke-Schwächen-Analyse“ (Köster/Taltus) wird erstellt, und der SPV erarbeitet einen detaillierten Verhandlungsplan.

Über „Verbündete“ in der Firma Bulz versucht der SPV

weitere Einzelheiten zu erfahren, nachdem er Köster als Wettbewerber ausgemacht hat. Aber das Ergebnis ist mager. Auch der clevere Bulz-Einkäufer hat sich auf das Gespräch gut vorbereitet.

Ekf: „Ich habe Sie hergebeten, weil mir ein hochinteressantes Angebot der Firma Köster – ich weiß, die Firma ist einer Ihrer schärfsten Wettbewerber – vorliegt, das speziell in den Konditionen so gestaltet ist, daß ich daran nicht vorbei kann. Und ich möchte auch sofort sagen: Bitte, lassen wir taktisches Geplänkel beiseite. Ich habe natürlich, und das hätten Sie bestimmt vorgeschlagen, Herr L., sofort eine Plus-Minus-Analyse durchgeführt.

Selbstverständlich haben Sie beim Produkt weiter gute Vorteile, aber Köster gleicht das mit seinen Konditionen bei weitem wieder aus. Es wird Ihnen, Herr L., wenn wir weiterhin Geschäfte miteinander machen sollen, nichts anderes übrig bleiben, als auf die Köster-Konditionen einzusteigen. So, aber jetzt sind Sie an der Reihe."

SPV: „Danke, Herr N. Natürlich verstehe ich Ihre Begeisterung, wenn ich mich auf Ihren Stuhl setze, aber einen Punkt möchte ich sofort aufgreifen, den Sie mir schon viele Male über Ihre hohe Zufriedenheit mit uns sagten. Ihre Kunden wissen: Wer bei Bulz kauft, kauft Taltus-Produkte, kauft den höchsten technischen Standard, den es auf dem Markt gibt! Und ich gehe davon aus, daß sich die Firma Bulz dieses besondere Privileg nicht nehmen läßt! Was würden Ihre Kunden dazu sagen?"

Ekf: „Die Produkte der Firma Köster sind auch nicht schlecht und obendrein eben um etliches billiger, Herr L. Das ist auch ein gutes Argument für unsere Kunden."

SPV: „Wenn dem so wäre, dann hätten Ihre Kunden sich sicher schon Köster-Produkte gekauft."

Ekf: „Sie wissen selbst, der Preis ist nun mal ein besonders wichtiges Kaufargument!"

SPV: „Gerade deswegen sind Taltus-Produkte so interessant, weil sie die preiswertesten auf dem Markt sind! Preiswert – unter dem Aspekt des Preis-Leistungs-Verhältnisses."

Ekf: „Nun übertreiben Sie aber ein bißchen, Herr N."

SPV (lächelt): „Wie heißt es immer so schön: Übertreibung macht anschaulich. Aber ohne Spaß, darf ich Sie um etwas bitten, Herr N.?"

Ekf: (macht eine einladende Geste)

SPV: „Würden Sie es unverschämt finden, mir den Plus-Minus-Vergleich einmal zu zeigen und mir auch einen Blick in das Wettbewerbsangebot gestatten? Vertrauen gegen Vertrauen – und als alte Partner!?"

Ekf (unterbricht): „Ist das nicht ein bißchen viel auf einmal? Glauben Sie mir nicht?"

SPV: „Aber ich bitte Sie, Herr N. Es ist a) Neugierde, selbstverständlich, und b) interessiert mich natürlich auch, wie Sie uns bewertet haben! Ansonsten werden Sie mir sicher Ihre Vorstellungen präzise entwickeln, *wie* Sie sich unsere zukünftige Zusammenarbeit, von der ich selbstverständlich ausgehe, vorstellen!?" So weit der Originaltext.

Der Ekf zeigt dem SPV tatsächlich die Plus-Minus-Aufstellung und ließ ihn einen kurzen Blick ins Angebot der Firma Köster werfen. Viel konnte der SPV damit natürlich nicht anfangen, aber es gelang ihm, die P+M-Liste zu seinen Gunsten (Plusseite) in einigen Punkten zu korrigieren. Er notierte sich, was der Einkäufer ihm sonst vortrug, und es wurde ein neuer Gesprächstermin vereinbart.

Dem SPV war klar, er wird hier „Federn" lassen müssen. Mit dem nachdrücklichen Hinweis auf die überragende Produktqualität und den dadurch gesicherten hohen Kundenzufriedenheitsgrad gelang es ihm, die bisherigen Konditionen fortzuschreiben! Kleine Zugeständnisse im Bonusbereich nahm er in Kauf. Seinen Vorschlag, jetzt einen langfristigen Kooperationsvertrag abzuschließen, akzeptierte Herr N. Verbesserungen im Servicebereich, in den Verkaufsförderungsmaßnahmen, in der Werbung für den Kunden Bulz, im Schulungsbereich und in allen sonstigen Fragen, die das Know-how und eine engere Zusammenarbeit betreffen, waren Folge dieses neuen Vertrags.

Fazit: Wie schon mehrmals gesagt, Spitzenverkäufer sind *keine* Wunderknaben! Weder kommen sie um Niederlagen (= kein Verkauf) herum noch um Zugeständnisse! Es gibt kein Patentmittel (auch nicht von SPV „über dem großen Teich"), die Erfolge 100prozentig garantieren! „Zum Glück!" meine ich.

Aber – Spitzenverkäufer machen „das Mögliche möglich" und ab und zu auch das „Unmögliche"!

„Zu teuer" – weitere Abfangformulierungen

Zum unerschöpflichen Thema „zu teuer" gibt es natürlich zahllose „Abfangformulierungen". Ein Spitzenverkäufer hat viele davon vorprogrammiert im Kopf.

Aber er kann auch „aus dem Hut", situationsangepaßt, blitzschnell und gekonnt formulieren. Denn jeder Einkäufer sieht gerade den Preis (und die Konditionen insgesamt) aus seinem ureigenen Blickwinkel. „Zu teuer" ist eben nicht gleich „zu teuer"!

Die einfachste Formulierung ist immer die Frage: „Warum?" oder „Warum glauben Sie das?" ... „Im Verhältnis wozu und gegenüber wem? ... Dazu muß man sich einfach einmal das Preis-Leistungs-Verhältnis in Ruhe ansehen ... (SPV lacht) Mit diesem Einwand habe ich gerechnet, denn ein geschickter Einkäufer bringt ihn immer ... ‚Zu teuer' – ist eine sehr relative Betrachtung, solange nicht alle Leistungen die dahinter stehen, transparent gemacht worden sind ... Darf ich fragen, womit Sie uns vergleichen? ... Ist der Preis für Sie wirklich das alleinige Entscheidungskriterium? ... Aber ich frage Sie: Wie könnten wir solche Verkaufserfolge haben, wenn unser Produkt ‚zu teuer' ist? ... Sie meinen, der Kosten-Nutzen-Effekt ist Ihnen noch nicht völlig klar?

... Für die Preisdifferenz, nur darum handelt es sich, erhalten Sie, und das kann ich beweisen, so viele Vorteile, die Ihre Aussage sofort relativieren ... Einer ist immer der Billigste, aber wir sind die Preiswertesten, das ist der große Unterschied! ....“

„Das muß ich mir alles noch in Ruhe überlegen.“
Es gibt Kundentypen (z. B. der Ängstliche, der Sicherheitssucher, der Pedantische), da muß sich auch der SPV darauf einstellen, „daß er das wirklich tut“ und nicht sofort abschließt! SPV: „Dafür habe ich Verständnis. Gibt es noch einen Punkt, der aus Ihrer Sicht nicht besprochen wurde: Vielleicht einen unausgesprochenen Einwand?“ Ekf: „Nein.“ SPV: „Gut, dann melde ich mich bei Ihnen wieder in zwei Tagen. Einverstanden, Herr ...?“

Natürlich gibt es auch Kunden, die diese Antwort nur als Ausrede benutzen. Die simple Frage „Warum?“ hat hier schon manchen Kunden zum Nachdenken gezwungen. *Oder:* „Was sollte morgen anders sein als heute? Sie haben das Angebot akzeptiert, das Produkt und der Preis entsprechen Ihren Vorstellungen, warum also noch zögern, oder gibt es noch einen Punkt, den wir nicht besprochen haben?“ ... „Oder haben Sie kein Geld für eine solche sinnvolle Ausgabe?“ (= Schockmethode!)

„Wir haben im Augenblick keinen Bedarf.“
SPV: „Unser Produkt ist, und das kann ich Ihnen an Hand mehrerer Fakten sehr schnell beweisen, nicht nur ein Bedarfsdecker, sondern noch viel mehr ein ‚Bedarfswecker' bei Ihren Kunden.“

„Ihr Angebot ist wirklich interessant – aber ich bin finanziell etwas angespannt."
SPV: „Das ist natürlich ein berechtigter Einwand, Herr K., für den ich Verständnis habe. Aber vielleicht gelingt es doch bei gemeinsamen Überlegungen, eine Lösung zu finden, die Sie und wir tragen können. Wir sollten es zumindest versuchen."

„Ich werde in den letzten Wochen mit Angeboten zugeschüttet."
SPV: „Und jeder behauptet von sich, das beste zu haben, stimmt's?" Ekf: „Da haben Sie recht!" SPV: „Ich behaupte nichts – ich möchte Ihnen beweisen, wie günstig und vorteilhaft unser Angebot gerade für Sie ist! Und dann können Sie entscheiden, ob unser Angebot – oder das der anderen Wettbewerber – das beste ist."

„Über Ihre Firma hat man schon so einiges gehört."
SPV: „*Was* denn konkret? Sie wissen selbst, wie schwierig es ist, gegen Vorurteile anzukämpfen. Also bitte, sagen Sie konkret, was Sie gehört haben."

„Wir sind mit Ihrem Mitbewerber sehr zufrieden."
SPV: „Das ist natürlich ein wunderbarer Satz, um den ich den Wettbewerb beneide! Nur, ein Alternativvorschlag, ein Kosten-Nutzen-Vergleich kann in keinem Fall schaden, finden Sie nicht auch? Das kostet Sie nichts, schadet nicht Ihrem Partner, aber es kann Ihnen, und das ist sicher ein überlegenswerter Punkt, viel Nutzen bringen. Machen Sie einen Versuch!"

„Sie haben ja viel zu lange Lieferzeiten."
SPV: „Jetzt antworte ich mal mit einem Augenzwinkern. Wenn wir nicht trotzdem so viele und zufriedene Kunden hätten, dann könnten wir vielleicht die Lieferzeiten senken!

Im Ernst: Würden Sie kaufen, wenn die Lieferzeiten kürzer wären?"

„Ich habe jetzt keine Zeit."
SPV: „Ich brauche genau fünf Minuten, um Sie davon zu überzeugen, welchen Nutzen und welche Vorteile ihnen der Kauf unserer Produkte bringt."

Oder: „Sie haben keine Zeit – ich habe keine Zeit – also nehmen wir uns Zeit, um ein gutes gemeinsames Geschäft zu machen!"

Oder: „Sie haben recht, im Handgalopp lassen sich normalerweise keine guten Geschäfte machen. Wann haben Sie Zeit für ein ausführliches Gespräch?"

Oder: „Sagen Sie mir nur: Was wäre Ihr Hauptkaufgrund?"

Auch hier hängt die Antwort von der Situation und der Möglichkeit ab, die Nutzenvorteile pfeilschnell „auf den Punkt" zu bringen.

„Es ist mir nicht möglich, mich schnell zu entscheiden."
Auch hier bietet sich die einfache Frage an: „Warum?" *Oder* SPV: „Es ist mir offensichtlich nicht gelungen, Sie voll zu überzeugen! Oder sind es andere Gründe, die ich noch nicht kenne?"

„Ich muß das noch hier im Hause bereden."
SPV: „Aber Sie haben allein die Kompetenz, Herr ..., da irre ich mich doch nicht!"

Oder: „Sie haben das doch noch nie getan, sondern immer allein entschieden, Herr ...!?"

Oder: „Kann ich Ihnen dabei noch irgendeine Hilfestellung geben?"

„Da müssen Sie schon noch Konzessionen machen, sonst ..."

SPV: „Demnach haben Sie sich schon grundsätzlich für uns entschieden! An welche Konzessionen haben Sie denn gedacht, Herr ...?"

„Ohne Rabatt läuft bei mir gar nichts." (Auch bei kleinsten Mengen.)
SPV: „Gestatten Sie mir eine Frage: Kaufen Sie Rabatte – oder kaufen Sie einen optimalen Produktnutzen, Problemlösungen, Sicherheit, Gewinn, Kundenzufriedenheit?"

Ekf: „Das kaufe ich noch außerdem!" SPV: „Kompliment! Wenn Sie das alles bekommen könnten! Doch Sie wissen selbst: Man kann nicht das beste Produkt zum niedrigsten Preis bekommen! Und wir haben das beste Produkt! Das kann ich sofort beweisen! Aber Sie wissen das schon längst durch den Markt. Und wir haben eine ausgewogene, seriöse Rabattstaffel, die an bestimmte Abnahmemengen gekoppelt ist und an die wir uns bei jedem Kunden halten! Bei *jedem*!

Sagen Sie mir bitte einen Grund, warum wir dieses faire System bei Ihnen durchbrechen sollten?"

„Das Produkt ist sehr kompliziert."
SPV: „Selbstverständlich werden Ihre Mitarbeiter intensiv eingearbeitet, das vorab. Aber bitte sagen Sie mir, *warum* nehmen Sie das eigentlich an?"

Oder: „Jetzt frage ich Sie natürlich mit einem Augenzwinkern: Warum haben wir dann einen so großen und zufriedenen Kundenkreis?"

Oder SPV: „Was konkret veranlaßt Sie zu dieser Behauptung?"

Einen Auftrag machen setzt Leistung voraus – nicht Glück.

Fleiß ist die Wurzel, aus der auch ein Auftrag wächst.

10. Verkaufsfinale

Der Abschluß – der Auftrag

Als ich über einen „griffigen" Kapitelanfang nachdachte, fiel mir plötzlich die Antwort eines lieben Kollegen ein, bei dem ich zu seinem „40jährigen Verkaufs-‚Bühnen'-Jubiläum" die Laudatio halten durfte. „Wenn ich noch weitere 40 Jahre draußen aktiv sein könnte, würde ich mich auch noch als „Uraltgestein im Verkauf" genauso narrisch über einen Auftrag freuen wie 1948 als Verkaufsgreenhorn. Damals bin ich auf der Straße herumgetanzt und habe gejubelt: Ich hab ihn! Ich hab ihn! Und es war mir völlig wurscht, ob mich die Leute für einen Verrückten oder das Rumpelstilzchen ansahen. Einen Auftrag machen ist etwas Wunderschönes", lächelte er, „nur die Liebe ist noch schöner!" Und alle anwesenden Damen und Herren jubelten dem in Ehren ergrauten Verkaufsdirektor H. zu!

Einen Abschluß machen – der Auftrag – ist wirklich „das Größte" für einen Verkäufer!

Es ist der verdiente Lohn für alle Mühen und Anstrengungen, für die viele Arbeit, auch an so manchem Wochende, für das Brüten über Problemlösungen, für investiertes Gehirnschmalz, Ausdauer und Zähigkeit, und es ist auch manchmal (wer ehrlich ist!) „der Lohn der Angst" – auch wenn ein Spitzenverkäufer den Mut eines Löwen hat! Denn jeder Spitzenverkäufer beginnt eine Verkaufsverhandlung mit dem 100prozentigen Willen zum Erfolg! Ich will – ich kann – ich mache den Auftrag! Und dann ist es für ihn „der beste Auftrag der Welt"! Diesen kleinen Seitenhieb kann ich mir nicht verkneifen, wenn ein amerikanischer „Super-Closer" (SPV) in seinem Buch von den „20 besten Aufträgen der Welt" faselt. Ein bißchen auf den Putz hauen ist o.k., aber maßlos übertreiben? No, Sir!

Jeder Verkäufer feiert seinen Auftrag! Es ist sein ureigenster Triumph!

Dazu eine interessante persönliche Geschichte. Es ging um einen 2,5-Millionen-Auftrag – und der entscheidende Termin war am Freitag um 14 Uhr. Natürlich hatte ich mich penibel vorbereitet, einen **Verhandlungsplan** ausgearbeitet und alle sonst noch notwendigen Vorkehrungen getroffen. Am Donnerstag kam ein Telex, daß unser oberster Chef an dem Gespräch teilnehmen wolle! Begeistert war ich darüber nicht, aber es gab kein vernünftiges Argument, es ihm wieder auszureden! Er machte mir bei unserem Informationsgespräch (Rollenverteilung) sofort klar, daß ich die Verhandlungen so führen sollte, wie ich das in meinem Verhandlungsplan vorgesehen hatte. Geglaubt habe ich ihm das allerdings nicht. Ich erwartete, daß er die Regie übernehmen würde. Aber es kam ganz anders. „Wir" – ich machte den Auftrag – und mußte meinem höchsten Chef, den ich bisher „nur" als Schreibtischhengst und „harten Soll-Zahlen-Knochen" kennengelernt hatte, riesig Abbitte leisten! Natürlich glaubten auch die zwei Direktoren unseres Partners, nachdem der höchste Mann unseres Unternehmens gekommen war, daraus Profit (Zugeständnisse) schlagen zu können! Weit gefehlt! Mit unerhört überzeugender, suggestiver Kraft machte er den beiden Herren klar, daß mein Angebot die optimale Lösung für sie darstelle und er daran auch keinen Pfennig zu ändern habe! Und das tat er auch nicht! Praktisch war er nur gekommen, um das mit Klauen und Zähnen zu verteidigen, was ich aufbereitet hatte! Er war nicht nur ein ausgezeichneter „Schreibtischtäter", sondern ein absoluter Spitzenverkäufer, der mir – später noch oft – zum Vorbild dienen sollte!

In einem persönlichen Brief gratulierte er mir nachträglich nochmal, und ein „Sonderscheck" lag bei! Das Phänomen ist: Im Augenblick der Verhandlungen, im Augenblick des Auftrags denkt man nicht an die „Kohle". Es ist wie im Fußball (und da ich mal recht gut das runde Leder malträtierte, weiß ich, wovon ich rede). Man denkt zuerst nur einmal daran, gut zu spielen (zu verkaufen), alles zu geben! Erst später dann will man natürlich auch „alles nehmen"!

Der Abschluß – der Auftrag
Es verwundert nicht: Verkäuferumfragen in Sachen „Verkaufstraining" stellen das Bedürfnis nach einer „besseren Abschlußtechnik" an die erste Stelle! Und viele Verkäufer hoffen, es gibt Wundermittel, „um nach einem schwachen Anfang und Gesprächsverlauf noch echt stark aufhören zu können!" Wenn das so einfach wäre!

Nicht allen Verkäufern ist so klar wie einem Spitzenmann: Der „Verkaufsabschluß" beginnt schon, wenn das Gespräch vorbereitet wird! Ich wiederhole (es ist eben ein Spleen von mir) auf lateinisch: Quidquid agis prudenter agas et respice finem – Was immer du tust, mache es vorsichtig und bedenke das Ende! Und ein Spitzenverkäufer denkt von der ersten Sekunde an „an das Ende" – *an den Auftrag!*

10.1 Das „HB-13-System"

Der Spitzenverkäufer-Verhandlungsweg zum Verkaufserfolg
Der erfolgreiche Abschluß ist für einen SPV nichts anderes als die zwangsläufige Folge und logische Konsequenz aus folgenden **Ablaufkriterien**:

- der Kunst, sich intensiv vorzubereiten,
- der Kunst, ein Gespräch wirkungsvoll zu beginnen,
- der Kunst, dem Kunden gut zuzuhören,
- der Kunst, zu fragen, wo Kundenbedürfnisse, Wünsche, Kaufmotive und Probleme liegen, Bedarfserfassung,

- der Kunst, dem Kunden Vorteile und Nutzen überzeugend transparent zu machen,
- der Kunst, dem Kunden ein maßgeschneidertes Angebot zu liefern,
- der Kunst, den eigenen Preis als einen fairen Ausgleich für die Summe der gebotenen Leistungen aufzuzeigen,
- der Kunst, auf Kundeneinwände, die für ihn wichtig erscheinen, angemessen zu reagieren und souverän zu antworten,
- der Kunst, auf der „gleichen Wellenlänge“ des Kunden zu liegen und Sympathie einerseits, Begeisterung und Vertrauen andererseits auszustrahlen,
- der Kunst, beim Kunden „Kauflust“ zu wecken und ihm dabei „Hilfestellung“ zu geben,
- der Kunst, auf alle verbalen und nonverbalen „Kaufsignale“ des Kunden zu achten – und sie richtig zu deuten,
- der Kunst, im richtigen Augenblick den Kunden nach dem Auftrag als der selbstverständlichsten Sache der Welt zu fragen und ihn zu ermutigen, ja zu sagen,
- der Kunst, geduldig, ohne Verkrampfung, zäh und beharrlich sein Ziel zu verfolgen, d.h. wenn notwendig, mehrmals um die Kundenunterschrift zu bitten!

So sieht ein Spitzenverkäufer den Weg hin zum Auftrag. Ihn plagt nicht wie so viele Verkäufer das sogenannte **Abschlußsyndrom oder die Angst des Verkäufers vor dem „Nein“ des Kunden.** Er ist auf Unwägbarkeiten eingestellt und vorbereitet und weiß, ihnen erfolgreich zu begegnen. Ein „Nein“ des Kunden schockt ihn überhaupt nicht! Zumal er aus Erfahrung weiß: Oft ist das „Nein“ eine reine „Kundenverunsicherungstaktik“, eine Probe an das Stehvermögen des Verkäufers – oder Bluff!

Aber es können natürlich auch habhafte, sachliche (oder subjektiv-emotionale) Gründe sein. Ein „Nein“ ist für einen Spitzenverkäufer nur das Zeichen, daß an „irgendeiner

Stelle irgend etwas" noch fehlt (z.B. weitere, vertiefende oder bessere Informationen/Argumente, zusätzliche Aufklärung, neue wirkungsvollere Beweise, mehr Nutzen). Und ein Spitzenverkäufer findet exakt heraus, warum!

Er stellt „neue letzte" Fragen:

„Sie haben mir zwar zugestimmt, Herr K., daß Sie aus unserem Angebot viel Nutzen ziehen und die vielen Vorteile, die wir zu bieten haben, eine echte Problemlösung für Sie darstellen. Aber offensichtlich sind Sie trotzdem noch nicht voll überzeugt, sonst hätten Sie abgeschlossen! Das hat doch Gründe! Darf ich erfahren – welche, Herr K.?"

„Sie sind ein erfahrener Einkäufer, der Vorteile und Nutzen eines Produktes und andere Leistungen, die ein Unternehmen zu bieten hat, richtig einschätzt. Darum wundert es mich um so mehr, warum Sie den Abschluß noch nicht akzeptieren? Was habe ich übersehen, was ist da noch offen geblieben? Bitte, sagen Sie es mir, Herr L."

„Sie haben es selbst bestätigt, daß unser Produkt den höchsten Sicherheitsstandard bietet und ‚Sicherheit' Ihr wichtigstes Kaufmotiv ist! Nun frage ich mich, welchen Grund es gibt, der Sie mit dem Abschluß noch zögern läßt? Bitte, nennen Sie ihn mir, damit der Kauf für Sie doch noch eine runde Sache wird, Herr N.!"

„Was konkret entspricht noch nicht Ihren Vorstellungen – und was muß noch aus Ihrer Sicht getan werden, Herr D.?"

Vielleicht aber schlägt sich auch der Kunde selbst mit dem „Abschlußsyndrom" herum, der Angst des Einkäufers vor dem „Ja", weil er, bewußt oder unbewußt, immer noch hofft, ein „besseres Angebot in Preis und Leistung" zu bekommen. Obwohl er schon einige Angebotsalternativen geprüft hat.

Ich habe es oft erlebt, wie gestandene Einkaufsprofis bei Größenordnungen in Millionenhöhe sich immer noch einen und noch einen Wettbewerber in der Hoffnung holten, doch noch etwas punktuell herauszuholen! „Da ist noch nicht alles ausgereizt."

Ein Spitzenverkäufer hat für dieses Einkäufersyndrom Verständnis. (Es bleibt ihm nichts anderes übrig.) Er bleibt geduldig und zäh „am Ball“. Und er übernimmt die Rolle des „Arztes und Helfers“, um dieses Syndrom schnell zu überwinden.

Beispiele

... „Vor ein paar Wochen hatte ich ein ähnlich gelagertes Problem – wie jetzt – zu lösen. Und ich erinnere mich noch genau, wie der Kunde mit der Unterschrift zuerst gezögert hatte, sich aber dann doch entschloß und mir den Auftrag erteilte. Vorgestern rief er mich an und sagte mir, wie froh er sei, sich für unsere Lösung entschieden zu haben! Kein Angebot, auch keines von denen, die noch nachgekleckert kamen, meinte er, hätten im Preis-Leistungs-Vergleich unsere „Güte und Qualität!“ (Klassisch ist natürlich, wenn man dem Kunden Firma und Namen des Einkäufers nennen kann! Wer mit der Aussage nur blufft, spielt va banque – oder positiv gesagt: hat Mut zum Risiko!)

... „Ihr Vertrauen, das Sie uns bis jetzt entgegengebracht haben, werden wir nicht enttäuschen. Das verspreche ich Ihnen ganz persönlich mit meinem Wort, Herr M.“ ...

... „Wenn Sie sich für unsere Lösung entscheiden, und Sie sagten selbst, es ist eine gute Lösung für Ihr Haus, dann werden Sie kein Quentchen Ärger haben, dafür verbürge ich mich, Herr A.!“ ...

... „Wenn ich mich auf Ihren Stuhl setze, verstehe ich, warum Sie noch zögern! Aber es hilft Ihnen sicher, wenn ich Ihnen aus unserer großen Referenzliste Firmen nenne, die Sie kennen und die vergleichbare Probleme hatten und heute hochzufriedene Kunden bei uns sind! Sie wissen selbst, Herr H., es gibt kein überzeugenderes Verkaufsargument, als viele begeisterte und zufriedene Kunden zu haben! Sie sind eine Bank für jeden Einkäufer!“ ...

„Angenommen, Sie hätten sich jetzt schon zum Kauf entschieden, Herr U. Wie würden Sie dann argumentieren, welche Vorteile Ihr Haus jetzt aus dieser Entscheidung zieht? Auch wenn die Frage hypothetisch ist, würde mich Ihre Antwort doch sehr interessieren, Herr U."

„Da spüre ich doch, Herr T., alte Einwände, die schon längst ausgeräumt waren, wieder hochkommen. Was hat Sie denn wirklich noch nicht 100prozentig überzeugt? Bitte, frei heraus, Herr T."

„Darf ich folgenden Vorschlag machen, Herr F. Wir gehen noch einmal gemeinsam die Plus-Minus-Liste durch, damit Sie absolut sicher sind, daß alle Punkte, die Sie selbst positiv beurteilt hatten, auch so stimmen! Wie heißt es so schön: ‚Doppelt geprüft hält besser!'"

10.2 Kaufsignale

Wenn eine Verkaufsverhandlung von der Gesprächseröffnung über die verschiedenen Ablaufstationen (siehe HB-13-System) vertrauensvoll und gut läuft, wenn die Nutzenargumentetrümpfe stechen, wenn das leidige Preisgerangel für beide Teile zufriedenstellend ausdiskutiert wurde, wenn der Kunde langsam, aber sicher „heiß" auf das Produkt wird, dann zeigt er das dem Verkäufer auch – offen oder versteckt, verbal oder nonverbal. **Er sendet Kaufsignale**

- durch seine Körpersprache, durch Mimik und Gestik,
- durch seine Aussagen und Bemerkungen,
- durch Fragen nach bestimmten Einzelheiten,
- durch die Hinzuziehung vom Chef, von Kollegen.

Er nickt zustimmend mit dem Kopf, wenn Sie ihm die richtigen Nutzenargumente servieren. Er greift immer wieder nach Mustern, Vorführstücken, Zertifikaten, Testbögen usw. und stellt dazu interessante, nicht belanglose Fragen. Er benutzt positive Formulierungen, die Sie in ihrer Argumentation bestätigen. ... „Das muß ich auch sagen, das ist schon überzeugend“ ... „Da bin ich aber angenehm überrascht“ ... „Sie haben recht, das ist schon ein Vorteil“ ... „Ja, das stimmt, das könnten wir gut gebrauchen“ ... „Richtig! das ist ein gutes Argument!“

Der Kunde will noch mehr wissen. Er fragt nach Lieferzeitvarianten, nach spezifischen Lagermöglichkeiten, nach bestimmten Produktleistungen. Er überlegt laut Plazierungsmöglichkeiten, stellt Fragen nach spezifischen Abnahmemengen und den daraus resultierenden Preisvorteilen, fragt nach Zahlungszielen, nach Referenzobjekten, nach Besichtigungsmöglichkeiten. Ihn interessieren Fragen der Werbung, Verkaufsförderung, Personalschulung. Er wünscht von sich aus eine Produktvorführung „vor Ort“, eine Probefahrt, eine Werkbesichtigung, eine Probeaufstellung (z.B. von Datenverarbeitungsgeräten oder sonstigen Büromaschinen). Ihn interessieren die Zukunftsaussichten des Produktes, die Innovationsmöglichkeiten der Firma, das gesamte Spektrum der Serviceleistungen, der Wiederverkaufswert usw.

Der Kunde holt Techniker zum Gespräch, den Finanzfachmann, Betriebsleiter, Lagerleiter, selbst den Chef. Meist will er sich damit nicht nur absichern, sondern die eigene, bereits gefaßte Meinung (= kaufen) bestätigt finden!

10.3 Abschlußhilfen

Ja-Kette

SPV: „Herr Müller, wir sind jetzt an einer entscheidenden Stelle in unserem Gespräch angelangt. Darum möchte ich nochmal kurz rekapitulieren: Sie haben meine Zusage, die Maschine wird bis zum 15. d.M. geliefert. Darüber hinaus tragen wir dafür Sorge, daß der Betriebsablauf so wenig wie möglich gestört wird. Deswegen werden wir die Maschine nachts montieren. Ist das richtig so, Herr M.?"

K: „Ja, das stimmt so!"

SPV: „Sie wissen weiter, unsere gemeinsamen Berechnungen haben ergeben, daß durch unsere Maschine die Produktionskosten um rd. 20 % gesenkt werden!"

K: „Na ja, so ist der klassische Fall, ohne jegliche Störfaktoren einzukalkulieren."

SPV: „Sie haben außerdem die Maschine bei der Firma Knoll AG in Aktion gesehen und waren begeistert. Das ist sicher nicht übertrieben, Herr Müller?"

K: „Ja, das war schon beeindruckend, was die Maschine leistet!"

usw.

Hier baut der Spitzenverkäufer eine sogenannte „Ja-Kette" auf, an deren Ende sich, praktisch als logische Folgerung, die Frage nach dem Auftrag anschließt.

SPV: „Nach der Summe an Übereinstimmungen bietet es sich einfach an, Herr Müller, Sie jetzt nach der Auftragserteilung zu fragen!"

„Stelle einem Menschen fortgesetzt Fragen, die dieser – bei gesundem Menschenverstand – eigentlich nur bejahen kann. Die dadurch erzeugte Ja-Euphorie wird es ihm schwer machen, später weniger harmlose Fragen zu verneinen", sagte Sokrates schon vor über 2000 Jahren! Und er „verkaufte" Weisheiten!

Das Angebot eines Extras

Es ist immer an den Abschluß *jetzt*, hier und heute gekoppelt. „Wenn Sie jetzt sofort bestellen, dann kann ich Ihnen noch eine besondere Praline anbieten."

Die Alternativtechnik

Hier operiert der Verkäufer so, als hätte der Kunde sich bereits entschlossen und nur noch die Qual der Wahl zwischen verschiedenen Möglichkeiten.

SPV: „Möchten Sie das Modell nur in der Standardausführung – oder würden Sie die gehobene Ausführung mit den verschiedenen Extras bevorzugen, Herr L.?"

K: „Das weiß ich noch nicht, da bin ich noch unentschlossen."

SPV: „Aber grundsätzlich haben Sie sich für dieses Modell entschlossen, Herr L.?"

Hier stellt der Kunde die Weichen. Beim „Ja" weiß der Verkäufer, daß es jetzt nur noch um Detailfragen geht und der Abschluß kurz bevorsteht. Im „Nein"-Fall weiß er: Die Karten müssen neu gemischt werden.

Entgegenkommen bei kleinen Kundenwünschen zeigen
Ein Spitzenverkäufer agiert flexibel und handelt nach dem Motto „do ut des" – Ich gebe, damit du gibst! Aber er „verkauft" seine Zugeständnisse und sagt nicht einfach nur ja zu einem Kundenwunsch. „Angenommen, Herr T., ich könnte Ihnen diesen Wunsch erfüllen, dann würden Sie mir jetzt den Auftrag erteilen?" *Oder*: „Wenn es möglich wäre, das so für Sie zu arrangieren, dann kämen wir heute zum Abschluß?"

Ein Spitzenverkäufer läßt sich allerdings, was manche Kunden gerne versuchen, *nicht* von einem Zugeständnis zum anderen treiben! Er setzt ganz klar und unmißverständlich den Punkt: bis hierher und nicht weiter! Er kann „Nein" in einer Form sagen, ohne daß damit der mögliche Auftrag gefährdet wird! „Kompliment, Herr W., auf Ihrem Stuhl würde ich kein Haar anders handeln und versuchen, so viele Konzessionen wie möglich zu bekommen. Aber Sie wissen, wie das mit einer Zitrone ist. Irgendwann ist sie ausgepreßt. Und das ist jetzt der Fall."

K: „Na, da übertreiben Sie aber doch stark!"

SPV: „Nein, Herr W., ich übertreibe nicht! Sicher wollen

Sie nicht, daß deswegen unser bisher so erfolgreiches Gespräch so kurz vor dem Abschluß noch scheitert. Sie haben das Optimum erreicht, das versichere ich Ihnen. Es ist genau der richtige Gegenwert für den Auftrag. Aber das wissen Sie als kluger Kaufmann so gut wie ich."

Referenzen
Das beste Argument ist immer noch, an namhafte Adressen verkauft zu haben, quasi „mit den besten Referenzen" argumentieren zu können!

SPV: „Nachdem wir jetzt gemeinsam die vielen überzeugenden Vorteile, die Sie durch den Kauf unseres Produktes erhalten, herausgearbeitet haben, darf ich Ihnen, als ‚das Tüpfelchen aufs i', einige Referenzschreiben von begeisterten Kunden von Rang und Namen nennen, die Sie auch alle kennen, die Ihnen sicher die Kaufentscheidung ganz leicht machen, Herr Ü."

Der „letzte Trumpf"
Wie es der Name sagt: irgendein Bonbon, ein „Sahnehäubchen", das den Kunden zusätzlich zum Kauf kitzelt!

Detailzustimmungen (ähnlich den Ja-Ketten)
Ein Spitzenverkäufer weiß, bis sich ein Kunde entscheidet, durchwandert er Höhen und Tiefen. Schließlich ist es bei der Breite des heutigen Angebots nicht einfach, immer die richtige Entscheidung zu treffen. Der SPV hilft ihm (und sich), wenn er in Detailpunkten volle Übereinstimmung erzielen kann. Viele Detailpunkte geben auch ein Ganzes! SPV: „Über den Anwendungsnutzen unseres Produkts, das alle Ihre angesprochenen Probleme auf einen Schlag lösen wird, gibt es keine Frage mehr, Herr D.?" K: „Nein!" SPV: „Da haben wir also volle Übereinstimmung erzielt!" K: „Ja. In diesem Punkt JA!" SPV: „Gut, Herr D., dann gehe ich sicher richtig in der Annahme, wie es immer so schön in einer

Quizsendung heißt, daß nur noch die Preisfrage offen ist."
K: „Stimmt! Wenn die geklärt ist, dann erhalten Sie den Auftrag."

Der SPV weiß jetzt, auf was er sich exklusiv konzentrieren muß. **Und in der Preisfrage hat er verschiedene Möglichkeiten, um zum Zuge zu kommen:**

- Er kämpft wie ein Löwe, um dem Kunden klarzumachen, daß Preis und Leistung im richtigen Verhältnis zueinander stehen. Er vergleicht Punkt für Punkt mit dem Leistungsangebot des Wettbewerbers, der „billiger" ist (Plus-Minus-Liste).
- Er spricht nur noch über den „Differenzbetrag", der zwischen dem eigenen und dem Konkurrenzangebot liegt. Und diese Differenz füttert er mit zusätzlichen Serviceargumenten, mit einem „Zusatznutzenpaket" auf, das der Wettbewerber nicht zu bieten hat. Damit gleicht er nicht nur die „Leistungswaage" wieder aus, sondern sie schlägt zu seinen Gunsten aus. Den finanziellen Wert dieses „Nutzenpakets" legt der Kunde selbst fest!
- Er bietet interessante Zahlungsziele an *oder* verbessert den Skontobetrag.
- Er offeriert einen „Naturalrabatt".
- Er versucht, den Auftrag zu erhöhen – unter anderen Konditionen.
- Er koppelt dieses Geschäft an mögliche zukünftige und gibt (garantiert) schon jetzt dafür besondere Leistungszusagen im Servicebereich, der Werbung, Verkaufsförderung, Schulung usw.
- Er räumt einen Zusatzrabatt ein, wohlwissend, „einmal Rabatt gegeben – immer Rabatt gegeben". Wohlgemerkt, „Zusatzrabatt"! Es wäre allerdings „blauäugig" und praxisfremd zu glauben: Ein SPV kommt immer ohne diese siebte Möglichkeit aus. Tut er nicht! Aber, be-

vor er diese Konzession macht, hat er vorher alle anderen Möglichkeiten von eins bis sechs durchgespielt.

Es gibt auch noch eine achte Möglichkeit: Der SPV sagt klar und deutlich „Nein"! Es bleibt bei dem angebotenen Preis – ohne Wenn und Aber.

Ich habe es oft erlebt, daß gerade das saubere „Nein" doch noch zum Auftrag geführt hat. Vielen Kunden imponiert eine unbeugsame (wenn es angebracht ist!) Haltung gegenüber unverschämten, nicht marktgerechten Forderungen. So mancher Kunde denkt: So wie der Verkäufer bei mir operiert, so eisern ist er auch bei meinen Wettbewerbern, vorausgesetzt, er betreibt eine saubere „Politik". Natürlich ist ein „Nein" ein Risiko, eine Gratwanderung, denn es kann das „Aus" bedeuten. Aber besser keinen Auftrag als einen, bei dem „zugebuttert" wird und die riesige Gefahr besteht, daß der Kunde seine Forderungen beim nächsten Mal fortsetzt, ja – verstärkt!

Spitzenverkäufer scheuen kein „Nein", wenn es sinnvoll ist! Und sie vertreten und begründen es beim Kunden sachlich, ohne Emotionen!

Ein SPV ist gelassen im Erfolg und gelassen in der Niederlage. Er fragt sich nur in beiden Fällen: *Warum* ist es so gekommen? Was hätte ich anders machen können?

10.4 Der richtige Zeitpunkt

Es gibt Verkaufsexperten, die behaupten, es gebe nur einen einzigen „richtigen" Abschlußzeitpunkt! Ist er vorbei, kommt kein Geschäft zustande. Wenn dem so ist, dann wäre die Empfehlung, die Verkaufsspezialisten auch geben, „wenigstens sieben Abschlußversuche" zu starten, reichlich „fragwürdig", oder was meinen Sie?

Meine Erfahrung ist – und da befinde ich mich in guter

Gesellschaft: Es gibt natürlich einen „goldrichtigen Abschlußzeitpunkt". Aber wenn er „verpaßt" wird, ist noch nicht alles verloren! Mir ging es jedenfalls so: Ich nahm an, „das muß er sein", jetzt muß ich nach dem Auftrag fragen! Das ist der richtige Augenblick! Pustekuchen! Er war es nicht! Aber ein weiterer günstiger Zeitpunkt brachte dann doch noch den gewünschten Auftrag.

Vorsicht also mit dem „Jetzt oder Nie!" Klarer Fall: „Schmiede das Eisen, solange es heiß ist", heißt es nicht umsonst! Wenn die Argumente ausgetauscht und die Einwände bereinigt sind und auch die Preisfrage geklärt ist, dann wird nach dem Auftrag gefragt! Aber genau dann kann es passieren, daß der Kunde plötzlich doch noch Zweifel bekommt, neue Einwände entdeckt, weitere Fragen hat! Das „Kunden-Abschluß-Syndrom" läßt grüßen! Resignation in einem solchen Falle wäre die falsche Reaktion. Also, sagt sich ein Spitzenverkäufer, starten wir einen zweiten Versuch, nachdem vom Kunden geschildert worden ist, *was* ihn von der Auftragserteilung bisher noch abgehalten hat! Zähigkeit und Stehvermögen wären leere Begriffe und Eigenschaften, wenn ein Verkäufer sie nicht gerade in solchen kritischen Momenten einsetzen könnte!

Es gibt im Rahmen einer Verkaufsverhandlung einen „goldrichtigen" Abschlußzeitpunkt. Aber – es muß nicht der einzige sein! Er kann auch in einem zweiten Anlauf wieder geschaffen werden!

„Nicht aufgeben" ist eine Spitzenverkäufertugend! Den Kunden locker und unverkrampft nach dem Abschluß zu fragen (und wenn es sein muß, mehrmals), wenn das Feld zur Ernte (Abschluß) reif ist, gehört für einen SPV zu den verkäuferischen Selbstverständlichkeiten.

Die „klassische“ Abschlußhilfe und den „idealen Zeitpunkt“ liefert natürlich der Kunde selbst = er erteilt von sich aus den Auftrag! Und SPV hören viele Male von ihren Kunden: „Nachdem Sie alles so überzeugend und eindrucksvoll vorgeführt und demonstriert haben, nachdem der Preis stimmt und meine Probleme gelöst sind, bleibt mir wohl nichts anderes übrig, als Ihnen den Auftrag zu erteilen.“

Dann wird der Auftrag, der die ganze Zeit bereits ausgefüllt auf dem Tisch lag, „unterschrieben“. Nichts wird zerredet, dieses Ritual läuft ohne Brimborium ab und wird nur von zwei Sätzen (sinngemäß) begleitet. „Zu Ihrer Entscheidung kann ich Sie nur beglückwünschen, Herr/Frau Kunde. Sie werden sie nicht bereuen!“ Und mit der Auftragserteilung beginnt für einen Spitzenverkäufer die große Verpflichtung, sich jetzt ganz besonders gerade um diesen Kunden zu kümmern! Jetzt beginnt „der Verkauf nach dem Verkauf“!

Und es beginnt auch wieder, was im nächsten und letzten Kapitel im Verkaufs-„Reigen“ beschrieben wird: der Kampf um neue Kunden.

Akquisition (lat.) – Erwerbung: Wer keine (neuen) Kunden „erwirbt“, verliert im Kampf um Marktanteile!

11. Neukunden … Neukunden … Neukunden – oder: „erfolgreich akquirieren“

Ist ein Auftrag unter Dach und Fach, beginnt der „Reigen“ von neuem! **Die Akquisition, das „Aufreißen“ von neuen Kunden, gehört zu den wichtigsten und vornehmsten Verkäufertugenden!**

Gleichgültig, welcher verkäuferischen Güteklasse sich ein(e) Außendienstmann/-frau zuordnet. Hier zeigt ein Spitzenverkäufer im besonderen, „was er drauf hat“! Ich erinnere mich noch an frühere Zeiten, wo z. B. in meinem Verkaufsbüro rd. 100 Verkäufer noch selbst eine „Hitliste“ über die Neukundengewinnung führten! Damals hatte man noch viel Sportgeist! Einen „Geist“, den ich heute unter den Verkaufsmannschaften manchmal ein bißchen vermisse! Der „Wir“-Gedanke ist noch nicht überall zu Hause! Andererseits haben sich viele Verkäufer in den letzten zehn Boomjahren (1982–92) so an die guten Geschäfte mit Stammkunden gewöhnt, daß sie sich der Akquisition (Neukundengewinnung) völlig „entwöhnt“ haben! Ich habe z. B. als Marketingberater und Trainer einen Branchenzweig kennengelernt, in dem eine Art von „Waffenstillstand“ (scheußlich martialisches Wort, aber mir fällt kein besseres ein!) unter den Wettbewerbern herrscht. Dort handelt man nach dem Motto: „Tust du meinen guten A + B-Kunden nichts, tu ich deinen guten A + B-Kunden nichts!“

Die bestehenden Marktanteile der einzelnen Firmen sind mehr oder weniger „festgeschrieben“. Neukunden, Zusatzumsätze und mehr Marktanteile versucht man durch die Pflege und Steigerung bei den „alten“ und durch die Konzentration auf die „entwicklungsfähigen“ C-Kunden zu gewinnen! Da wurde gnadenlos gejagt und gekämpft – von den Spitzenverkäufern!

Es gibt heute auch Kostenrechner, die nachzuweisen versuchen: Die Neukundenakquisition ist teuer, zu teuer! (Das stimmt natürlich nicht, wenn ein lukrativer A-Kunde vom Wettbewerb gewonnen wird.) Branchenbedingt ist das völlig unterschiedlich und hier kein Gegenstand weiterer Betrachtungen.

Auch die jungen Verkäufer, die sich ihre Sporen erst in den letzten fünf Jahren verdienten, kennen meistens die Akquisition nur als Fremdwort. Sie sind „trainingsmäßig“ nicht aufs Akquirieren und die damit verbundenen Schwierigkeiten vorbereitet. Akquirieren heißt: unbekannte Kunden/Einkäufer ansprechen,

- die Verkäufer als „Zeitdiebe und Störfaktoren“ ansehen,
- die auf „Abwimmeln“ programmiert sind,
- die Forderungen erheben, die der Verkäufer einfach nicht erfüllen kann,
- die eine Entscheidung aufschieben, hinauszögern und den Verkäufer zappeln lassen! (Da sind die Stammkunden viel „lieber und netter“!)

Das nervt! Rüttelt am Selbstvertrauen! Nagt am „positiven Denken“! Schnell kann sich so ein „Akquisitions-Syndrom“ entwickeln – und der Verkäufer denkt: Akquirieren kann mir gestohlen bleiben, ich konzentriere mich lieber auf meine Stammkundschaft. Frust ist die Folge. Frust, der sich auch leicht auf die „Stammkundschaft“ übertragen kann. Wer akquiriert, muß innerlich stark sein, motiviert sein! Er muß Mißerfolge wegstecken können (denn die kommen unweigerlich, gleichgültig ob SPV oder 08/15-Verkäufer). Akquisition braucht Selbstbewußtsein! Wieder mal sind das typische Spitzenverkäuferqualitäten!

Der Kampf um gute Kunden wird immer härter, weil lukrative Kunden nicht beliebig vermehrbar sind. Darum ist – bei allen vorher erwähnten „Einschränkungen" – neben der Weiterentwicklung und Pflege der „alten" Kunden die **Neukundengewinnung** ein Gebot der Stunde. Es wäre jetzt zu einfach, nur auf die sich auftuenden Märkte in den neuen Bundesländern und noch weiter östlich zu schielen! Zumindest gehört es auch dazu, die „Hausaufgaben im Westen (EG 93) vor der Haustüre" zu machen!

Wer Marktanteile sichern bzw. dazugewinnen will, muß sich in seinem Einzugsgebiet darum kümmern, neue umsatz- und gewinnbringende Kunden dazuzugewinnen. Wichtig ist zu wissen, welche Gründe z. B. vorliegen, warum ein Kunde „abgesprungen" oder eine „Liebesheirat" mit dem Wettbewerber eingegangen ist.

„Gründe" liegen vielleicht

- im Produkt (Produktleistung, hohe Qualität usw.),
- im Preis (Grundpreis, Rabatte, Skonti, Boni, sonstige Konditionen, Zahlungsziele),
- in den Serviceleistungen und den Extras für den Kunden,
- in den sonstigen Firmenleistungen, im Image, Ruf und Ansehen, der Marktbedeutung des Lieferanten,
- in der Vergangenheit (z. B. Reklamationen des eigenen Hauses),
- beim Verkäufer (wesentlicher Faktor!),
- in den Kundengewohnheiten, der Trägheit (bester Bundesgenosse und schlimmster Feind des Verkaufs gleichermaßen) und in einem allgemeinen hohen Zufriedenheitsgrad des Kunden mit dem Wettbewerber.

Was kann man tun bei

- Firmen, die unser Produkt gebrauchen könnten, aber

bisher mal da, mal dort bei irgendwelchen Wettbewerbern gekauft haben,

- Firmen, die abgesprungen sind, aber interessant waren (sind),
- Firmen, die zur Kategorie A und B gehören, aber mit dem Wettbewerb „verheiratet“ sind?

Möglichkeiten:

- Das Wichtigste ist: bei den interessanten Exkunden und Mitbewerberkunden Geduld haben, Geduld, Geduld! Im Handgalopp läuft hier nichts!
- Gründliche Analyse (bei diesen beiden Kategorien): Warum abgesprungen? (siehe oben!) Warum im Wettbewerberboot?
- Kreativität und Einfallsreichtum sind zwingend notwendig!
- Einen Plan über die länger angelegte Vorgehensweise aufstellen, wie man vorgeht, um einen A-Kunden zurück oder neu vom Wettbewerber zu gewinnen.
- Gesamtzielsetzung und Einzelziele formulieren,
- den IST-Stand beim angepeilten Kunden feststellen. (Man hat „stille Helfer“ und Sympathisanten in der betreffenden Firma, fragt Mitarbeiter dort beim Small talk, sammelt alle Informationen, die man bekommen kann.) Was zeichnet den Wettbewerber, mit dem man es zu tun hat, besonders aus? (Seine Preispolitik, das Produkt, Serviceleistungen, sonstige Extras, Image der Lieferfirma usw. usw.)
- Erstellung einer Vergleichsliste: Was hat der Wettbewerber – was haben wir? Wie sieht unser Kosten-Nutzen-Verhältnis aus?
- Was können wir noch zusätzlich bieten? (Werbung, Verkaufsförderung, Vorführungen, Gütetests, Logistik, Rendite, Franchise-System usw.)
- Dem Kunden einen „ersten Versuch“ anbieten – und begründen warum!

Beispiel

Ausgangslage: Die Firma X gehört zu den wichtigsten Bedachungshändlern im Gebiet, mit einem für unsere Produkte geschätzten möglichen Umsatz von 1–1,5 Millionen DM. Die Firma war fest „in der Hand“ eines Wettbewerbers, der – wie wir – zu den Top-Fünf im BRD-Markt zählt.

Der Einkäufer, ein nüchterner, rationaler, cooler Typ, der jeden Kontaktversuch dadurch im Keime erstickt, daß er sich verleugnen läßt, keine Zeit hat bzw. seine Sekretärin den lapidaren Satz herunterleiert: „Sie wissen ja, wir decken unseren Bedarf mit großer Zufriedenheit bei einem Ihrer Wettbewerber ein! Ein Gespräch ist deshalb nutzlos.“ Auch auf Briefe der Geschäftsleitung reagierte er ähnlich. Selbst unser oberster Chef erhielt eine Abfuhr. Das macht wütend. Mein Chef lächelte nur: „Irgendwann kommen Sie auch mit diesem Herrn ins Gespräch. Da bin ich ganz sicher!“ Und „irgendwann“ kam ich mit ihm ins Gespräch! Es war einem der berühmten „Zufälle“ zu verdanken, denn als ich wieder einmal Herrn Kandler anrief, wurde ich – ohne jeden Einwand – verbunden. (Es war eine andere Sekretärin am Telefon!)

„Kandler“, schnarrte es.

„Guten Tag, Herr Kandler, mein Name ist Heinz Beck von der Firma E. Ich freue mich sehr, Sie endlich ...“ Kandler unterbricht: „Hören Sie mal, hat man Ihnen nicht gesagt, daß wir uns bei einem Ihrer Wettbewerber eindecken und daß es sinnlos ist, anzurufen, Herr – äh – äh.“ „Beck“, warf ich ein. „Nein, Herr Kandler, das hat man mir – dieses Mal – nicht gesagt. Und darum habe ich angenommen, daß Sie doch an einem Informationsgespräch interessiert sind!“ „Nein! Das bin ich nicht! Wie schon gesagt, Herr – äh – äh.“

„Beck“, half ich ihm wieder. „Verzeihen Sie, wenn ich unhöflich bin und Sie unterbreche, Herr Kandler, ich respektiere selbstverständich Ihre äußerst positive Einstellung gegenüber Ihrem Lieferanten. Auch wir sind stolz darauf, treue Kunden zu haben!“ „Na also, was wollen Sie noch!“ schnarrte K. wieder. „Wenn Sie mich so direkt fragen, Herr Kandler, dann bitte ich um eine faire Chance für mich, aber es ist noch eine viel bessere Chance für Sie, uns und unser Leistungsvermögen einmal in einem ausführlichen Gespräch richtig kennenzulernen! Nicht mehr und nicht weniger wünsche ich mir, Herr Kandler!“ „Ich kenne doch Ihre Produkte, was soll das also, Herr – äh – äh.“

„Mein Name ist Beck, Herr Kandler, und so, wie Sie mich nicht kennen, so kennen Sie auch nicht unsere Firma, unsere Produkte und unsere Leistungen in allen Details! Und wie kann man etwas verurteilen, was man nicht kennt, Herr Kandler!“ „Ich verurteile Sie nicht, aber ...“ „Entschuldigung, Herr Kandler, darf ich Ihnen einen Vorschlag machen?“ „Bitte“, knurrte Kandler. „Sie schenken mir genau 15 Minuten Ihrer kostbaren Zeit, und ich verspreche Ihnen, Sie erfahren von mir so viele interessante und für Sie nützliche Dinge über unsere Produkte, über unser Haus und vor allem über unser Leistungsvermögen – allein 80 % aller Bedachungs- und Baustoffhändler führen zum Beispiel unsere Produkte –, daß Sie nach dieser Viertelstunde selbst sagen werden: Das war keine verlorengegangene Zeit! Das Gespräch hat sich gelohnt. Da gehe ich jede Wette mit Ihnen ein, Herr Kandler.“

„Das klingt ja ganz gut und schön, aber bringt doch nichts, Herr Beck!“ „Es bringt Ihnen – schlicht und einfach – Nutzen und hohen Informationswert, Herr Kandler, und eine mögliche Alternative! Und wenn Sie uns auch nach diesem Gespräch noch genauso entschieden ablehnen wie bisher, dann habe ich Ihnen wenigstens das ‚sachliche Futter‘, wenn ich so sagen darf, dazu frei Haus geliefert. Aber ich bin 100prozentig sicher, es kommt genau umgekehrt! Bitte, Herr Kandler, lassen Sie es mich Ihnen beweisen! Wann paßt es Ihnen also, mir 15 Minuten zu schenken? Darf ich zwei Terminalternativen vorschlagen?“

Herr Kandler empfing mich tatsächlich. Es verging ein weiteres halbes Jahr, bis wir den Fuß in der Türe hatten und einen ersten kleinen Auftrag kassieren konnten. Kandler splittete nach einem weiteren halben Jahr die Aufträge. Heute macht die Firma ca. eine Million Umsatz dort.

Die „nichts wissende" Sekretärin, die mich damals mit Herrn Kandler telefonisch verbunden hatte, bekam einen Blumenstrauß und eine große Schachtel Pralinen.

Neukunden – besonders „Kunden des Wettbewerbs" – zu gewinnen, ist eine große verkäuferische Herausforderung, die Sachverstand, Mut zum Risiko, Einfallsreichtum und Geduld und Zähigkeit voraussetzt! Eine klassische Aufgabe für einen Spitzenverkäufer, der konstantes Selbstvertrauen und die Eigenmotivationskraft besitzt, um mögliche Niederlagen hier unbeschadet zu überstehen! Wer erfolgreich akquirieren kann, der kann auch erfolgreich verkaufen!

12. Das „Spitzenverkäufer-Leistungs-Spiegelbild“

	1. HJ	2. HJ	1. HJ	2. HJ
Leistungen	1 2 3 4 5 6	1 2 3 4 5 6	1 2 3 4 5 6	1 2 3 4 5 6
Positives Denken	□□□□□□	□□□□□□	□□□□□□	□□□□□□
Selbstvertrauen/ Selbstsicherheit	□□□□□□	□□□□□□	□□□□□□	□□□□□□
Begeisterungs-fähigkeit	□□□□□□	□□□□□□	□□□□□□	□□□□□□
Überzeugungs-kraft	□□□□□□	□□□□□□	□□□□□□	□□□□□□
Erfolgswillen/ Ehrgeiz	□□□□□□	□□□□□□	□□□□□□	□□□□□□
Motivations-fähigkeit	□□□□□□	□□□□□□	□□□□□□	□□□□□□
Stehvermögen	□□□□□□	□□□□□□	□□□□□□	□□□□□□
Zähigkeit	□□□□□□	□□□□□□	□□□□□□	□□□□□□
Zuverlässigkeit	□□□□□□	□□□□□□	□□□□□□	□□□□□□
Menschenkennt-nis	□□□□□□	□□□□□□	□□□□□□	□□□□□□
Geduld	□□□□□□	□□□□□□	□□□□□□	□□□□□□
Psychologie	□□□□□□	□□□□□□	□□□□□□	□□□□□□
Empathie	□□□□□□	□□□□□□	□□□□□□	□□□□□□
Kommunikations-fähigkeit	□□□□□□	□□□□□□	□□□□□□	□□□□□□
Dynamik	□□□□□□	□□□□□□	□□□□□□	□□□□□□
Eigeninitiative/ Entscheidungs-freude	□□□□□□	□□□□□□	□□□□□□	□□□□□□
Flexibilität	□□□□□□	□□□□□□	□□□□□□	□□□□□□
Kreativität	□□□□□□	□□□□□□	□□□□□□	□□□□□□
Einsatzfreude	□□□□□□	□□□□□□	□□□□□□	□□□□□□
Durchsetzungs-vermögen	□□□□□□	□□□□□□	□□□□□□	□□□□□□
Humor	□□□□□□	□□□□□□	□□□□□□	□□□□□□

	1 2 3 4 5 6	1 2 3 4 5 6	1 2 3 4 5 6	1 2 3 4 5 6
Taktgefühl	□□□□□□	□□□□□□	□□□□□□	□□□□□□
Vertrauensbildung	□□□□□□	□□□□□□	□□□□□□	□□□□□□
Fleiß	□□□□□□	□□□□□□	□□□□□□	□□□□□□
Sach- und Fachwissen (Produkt)	□□□□□□	□□□□□□	□□□□□□	□□□□□□
Anwendungstechnik	□□□□□□	□□□□□□	□□□□□□	□□□□□□
Wettbewerbswissen	□□□□□□	□□□□□□	□□□□□□	□□□□□□
BWL-Kenntnisse	□□□□□□	□□□□□□	□□□□□□	□□□□□□
kfm. Kenntnisse	□□□□□□	□□□□□□	□□□□□□	□□□□□□
Organisationskenntnisse	□□□□□□	□□□□□□	□□□□□□	□□□□□□
Marktkenntnisse	□□□□□□	□□□□□□	□□□□□□	□□□□□□
Marketingkenntnisse	□□□□□□	□□□□□□	□□□□□□	□□□□□□
Planung	□□□□□□	□□□□□□	□□□□□□	□□□□□□
Zeiteinteilung	□□□□□□	□□□□□□	□□□□□□	□□□□□□
Zielsetzungen	□□□□□□	□□□□□□	□□□□□□	□□□□□□
Problemlöser	□□□□□□	□□□□□□	□□□□□□	□□□□□□
Fremdsprachen	□□□□□□	□□□□□□	□□□□□□	□□□□□□
Lernbereitschaft	□□□□□□	□□□□□□	□□□□□□	□□□□□□
Allgemeinbildung	□□□□□□	□□□□□□	□□□□□□	□□□□□□
Verkaufsrhetorik	□□□□□□	□□□□□□	□□□□□□	□□□□□□
Verkaufserfahrung	□□□□□□	□□□□□□	□□□□□□	□□□□□□
Gesprächsvorbereitungen	□□□□□□	□□□□□□	□□□□□□	□□□□□□
Gesprächseröffnung	□□□□□□	□□□□□□	□□□□□□	□□□□□□
Fragetechnik	□□□□□□	□□□□□□	□□□□□□	□□□□□□
Fremdmotivation (Kunde)	□□□□□□	□□□□□□	□□□□□□	□□□□□□
Argumentation	□□□□□□	□□□□□□	□□□□□□	□□□□□□
Einwandsbeseitigung	□□□□□□	□□□□□□	□□□□□□	□□□□□□
Preisbeweisführung	□□□□□□	□□□□□□	□□□□□□	□□□□□□

	1 2 3 4 5 6	1 2 3 4 5 6	1 2 3 4 5 6	1 2 3 4 5 6
Verhandlungs-technik allgemein	□□□□□□	□□□□□□	□□□□□□	□□□□□□
Telefontechnik	□□□□□□	□□□□□□	□□□□□□	□□□□□□
Reklamationsbe-seitigung	□□□□□□	□□□□□□	□□□□□□	□□□□□□
Vorführtechnik	□□□□□□	□□□□□□	□□□□□□	□□□□□□
Abschlußtechnik	□□□□□□	□□□□□□	□□□□□□	□□□□□□
„Dem Kunden dienen“	□□□□□□	□□□□□□	□□□□□□	□□□□□□
Fähigkeit als Kundentrainer	□□□□□□	□□□□□□	□□□□□□	□□□□□□
Fähigkeit als „Teamworker“	□□□□□□	□□□□□□	□□□□□□	□□□□□□
Fähigkeit als „Moderator“ bei Gruppengesprä-chen	□□□□□□	□□□□□□	□□□□□□	□□□□□□
Briefstil	□□□□□□	□□□□□□	□□□□□□	□□□□□□

1 = sehr schwach	4 = zufriedenstellend
2 = schwach	5 = gut
3 = muß noch besser werden	6 = optimal/stark

Abb. 16: Beurteilen Sie sich selbst

Zum guten Schluß

Liebe Kolleginnen und Kollegen,
so mancher Verkaufstrainer beendet ein Seminar mit der griffigen Floskel: „Wenn Sie nur eine Idee mit nach Hause nehmen, dann hat sich das Seminar schon gelohnt.“ In diesem Buch, so hoffe ich, haben Sie einen ganzen Sack voll Ideen und Anregungen gefunden, um auf der Verkaufserfolgsleiter hochzuklettern! Zu Ihrem Nutzen! Und Sie können es! Wer fest an sich selbst glaubt, kann alles, was hier an Tips, Ratschlägen, Hinweisen mit Ernst und „mit Augenzwinkern“ gegeben wurde, in Taten umsetzen! Denn das Zeug zum Spitzenverkäufer hat jeder! Jeder auf seine Art! Er muß nur seine Fähigkeit voll nutzen, weiterentwickeln und optimieren – und den Mut dazu haben! Machen! Tun!

Ich drücke Ihnen alle Daumen!

Ihr
Heinz Beck

PS: Wenn Sie Fragen haben, Anmerkungen, Wünsche, noch einen Tip wollen oder „Luft“ ablassen, dann rufen Sie mich an – oder schreiben mir.

Heinz Beck
Marketing Service und Verkaufstraining
Lehmberg 68
4952 Porta Westfalica
Telefon 0571/710175

Zum Autor

Heinz Beck
1926 in Stuttgart geboren, passionierter „Europa"-Schwabe. Danach im elterlichen Betrieb Hotelkaufmann gelernt. Manager in einem amerikanischen Hotel, das u. a. für die großen Showstars, die zur „Truppenbetreuung" in Europa (nach dem Krieg) weilten, „Gästehaus" war (von Louis Armstrong bis Duke Ellington, von Eartha Kitt bis Ella Fitzgerald usw.).

Umgesattelt vom Dienstleistungsgewerbe in die Investitionsgüterindustrie. Vom Verkäufer in einem Weltkonzern der Datenverarbeitungs- und Büromaschinentechnik zum Verkaufsdirektor hochgearbeitet. Cheftrainer der Verkäuferschule. In die mittelständische Industrie gewechselt. Vertriebs- und Marketingleiter, Leiter des Personal- und Bildungswesens. 18 Jahre beim 1. Deutschen Marketingpreisträger und europäischen Marktführer auf dem Flachdachsektor. Dabei immer auch als Trainer der eigenen Verkaufsmannschaft – und als Trainer bestimmter Topkunden-Verkäufer aktiv!

Seit 1985 selbständig als Marketing-Berater und Trainer von „geschlossenen" Firmenverkaufsmannschaften.

Autor erfolgreicher Verkaufsbücher, z. B. *Verkaufen wie ein Profi* (verlag moderne industrie), *Scharf gewürzt* „Bissiges, Lehrreiches, Heiteres für und über Verkäufer" (DDV-Verlag), Kassettenprogramm *Überzeugend Verhandeln im Verkauf* (SITA Learning System), Satirische Sportbücher, *Der lachende Fußballer, Das lachende Fahrrad* ... Seit 40 Jahren glücklich verheiratet, drei erwachsene Kinder, Enkelchen, Ex-Leistungssportler (Fußball), Jazzfan, Hobbymaler.

Stichwortverzeichnis